躍升、轉變與擴疆
中華圖書資訊學教育學會
三十週年特刊 1992-2021

中華圖書資訊學教育學會——編著

1993 年 2 月 20 日，中華圖書資訊學教育學會第一次舉辦的圖書資訊學教學研討會。
中間為胡述兆理事長與本會會員，以及六位大陸學者。

圖書資訊學研究叢書系列

元華文創

目　次

圖目次 ……………………………………………………………… iii

表目次 ……………………………………………………………… iv

第十五屆理事長序／陳志銘理事長 ………………………………… ix

中華圖書資訊學教育學會歷史與展望／王梅玲、張曉琪 …………… 001

賀詞篇

陳光華理事長、曾淑賢館長、林奇秀主任、李正吉主任、林雯瑤主任、阮明淑主任、林巧敏所長、鄭琨鴻所長、陳昭珍教授、吳美美教授、林信成教授、曾元顯教授、邱子恒館長、顧敏教授 …………………029

歷任理事長回顧與展望篇

第一屆理事長胡述兆教授（1992-1994 年）………………………… 064

第二、三屆理事長李德竹教授（1994-1998 年）…………………… 071

第四、十三屆理事長莊道明副教授（1999-2000 年、2018-2019 年）…… 075

第五屆理事長薛理桂教授（2001-2002 年）………………………… 078

第六屆理事長詹麗萍教授（2003-2004 年）………………………… 080

第七屆理事長楊美華教授（2005-2006 年）………………………… 087

第八屆理事長陳雪華教授（2007-2008 年）………………………… 092

第十屆理事長邱炯友教授（2011-2013 年）………………………… 101

第十一屆理事長柯皓仁教授（2014-2015 年）……………………… 106

第十二屆理事長黃元鶴教授（2016-2017 年）……………………… 109

第十四屆理事長王梅玲教授（2020-2021 年）……………………… 115

大陸圖書資訊學者回顧篇（依姓名排序）

整整一世的海峽兩岸圖書資訊學術交流片斷追憶／王世偉研究員 140

中華圖書資訊學教育學會三十週年特刊賀詞／王益明教授 168

溝通海峽兩岸圖書資訊學教育界的橋樑／肖希明教授 170

橋／柯平教授 175

歲月如歌，友誼長存，同繪新篇／陳傳夫院長 186

杜鵑花開在海峽兩岸／程煥文教授 193

論著篇

中華圖書資訊學教育學會理監事會暨委員會三十年發展／

　　王梅玲、張曉琪 214

海峽兩岸圖書資訊學學術研討會論文集目次與計量分析／

　　王梅玲、張曉琪 224

中華圖書資訊學教育學會會訊目次與統計分析／

　　王梅玲、張曉琪 306

資料篇

中華圖書資訊學教育學會大事紀要（1992-2021 年）................. 360

中華圖書資訊學教育學會出版品書目 366

中華圖書資訊學教育學會章程 373

中華圖書資訊學教育學會團體會員名錄 380

轉變與擴疆：臺灣圖書資訊學教育白皮書 2021-2030 第五版 382

前瞻資訊組織基礎課程教學內容綱要 434

圖目次

圖 1　大學圖書館學術傳播數位服務論壇 ·································· 123

圖 2　圖書資訊學前瞻教育與未來人才研討會 ······················ 131

圖 3　《圖書資訊學研究回顧與前瞻 2.0》專書出版 ················· 133

圖 4　海峽兩岸圖書資訊學學術研討會論文分布圖 ················ 230

圖 5　海峽兩岸圖書資訊學學術研討會論文地理分布圖 ········· 232

圖 6　海峽兩岸圖書資訊學學術研討會論文主題分布圖 ········· 237

圖 7　臺灣圖書資訊學教育白皮書架構圖 ··························· 397

表目次

表 1　2004 年海峽兩岸圖書資訊學暨教育發展研討會
論文分類表（臺灣）... 081

表 2　圖書資訊學研究回顧與前瞻研討會議程 1 124

表 3　圖書資訊學研究回顧與前瞻研討會議程 2 126

表 4　資訊組織前瞻課程教學社群活動 128

表 5　《二十一世紀圖書館創新轉型與前瞻趨勢：15 位館長的洞見》
專書受訪館長 134

表 6　歷年理事與監事名錄 215

表 7　歷年委員會主任委員名錄 216

表 8　歷年理事、監事、委員會主任委員統計 218

表 9　各學校／機構每年擔任理監事會成員、委員會主任委員
人數統計 222

表 10　海峽兩岸圖書資訊學 14 屆學術研討會一覽表 226

表 11　海峽兩岸圖書資訊學學術研討會論文發表總計 228

表 12　海峽兩岸圖書資訊學學術研討會論文地理分布 230

表 13　海峽兩岸圖書資訊學學術研討會專題演講與論文統計 233

表 14　海峽兩岸圖書資訊學學術研討會論文主題分布 235

表 15　海峽兩岸圖書資訊學學術研討會論文主題地區分布 238

表 16　前後 7 屆海峽兩岸圖書資訊學學術研討會論文主題消長表 ... 240

表 17　海峽兩岸圖書資訊學學術研討會作者論文發表統計 241

表 18　海峽兩岸圖書資訊學學術研討會作者論文的地區分布
（第一作者）... 243

表 19　海峽兩岸圖書資訊學學術研討會單一與共同作者分析
　　　　（依地區）……………………………………………………… 244

表 20　海峽兩岸圖書資訊學學術研討會單一與共同作者分析
　　　　（依會議屆次）………………………………………………… 244

表 21　海峽兩岸圖書資訊學學術研討會作者服務機構論文篇數統計
　　　　（第一作者）…………………………………………………… 246

表 22　第一屆海峽兩岸圖書資訊學學術研討會論文集目次 ………… 252

表 23　第二屆海峽兩岸圖書資訊學學術研討會論文集目次 ………… 253

表 24　第三屆海峽兩岸圖書資訊學學術研討會論文集目次 ………… 255

表 25　第四屆海峽兩岸圖書資訊學學術研討會論文集目次 ………… 257

表 26　第五屆海峽兩岸圖書資訊學學術研討會論文集目次 ………… 260

表 27　第六屆海峽兩岸圖書資訊學學術研討會論文集目次 ………… 263

表 28　第七屆海峽兩岸圖書資訊學學術研討會論文集目次 ………… 264

表 29　第八屆海峽兩岸圖書資訊學學術研討會論文集目次 ………… 266

表 30　第九屆海峽兩岸圖書資訊學學術研討會論文集目次 ………… 269

表 31　第十屆海峽兩岸圖書資訊學學術研討會論文集目次 ………… 274

表 32　第十一屆海峽兩岸圖書資訊學學術研討會論文集目次 ……… 280

表 33　第十二屆海峽兩岸圖書資訊學學術研討會論文集目次 ……… 286

表 34　第十三屆海峽兩岸圖書資訊學學術研討會論文集目次 ……… 291

表 35　第十四屆海峽兩岸圖書資訊學學術研討會論文集目次 ……… 296

表 36　各期會訊篇數統計 …………………………………………… 307

表 37　會訊作者撰文次數統計 ……………………………………… 309

表 38　會訊各主題篇數統計 ………………………………………… 312

表 39　會訊特載／專刊／專題報導／專題演講各主題篇數統計 …… 314

表 40　會訊各國圖書資訊學教育次主題篇數統計 ………………… 315

表 41　會訊特載文章一覽表 …………………………………… 316

表 42　會訊專刊篇名一覽表 …………………………………… 319

表 43　會訊專題報導篇名一覽表 ……………………………… 320

表 44　會訊專題演講篇名一覽表 ……………………………… 322

表 45　會訊教師專訪／教師介紹主題統計 …………………… 323

表 46　會訊教師專訪／教師介紹篇名一覽表 ………………… 323

表 47　會訊創刊號目次 ………………………………………… 324

表 48　會訊第二期目次 ………………………………………… 325

表 49　會訊第三期目次 ………………………………………… 325

表 50　會訊第四期目次 ………………………………………… 327

表 51　會訊第五期目次 ………………………………………… 328

表 52　會訊第六期目次 ………………………………………… 329

表 53　會訊第七期目次 ………………………………………… 329

表 54　會訊第八期目次 ………………………………………… 330

表 55　會訊第九期目次 ………………………………………… 331

表 56　會訊第十期目次 ………………………………………… 332

表 57　會訊第十一期目次 ……………………………………… 332

表 58　會訊第十二期目次 ……………………………………… 333

表 59　會訊第十三期目次 ……………………………………… 334

表 60　會訊第十四期目次 ……………………………………… 334

表 61　會訊第十五期目次 ……………………………………… 335

表 62　會訊第十六期目次 ……………………………………… 336

表 63　會訊第十七期目次 ……………………………………… 336

表 64　會訊第十八期目次 ……………………………………… 337

表 65　會訊第十九期目次 ……………………………………… 338

表 66　會訊第二十期目次 ·· 339

表 67　會訊第二十一期目次 ·· 340

表 68　會訊第二十二期目次 ·· 341

表 69　會訊第二十三期目次 ·· 343

表 70　會訊第二十四期目次 ·· 344

表 71　會訊第二十五期目次 ·· 345

表 72　會訊第二十六期目次 ·· 346

表 73　會訊第二十七期目次 ·· 347

表 74　會訊第二十八期目次 ·· 348

表 75　會訊第二十九期目次 ·· 349

表 76　會訊第三十期目次 ··· 349

表 77　會訊第三十一期目次 ·· 350

表 78　會訊第三十二期目次 ·· 351

表 79　會訊第三十三期目次 ·· 351

表 80　會訊第三十四期目次 ·· 352

表 81　會訊第三十五期目次 ·· 353

表 82　會訊第三十六期目次 ·· 354

表 83　會訊第三十七期目次 ·· 354

表 84　會訊第三十八期目次 ·· 355

表 85　會訊第三十九期目次 ·· 355

表 86　會訊第四十期目次 ··· 356

表 87　會訊第四十一期目次 ·· 356

表 88　圖書資訊學教育白皮書策略示意表 ································ 388

表 89　臺灣地區圖書資訊學系所一覽表 ································· 394

表 90　臺灣地區圖書資訊學系所沿革表 ································· 405

表 91　圖書資訊學系所專兼任教師統計 ················· 409

表 92　圖書資訊學系所專任教師最高學位背景統計 ············· 409

表 93　圖書資訊學系學士班在校學生統計 ··············· 410

表 94　圖書資訊學研究所碩士班在校學生統計 ············ 411

表 95　圖書資訊學研究所博士班在校學生統計 ············ 412

第十五屆理事長序

陳志銘理事長

　　各位中華圖書資訊學教育學會的會員同道們大家好。

　　個人非常榮幸於今年一月份在大家的厚愛與期許之下，接任了中華圖書資訊學教育學會第十五屆理事長，也非常巧合的在我任期的第一年就躬逢學會從 1992-2021 年，成立三十週年的生日，這是一個非常重要且具有意義的時刻，值得我們大家一起來熱烈慶賀，並且針對學會發展的過去、現在與未來進行深切的回顧與展望。因此，學會今年擴大舉辦了「中華圖書資訊學教育學會三十週年慶暨回顧與展望研討會」，在此個人也以現任理事長的身分，恭祝中華圖書資訊學教育學會生日快樂，也期許未來會務的發展順利且能蒸蒸日上。

　　回顧學會自民國 81（1992）年 5 月 30 日，在臺北假國立臺灣大學文學院成立以來，在歷屆理事長、學會幹部及會員同道披荊斬棘、篳路藍縷的努力開創之下，好不容易才有了今天欣欣向榮、開花結果的這一刻。藉此機會我要感謝所有會員同道這麼多年來的積極參與，以及鼎力的支持，並且在歷任理事長一棒接著一棒的努力傳承、帶領與開創下，使其日益健全發展，造就了今天逐漸茁壯發展的局面。

　　在我接任理事長的那一刻，我不忘學會成立的宗旨在於推動與促進圖書資訊學研究領域的開拓與創新，以及圖書資訊學教育在國內的發展，讓國內七個圖書資訊學系所緊密地凝聚與團結在一起，成為國內圖書資訊學研究與人才培育的重鎮與搖籃，讓國內圖書資訊學領域的發展維持不墜，並且日久彌新，在國內外受到普遍的重視。因此，在我接任理事長的那一刻即開始思考如何承先啟後，在落實前任王梅玲理事長規劃的〈臺灣圖書資訊學教育白皮書 2021-2030〉下，針對圖書資訊學研究風氣的提升、學用合一的教育，以及博士班

高階國際化研究人才及師資養成上，發出具有開創性的三支箭，希望具體落實推動白皮書所揭櫫的圖書資訊學研究與人才培育推動策略與行動方案。

首先，第一支箭為制定與通過「中華圖書資訊學教育學會推動會員籌組特別研究興趣團隊作業要點」，以具體有效策略及透過經費補助方式，鼓勵學會成員籌組具有前瞻研究意義與價值之跨校特別研究興趣團隊，促進會員之間的學術交流與提升學術研究風氣與能量。第一年已通過「圖書館於學術傳播之創新」及「數位人文元宇宙生態系統」兩個特別研究興趣團隊之成立與經費補助，希望為七個國內圖書資訊學系所的跨校研究搭起有效的交流與合作橋樑。

第二支箭為舉辦「中華圖書資訊學教育學會第一屆大數據競賽」，以激發圖書資訊學相關系所學生提升圖書館流通資料的大數據分析與應用能力，促進學用合一的專業知能發展，提升學生的就業競爭力，競賽分為大學生組與博碩士生組，第一屆競賽就引起了七個國內圖書資訊學系所老師及學生的關注與熱烈參與，希望這個比賽能夠成為圖書資訊學領域常態性的競賽，厚植學生在人工智慧與大數據時代對於圖書館經營與服務衝擊下的專業競爭力。

第三支箭為邀請圖書資訊學系所具有優異英文學術論文發表能力的老師合作在政大開授「學術論文寫作」之跨校選修微課程，以提升國內圖資系所博士班學生之英文論文寫作及國際期刊發表能力，培養具有國際學術發表能力之博士生，強化國內圖書資訊學領域師資之養成教育。

回顧過去、檢視現在與展望未來，隨著資訊與通訊科技的快速發展，圖書資訊學領域未來需要面對的挑戰是非常巨大的，需要明確發展出與其他諸如資訊工程及資訊管理等資訊相關科系具有區隔及競爭力之專業識別，才能讓圖書資訊學領域的發展歷久而不衰。我個人深信在同時兼具「內容」、「科技」與「人」的圖書資訊學專業領域框架下，圖書資訊學領域的發展必將持續維持其重要性，並為整個人類社會的發展作出巨大的貢獻。最後，也再次祝福中華圖書資訊學教育學會三十週年生日快樂。

中華圖書資訊學教育學會第十五屆理事長

2022 年 7 月 6 日

中華圖書資訊學教育學會歷史與展望

王梅玲、張曉琪

　　臺灣圖書資訊學教育歷經六十餘年發展，如今發展成七所圖書資訊學系所，涵蓋學士班、碩士班、博士班之完整教育體系。1955 年，臺灣師範大學社會教育學系成立圖書館學位，開創我國在大學設置圖書館學學程。1961 年，臺灣大學成立第一個以圖書館學命名的學系；1980 年，臺灣大學成立碩士班；1988 年，臺灣大學成立博士班，促進圖書館學教育發展。輔仁大學首先在 1993 年，將系名改為「圖書資訊學」，其後各校紛紛更名為圖書資訊學系所。目前七所學校，包括學士班四系，碩士班七所、博士班三所。此外，尚有三所提供遠距教育的圖書資訊學數位在職專班。

　　中 華 圖 書 資 訊 學 教 育 學 會（Chinese Association of Library and Information Science Education，簡稱 CALISE）於民國 81（1992）年 5 月 30 日，在臺北成立，假我國第一個博士班的臺灣大學舉行成立大會，自 1992 年至 2021 年，共發展三十年。中華圖書資訊學教育學會的成立是在圖書資訊學博士班成立的第四年，正是我國圖書資訊學教育開始躍升，欲更上層樓的階段。圖書資訊學教育是圖書館事業的推手，提高至博士班層級的圖書資訊學教育，像火車頭帶動臺灣圖書館事業的蓬勃發展。中華圖書資訊學教育學會是我國圖書資訊學教育平臺，學會本於其「研究、發揚、促進圖書資訊學教育」的宗旨舉辦所有活動。其發展代表臺灣圖書資訊學教育的縮影，顯示近三十年圖書資訊學教育的演變歷程，從繁榮興盛，到數位轉型，到跨學科擴疆與國際競爭。本文以學會三十年發展史，分別從第一個十年躍升期（1992-2001）、第二個十年轉變期（2002-2011）、第三個十年擴疆期（2012-

2021），最後展望下一個十年，並附上歷屆理事長群英像，說明近三十年學會與臺灣圖書資訊學教育發展的面貌，以及編製本特刊資料篇：〈中華圖書資訊學教育學會大事紀要（1992-2021 年）〉。

一、第一個十年躍升期（1992-2001）

　　1992 年至 2001 年，學會成立的「第一個十年」。中華圖書資訊學教育學會於民國 81（1992）年 5 月 30 日，在臺灣大學文學院會議室舉行成立大會，該籌備會之委員包括召集人李德竹教授，以及王振鵠教授、朱則剛教授、沈寶環教授、吳明德教授、胡述兆教授、胡歐蘭教授、高錦雪教授、張鼎鍾教授等。

　　中華圖書資訊學教育學會成立宗旨在研究、發揚與促進圖書資訊學教育，學會任務包括：（1）研究與推廣圖書資訊學教育；（2）研討圖書資訊學學制與課程；（3）促進圖書資訊學教育方法與經驗之交流；（4）推動學用合一以及專才專用制度；（5）增進圖書資訊學教育之國際合作；（6）其他符合本會宗旨之事項。

　　第一個十年 1992 年至 2001 年期間，經歷五屆理、監事會，四位理事長領導。第一屆理事長為臺灣大學胡述兆教授（1992 年 6 月至 1994 年 7 月）；第二屆與第三屆理事長為臺灣大學李德竹教授（1994 年 8 月至 1998 年 12 月）；第四屆理事長為世新大學莊道明副教授（1999 年 1 月至 2000 年 12 月）；第五屆理事長政治大學薛理桂教授（2001 年 1 月至 2002 年 12 月）。

　　在這個階段臺灣的圖書館學碩士班蓬勃發展，並經歷系所改名，朝向多元發展。1991 年，淡江大學、1994 年，輔仁大學相繼成立研究所碩士班。為因應資訊科學出現，輔仁大學首先在 1993 年，將系名改為「圖書資訊學」系，其後各校紛紛更名。1995 年，世新大學圖書資訊學系成立；1996 年，政治大學成立圖書資訊學研究所；1997 年，玄奘人文社會學院成立圖書資訊學系；1998 年，中興大學成立圖書資訊學研究所；2000 年，世新大學成立圖書資訊學研究所碩士班。

　　中華圖書資訊學教育學會在此階段會務穩定發展，不但關注國內圖書資

訊教育學制與課程之發展，對於海峽兩岸學術交流活動更是積極推動（莊健國、曾堃賢，1999）。學會為往後發展定根基，重要成就為：訂定〈中華圖書資訊學教育學會章程〉及組織架構；舉辦國內研討會；舉辦「海峽兩岸圖書資訊學學術研討會」，開展兩岸圖書資訊學交流；創立《中華圖書資訊學教育學會會訊》及設置學會全球資訊網站。

（一）學會成立及組織

　　中華圖書資訊學教育學會（以下簡稱學會）於 1992 年 5 月 30 日，於臺灣大學文學院會議室舉行成立大會，決議通過〈中華圖書資訊學教育學會章程〉，章程訂定學會以會員大會為最高權力機構，會員大會閉會期間由理事會代行職權；監事會為監察機構。每屆理、監事會任期兩年，連選得連任。理事會由會員大會選舉理事九人，候補理事三人組織之。理事會置常務理事三人，由理事互選之，並由理事就常務理事中選舉一人為理事長。理事長對內綜理督導會務，對外代表學會，並擔任會員大會及理事會議主席（中華圖書資訊學教育學會，1992）。學會設立之初，章程訂定理事長任期為兩年，不得連任，於 1996 年 12 月之會員大會修訂理事長任期為兩年，得連任一次（中華圖書資訊學教育學會，1997）。

　　監事會由會員大會選舉監事三人、候補監事一人組織之。監事會置常務監事一人，由監事互選之，監察日常事務，並擔任監事會主席。理事會之日常事務由秘書長及副秘書長負責處理，秘書長及副秘書長均由理事長提名，經理事會通過後聘任之（中華圖書資訊學教育學會，1992）。為使成立宗旨與任務得以具體落實，學會在理事會下設有委員會，各委員會之名稱與設立隨會務需求略有增減，委員會大致包括教學與課程研究委員會、學術研究與發展委員會、學術交流委員會、及會員委員會等，各委員會置主任委員一人、副主任委員一至二人、委員七至九人、執行秘書一人，由主任委員提名，經理事會同意後聘任之，其任期與當屆理事、監事任期相同（莊健國、曾堃賢，1999）。

　　學會招收會員分為三種，分別為（1）個人會員：圖書資訊學教育人員、對圖書資訊學及其相關學術有研究或有興趣者、對圖書資訊學教育有貢獻

者、修習圖書資訊學及相關學科之在校學生；（2）團體會員：圖書資訊學系所及研究機構、圖書館及資訊單位、文化機構及學術團體；（3）贊助會員：熱心圖書資訊學教育，贊助學會活動之個人或團體（中華圖書資訊學教育學會，1992）。

（二）舉辦國內研討會

學會本於「研究、發揚、促進圖書資訊學教育」的宗旨，舉辦多場相關活動（胡述兆，1993）。學會於 1992 年至 2001 年間，於國內舉辦多場研討會，第一場研討會「圖書資訊學教學研討會」於 1993 年 2 月 20 日，在國立中央圖書館國際會議廳舉辦，邀請全體會員及國內專家學者參加，並有來自大陸的六位教授與館長來臺參與。另有於 1993 年，舉辦「主題標目研討會」、「會員大會暨圖書館學教育核心課程之檢討研討會」；1995 年，舉辦「圖書館與國家資訊基礎建設（NII）研討會」、「會員大會暨圖書資訊學核心課程座談會」；1998 年，舉辦「會員大會暨圖書資訊學核心課程座談會」；2000 年，舉辦「遠距教學在圖書館服務應用研討會」、「圖書資訊組織與教學研討會」、「廿一世紀圖書館管理趨勢研討會」、「圖書館閱讀活動研討會」；以及 2001 年，與檔案管理局合辦「數位時代檔案管理研討會」。

（三）開展兩岸圖書資訊學交流，舉辦「海峽兩岸圖書資訊學學術研討會」

學會於 1993 年 12 月 12 日至 15 日，與上海華東師範大學圖書情報系合辦「海峽兩岸首屆圖書資訊學學術研討會」，於上海華東師範大學舉行，是次研討會是兩岸圖書資訊界首次聯合舉辦學術研討會，共一百多位學者參與，乃兩岸學術交流史上一大突破（胡述兆，1993）。

學會於 1992 年至 2001 年間，積極推動兩岸學術交流活動，持續於大陸不同城市舉行共五屆「海峽兩岸圖書資訊學學術研討會」。第二屆於 1994 年，與北京大學信息管理系合辦「海峽兩岸第二屆圖書資訊學學術研討會」；1997 年，與武漢大學圖書情報學院合辦「海峽兩岸第三屆圖書資訊學學術研討會」；1998 年，與中山大學信息管理系合辦「海峽兩岸第四屆圖書資訊學

學術研討會」；以及 2000 年，與中國科學院文獻情報中心合辦「海峽兩岸第五屆圖書資訊學學術研討會」。

除了與大陸圖書資訊學界持續合辦「海峽兩岸圖書資訊學學術研討會」外，學會亦於 2001 年 9 月 13 日至 15 日，於浙江杭州舉辦「2001 海峽兩岸資訊服務與傳播發展研討會」，邀請兩岸學者進行交流，促進彼此瞭解（王梅玲，2003）。

（四）《中華圖書資訊學教育學會會訊》創刊

《中華圖書資訊學教育學會會訊》於 1993 年 12 月創刊，為每年兩期的半年刊，以傳布會務動態及提供會員聯繫的管道。其後會訊內容亦收錄學術性論文，以作學術傳播（中華圖書資訊學教育學會，1997）。第一屆理事長胡述兆於創刊號說明編印會訊的原因：「本會舉辦的各項活動，因限於人力物力，多在臺北地區舉辦，致使分散各地的會員無法全部參加，深感遺憾。為彌補此一缺陷，爰經第二屆會員大會決議，編印『會務通訊』，每年兩期，免費分送全體會員，作為傳佈本會會務動態及提供會員聯繫之管道」（胡述兆，1993）。學會於 1992 年至 2001 年間，出版會訊創刊號至第十七期，合共十七期。

學會於 1998 年，出版《中華民國圖書資訊學系所現況暨教育文獻書目》，介紹國內圖書資訊學系所現況，整理及收錄圖書資訊學教育文獻書目（中華圖書資訊學教育學會，1998）。另就學會於國內舉辦之研討會出版論文集共六本；海峽兩岸圖書資訊學學術研討會臺灣方面論文集共五本。有關出版品書目參見本特刊〈中華圖書資訊學教育學會出版品書目〉。

（五）設置學會全球資訊網站

學會於 2001 年，開始架設全球資訊網站，網站內容經由各委員會集思，前後任理事長傳承架設完成，提供各項圖書資訊學教育相關資料，網址為 http://www.calise.org.tw。首頁設計以清新、自然風格取勝，以跨越紙本與數位典藏圖書資訊人之期許。網站共分「最新訊息」、「關於 CALISE」、「會員園地」、「會訊訊息」、「出版品」、「活動看板」、「意見交流」、「圖資系所」、

「研究發展」、「資源指南」等十大項（吳英美，2001）。

二、第二個十年轉變期（2002-2011）

　　2002 年至 2011 年，學會成立的「第二個十年」，期間經歷六屆理、監事會，六位理事長領導。分別為第五屆理事長政治大學薛理桂教授（2001 年 1 月至 2002 年 12 月）；第六屆理事長中興大學詹麗萍教授（2003 年 1 月至 2004 年 12 月）；第七屆理事長政治大學楊美華教授（2005 年 1 月至 2006 年 12 月）；第八屆理事長臺灣大學陳雪華教授（2007 年 1 月至 2008 年 12 月）；第九屆理事長臺灣大學朱則剛教授（2009 年 1 月至 2011 年 10 月）；以及第十屆理事長淡江大學邱炯友教授（2011 年 11 月至 2013 年 12 月）。

　　這個時期臺灣的圖書資訊學教育向數位發展，世新大學圖書資訊學系自 2001 年，更名為「資訊傳播學系」，以培養數位內容設計、網路資訊蒐集、加值、行銷、資料庫加值、檢索專業人才為主旨。2002 年，臺灣師範大學圖書資訊學研究所成立。同年，政治大學圖書資訊學研究所，改名為圖書資訊與檔案學研究所，停辦博物館學教育，分為圖書資訊學與檔案學兩組，致力於圖書資訊學與檔案管理人才之培育。教育部於 2006 年起，積極推動數位學習碩士在職專班，幫助在職工作者可以利用網路學習取得學位，政治大學圖書資訊與檔案學研究所配合教育部數位認證規範，首開圖書資訊學數位學習碩士在職專班，並於 2009 年，通過教育部認證後，正式增設圖書資訊學數位碩士在職專班，以培育理論與實務並重的圖書資訊學與檔案學之高級專業人才，為我國圖書資訊學界第一個以遠距教學方式取得碩士學位的在職專班。

　　在前人的根基下，學會得以穩定發展，還積極推動下列活動：建立電腦投票選舉方法；舉辦「圖書資訊學系所主任座談會」及成立「系所主任委員會」，促進國內圖書資訊學系所主任及所長之彼此交流及合作；定期舉辦「學位論文研討會」；亦積極與圖書資訊學界不同機構、學會、系所結為夥伴關係，合作舉辦多場研討會；持續舉辦「海峽兩岸圖書資訊學學術研討會」；以及發行學會出版品。

（一）學會組織

學會於 2004 年 11 月，理監事聯席會議中，決議下一屆（第七屆）理監事選舉改為電腦投票方式產生，以改善人工投票、計票之處理時效。大會同時亦準備部分紙張選票，以人工圈選後彌封，開票前於監票人員監督下輸入計票系統，再由計票系統進行計票開票動作（俞小明，2005）。

2005 年 9 月，理監事聯席會議中，學會決議成立「系所主任委員會」，以加強各系所間交流與合作，原則上於每學期或每年召開一次會議（中華圖書資訊學教育學會，2005）。

（二）舉辦國內研討會

學會於 2002 年至 2011 年間，於國內舉辦多場研討會，其中「圖書資訊學系所主任座談會」開展國內圖書資訊學系所主任及所長之彼此交流及合作，「圖書資訊學系所主任座談會」分別於 2002 年、2003 年及 2004 年舉辦（中華圖書資訊學教育學會，2002）。

學會於 2002 年，開始舉辦學位論文研討會，與中華民國圖書館學會合辦「圖書資訊學獎助論文研討會」，以促進各圖書資訊學系所學術交流與觀摩（中華圖書資訊學教育學會，2002），激勵學術研究，提供圖書資訊學系所學生發表論文的途徑，整合研究成果（汪匯秋，2004）。相關研討會分別為 2002 年，舉辦之「第一屆圖書資訊學學位論文研討會」、2005 年，與中華民國圖書館學會及臺灣大學圖書資訊學系合辦「2005 年圖書資訊學研究生論文論壇」；以及 2007 年至 2010 年間，與中華民國圖書館學會合辦之「圖書資訊學獎助論文研討會」。

此外，學會亦積極與圖書資訊學界不同機構、學會、系所合作舉辦多場研討會。分別於 2002 年，與國家圖書館及政治大學圖書資訊學研究所合辦「會員大會暨網路教學與圖書資訊學應用研討會」；2003 年，與臺灣大學圖書資訊學系、臺灣大學工業知識科技研究中心、中興大學圖書資訊學研究所合辦「圖書館專利資訊服務研討會」、2003 年，學會亦主辦「會員大會暨圖書資訊專業人才能力培育研討會」；2005 年，與政治大學圖書資訊與檔案學研究所及 Thomson Scientific 合辦「學術期刊與引用評鑑研討會」；2006 年，

與政治大學圖書資訊與檔案學研究所合辦「學術傳播與電子期刊管理研習班」、與國家圖書館、政治大學圖書資訊與檔案學研究所、Elsevier 公司合辦「會員大會暨數位傳播時代圖書資訊學研究與教育學術研討會」；2007 年，與世新大學資訊傳播系合辦「2007 年（第二屆）亞太地區圖書資訊學教育與應用國際研討會」；以及在 2008 年，與國家圖書館合辦「會員大會暨 2008 再訪圖書資訊學工作坊」。

（三）持續舉辦「海峽兩岸圖書資訊學學術研討會」

學會於 2002 年至 2011 年間，持續舉辦「海峽兩岸圖書資訊學學術研討會」，積極推動兩岸學術交流活動，於大陸不同城市舉行共五屆研討會。分別於 2002 年，與黑龍江省圖書館學會合辦「海峽兩岸第六屆圖書資訊學學術研討會」；2004 年，與大連理工大學圖書館合辦「海峽兩岸第七屆圖書資訊學學術研討會」；2006 年，與中山大學資訊管理學院合辦「海峽兩岸第八屆圖書資訊學學術研討會」；2008 年，與武漢大學信息管理學院合辦「海峽兩岸第九屆圖書資訊學學術研討會」；以及 2010 年，與南京大學信息管理學院合辦「海峽兩岸第十屆圖書資訊學學術研討會」。

（四）出版品

《中華圖書資訊學教育學會會訊》除因第三十一期延後一個月於 2009 年 1 月出版，因此 2008 年，只出版第三十期外，持續每年兩期以半年刊形式出版，學會於 2002 年至 2011 年間，出版會訊第十八期至第三十六期，合共十九期。會訊紙本發行至第二十七期（2006 年 12 月）止，之後改為電子版。

學會於 2005 年至 2006 年間，共發行八期電子報。另就學會於國內舉辦之研討會出版論文集共十本；海峽兩岸圖書資訊學學術研討會臺灣方面論文集共五本。有關出版品書目參見本特刊〈中華圖書資訊學教育學會出版品書目〉。

三、第三個十年擴疆期（2012-2021）

　　2012 年至 2021 年間，學會成立的「第三個十年」，學會經歷五屆理監事會，五位理事長領導。分別為第十屆理事長淡江大學邱炯友教授（2011 年 11 月至 2013 年 12 月）；第十一屆理事長臺灣師範大學柯皓仁教授（2014 年 1 月至 2015 年 12 月）；第十二屆理事長輔仁大學黃元鶴教授（2016 年 1 月至 2017 年 12 月）；第十三屆理事長世新大學莊道明副教授續任（2018 年 1 月至 2019 年 12 月）；以及第十四屆理事長政治大學王梅玲教授（2020 年 1 月至 2021 年 12 月）。其後第十五屆理事長為政治大學陳志銘教授（2022 年 1 月至今）。

　　臺灣的圖書資訊學教育在這個時期開始擴疆，圖書資訊學系所發展遠距教育。2012 年，淡江大學資訊與圖書館學系成立「數位出版與典藏數位學習碩士在職專班」，於 2020 年 8 月，更名為「資訊與圖書館學系數位學習碩士在職專班」。臺灣師範大學圖書資訊學研究所於 2019 年，將原有圖書資訊學碩士在職專班轉型為「數位學習碩士在職專班」。各圖書資訊學系所也開始擴大領域，開設數位人文、資料視覺化、資料探勘、資料科學相關課程。2015 年，我國有三校加入 iSchools 聯盟：臺灣師範大學圖書資訊學研究所、政治大學圖書資訊與檔案學研究所、臺灣大學圖書資訊學系，圖書資訊學門朝向跨學科發展。

　　學會在此階段舉辦多場研討會，研討會活動尤其於 2020 年至 2021 年間，運用線上會議技術，積極發展，亦持續舉辦「海峽兩岸圖書資訊學學術研討會」，學會檢討過去前瞻未來，公布〈轉變與擴疆：臺灣圖書資訊學教育白皮書 2021-2030〉，2020 年至 2021 年間有多項出版活動。

（一）學會組織

　　學會於 2021 年 10 月，以視訊方式舉行中華圖書資訊學教育學會第十四屆第一次臨時會員大會，通過修正案：理、監事會議得以視訊會議方式召開。

（二）舉辦國內研討會

　　學會於 2012 年至 2022 年間，在國內舉辦多場研討會，研討會活動尤其多於 2020 年至 2021 年，以線上舉行。學會延續過去舉行之「圖書資訊學獎助論文研討會」，2012 年，與中華民國圖書館學會及國家圖書館合辦「2012年圖書資訊學優秀學位論文發表會」；2014 年，與中華民國圖書館學會、國立臺灣圖書館、國家圖書館合辦「2014 年圖書資訊學優秀論文獎助發表會」。

　　此外，學會於 2013 年，舉辦「圖書資訊學教育、研究與期刊出版座談會」；2014 年，與中華圖書資訊館際合作協會、臺灣師範大學圖書館、世新大學圖書館、超星資訊有限公司、深擊設計管理有限公司、及活動通合辦「服務設計工作坊前奏曲：如果圖書館」，並於 2015 年，合辦「服務設計工作坊」；學會於 2015 年，舉辦「2015 亞洲資訊取用工作坊」；2016 年，與輔仁大學圖書館及輔仁大學圖書資訊學系合辦「數位學習翻轉高等教育工作坊」；2017 年，與中華民國圖書館學會合辦「教育遊戲化工作坊暨圖書資訊領域教師餐敘聯誼會」。

　　2018 年，舉辦「國際圖書館事業發展論壇」、「2028 圖書資訊學未來教育論壇」；2019 年，舉辦「圖書資訊系所新進老師座談會」、「轉變與擴疆：圖書資訊學未來教育研討會」；2020 年，舉辦「前瞻人才培育與教師社群經營論壇」、「傅爾布萊特學人經驗：禮遇・友誼・熱情・學習～美國訪學經驗分享」、「大學圖書館學術傳播數位服務論壇」、「2020 圖書資訊學研究回顧與前瞻學術研討會暨年會」；2021 年，舉辦「IO Talk 第一次論壇：資訊組織新技術與新趨勢線上論壇」、「IO Talk 第二次論壇：OCLC Linked Data計畫線上論壇」、資訊組織前瞻課程教學研究社群舉行五次會議，討論資訊組織基礎課程教材與教學法、與國家圖書館合辦論壇，邀請美國 School of Library and Information Studies, Texas Woman's University 院長鄭鈴慧教授演講「社區資訊學：圖書館促進社區發展（Community Informatics）」、以及舉辦「圖書資訊學前瞻教育與未來人才研討會暨年會」。

（三）舉辦「海峽兩岸圖書資訊學學術研討會」

　　學會於 2012 年至 2018 年間，持續舉辦「海峽兩岸圖書資訊學學術研討

會」，積極推動兩岸學術交流活動，舉行共四屆「海峽兩岸圖書資訊學學術研討會」。學會於過去二十年來舉辦研討會，使兩岸圖書資訊學界交流與合作愈發頻繁與密切，過去十屆研討會均在大陸舉行，有別於過往研討會，2012年，學會與淡江大學資訊與圖書館學系合辦「海峽兩岸第十一屆圖書資訊學學術研討會」，首度移師臺灣，於淡江大學舉行，具有跨時代意義。同時在兩岸系主任座談會中，雙方就加強兩岸交流議題進行討論。會中決議日後會議仍維持兩年一次，計劃以在大陸兩次、臺灣一次的方式輪流主辦（彭慰，2014）。

其後，學會於 2014 年，與南開大學商學院信息資源管理系合辦「海峽兩岸第十二屆圖書資訊學學術研討會」；2016 年，與華中師範大學信息管理學院合辦「海峽兩岸第十三屆圖書資訊學學術研討會」；以及 2018 年，與南京理工大學經濟管理學院合辦「海峽兩岸第十四屆圖書資訊學學術研討會」。「海峽兩岸第十五屆圖書資訊學學術研討會」原訂於 2020 年舉行，因新型冠狀病毒（COVID-19）疫情持續，將延期至 2023 年。

（四）公布〈轉變與擴疆：臺灣圖書資訊學教育白皮書 2021-2030〉

圖書資訊學教育未來將面臨科技、社會、資訊環境與圖書館巨大變革，帶來許多問題與挑戰，英美圖書資訊學界已展開環境掃描與策略規劃。鑑此，為有系統與合作因應變革，學會於 2018 年，啟動「2028 圖書資訊學教育環境掃描與發展策略計畫」，由王梅玲教授主持研究案。依據研究報告基礎，研訂〈臺灣圖書資訊學教育白皮書 2021-2030〉草案，舉行兩次研討會邀請圖書資訊學系所主任、教師、圖書館館長與館員共同討論：2018 年 12月，召開「圖書資訊學未來教育論壇」，2019 年 12 月，舉行「圖書資訊學未來教育研討會」。2020 年到 2021 年間，邀請專家審查與修訂。

歷經三年、兩屆中華圖書資訊學教育學會耕耘，〈轉變與擴疆：臺灣圖書資訊學教育白皮書 2021-2030〉，完成第四版。2021 年 11 月，「圖書館前瞻教育與未來人才研討會」，由啟動計畫的莊道明前理事長說明緣起，經計畫主持人王梅玲理事長報告。研討會上蒐集教師、與會者的意見後更新第五版，提出〈轉變與擴疆：臺灣圖書資訊學教育白皮書 2021-2030〉，涵蓋圖書

資訊學教育未來十年的四項願景、八大目標、十六項關鍵策略,並於學會網站公告(中華圖書資訊學教育學會,2021)。

(五)出版品

　　《中華圖書資訊學教育學會會訊》於 2012 年至 2017 年間,出版會訊第三十七期至第四十一期,合共五期。於 2020 年至 2021 年間,共發行四期電子報。另於 2012 年至 2021 年間,就學會於國內舉辦之研討會出版論文集兩本;海峽兩岸圖書資訊學學術研討會臺灣方面論文集共四本。有關出版品書目參見本特刊之〈中華圖書資訊學教育學會出版品書目〉。

　　學會在 2020 年至 2021 年間,有多項出版活動,分別為〈中華圖書資訊學教育學會 2020-2023 策略計畫〉、與漢珍公司合作出版《二十一世紀圖書館創新轉型與前瞻趨勢:15 位館長的洞見》、〈前瞻資訊組織基礎課程教學研究報告〉、由學會主持計畫,吳美美教授主編,邀請圖書資訊學界的教師與學者以共筆方式完成,元華文創公司出版之《圖書資訊學研究回顧與前瞻 2.0》、以及〈轉變與擴疆:臺灣圖書資訊學教育白皮書 2021-2030 第五版〉。

四、展望下一個十年

　　中華圖書資訊學教育學會伴隨著臺灣圖書資訊學教育發展,臺灣至今建立七所圖書資訊學系所,涵蓋學士班、碩士班、博士班三級教育制度,培養許多圖書館與資訊專業人才與領導人才,同時促進我國圖書館事業的進步。面對網路革命新時代許多改變與趨勢,資訊科技進步與快速創新,社會人口老化與多樣化、高等教育變革、社會工作結構改變新趨勢,因應我國圖書資訊學教育的優勢、機會、問題與威脅,學會思考未來十年發展。

　　臺灣圖書資訊學教育承繼過去一甲子的努力成果,面臨全球圖書館與資訊機構變革的挑戰,亟需提升與轉型,面對未來十年發展,中華圖書資訊學教育學會(2021)提出臺灣圖書資訊學教育白皮書,涵蓋四項願景、八大目標、十六項關鍵策略。訂定我國圖書資訊學教育使命為:「培養具競爭力的前瞻圖書資訊學人才,發展健全與調變性的圖書資訊學教育系統,促進圖書館

資訊事業以及圖書資訊學研究永續與卓越發展」。針對前述使命，我國圖書資訊學教育願景列為四項：（1）發展完整圖書資訊學教育系統，設置大學部與研究所，堅實教育基礎，成為永續與彈性的圖書資訊學教育。（2）成為卓越的臺灣圖書資訊學教育，在亞洲名列前茅。（3）我國圖書資訊學系所通過國際圖書資訊學教育評鑑，提升國際聲望與認可。（4）成為具國際水平的圖書資訊學博士教育，供應我國優質的圖書資訊學教育師資與傑出的圖書館事業領導人才。

依據前述使命與願景，我國圖書資訊學教育未來發展目標如下：

1. 健全發展圖書資訊學系所教育系統，各校均設置圖書資訊學大學部與研究所，各獨立研究所設置大學部或學士學程，以堅實教育基礎，發展永續與卓越的圖書資訊學教育。

2. 精進圖書資訊學碩士教育，各校發展特色優勢，優化圖書資訊學碩士教育品質，發展成為亞洲圖書資訊學教育品牌。

3. 提升圖書資訊學博士教育品質，培育圖書資訊學系所教師與圖書館資訊機構領導人才，支持我國圖書資訊學研究社群，作為圖書資訊學師資與卓越圖書資訊學研究的後盾。

4. 系所評鑑與國際專業評鑑接軌，擴展圖書資訊學教育國際化。我國圖書資訊學系所參與英國或美國圖書資訊學教育認證與評鑑，獲得國際聲望與認可。

5. 研訂圖書資訊學核心能力，發展能力導向教育與課程，以培養有競爭力的前瞻圖書資訊學人才。

6. 因應新興科技、數位內容與數據管理趨勢，圖書資訊學系所設置前瞻性課程，幫助畢業生就業並因應不斷改變的圖書資訊學市場與工作結構。

7. 健全中小學圖書館與媒體館員的教育系統，培養優良的學校圖書館員與媒體專家，以推動我國中小學閱讀與資訊素養教育。

8. 中華圖書資訊學教育學會成為教育平臺，建立圖書資訊學數位學院，作為圖書資訊學教師與圖書館資訊專業人員學習與學術交流空間，幫助教師與圖書館資訊人員繼續專業發展。

五、歷屆理事長群英像

（一）第一屆 胡述兆理事長簡介

任期
1992.06.16－1994.07.31

學　歷	美國佛州州立大學圖書館學與資訊科學研究院哲學博士 美國佛州州立大學圖書館學高級碩士 美國維蘭諾瓦大學圖書館學超碩士 美國匹茲堡大學圖書館學碩士 美國哥倫比亞大學美國政府碩士 國立政治大學政治學碩士 國立臺灣大學法學士 江西中正大學化學系肄業
經　歷	國立臺灣大學圖書資訊學系暨研究所 榮譽教授 國立臺灣大學圖書資訊學系暨研究所 系主任暨所長 國立政治大學政治研究所 兼任教授 華東師範大學 顧問教授 上海國際商學院 顧問教授 南昌大學 客座教授 美國賓州聖佛西大學 教授 美國哥倫比亞大學圖書館 館員 美國佛州州立大學圖書館 館員
專　長	圖書館學、資訊科學、政治學
研討會	圖書資訊學教學研討會 圖書資訊學教學研討會 主題標目研討會 圖書館學教育核心課程之檢討研討會 海峽兩岸首屆圖書資訊學學術研討會 海峽兩岸第二屆圖書資訊學學術研討會

（二）第二、三屆 李德竹理事長簡介

任期
1994.08.01－1998.12.31

學　歷	美國匹茲堡大學圖書館學與資訊科學哲學博士 美國匹茲堡大學圖書館學與資訊科學碩士及超碩士 美國山慈學院化學學士
經　歷	國立臺灣大學圖書資訊學系暨研究所 教授 國立臺灣大學圖書資訊學系暨研究所 系主任暨所長 美國麻省理工學院電子系統研究實驗室 研究員 美國卡乃基‧麥倫大學冶金實驗室 工程師
專　長	資訊科學、圖書館自動化、圖書資訊標準、科技資源
研討會	圖書館與國家資訊基礎建設（NII）研討會 第四屆會員大會暨圖書資訊學核心課程座談會 海峽兩岸第三屆圖書資訊學學術研討會 海峽兩岸第四屆圖書資訊學學術研討會 圖書資訊學核心課程座談會

（三）第四、十三屆 莊道明理事長簡介

任期
1999.01.01—2000.12.31
2018.01.01—2019.12.31

學　歷	國立臺灣大學圖書資訊學博士
經　歷	世新大學資訊傳播學系 副教授 世新大學資訊傳播學系 系主任
專　長	資訊傳播學、資訊素養研究、專業倫理學、統計資料分析、圖書館管理
研討會	遠距教學在圖書館服務應用研討會 圖書資訊組織與教學研討會 廿一世紀圖書館管理趨勢研討會 海峽兩岸第五屆圖書資訊學學術研討會 圖書館閱讀活動研討會 海峽兩岸第十四屆圖書資訊學學術研討會 國際圖書館事業發展論壇 2028 圖書資訊學未來教育論壇 圖書資訊系所新進老師座談會 轉變與擴疆：圖書資訊學未來教育研討會

（四）第五屆 薛理桂理事長簡介

任期
2001.01.01—2002.12.31

學　歷	英國羅福堡大學圖書資訊學系博士 英國雷汀大學圖書資訊學系碩士 中國文化大學歷史學系碩士 淡江大學教育資料科學學系學士
經　歷	國立政治大學圖書資訊與檔案學研究所 教授 國立政治大學圖書資訊與檔案學研究所 所長
專　長	檔案學、檔案選擇與鑑定、檔案編排與描述、國際檔案學
研討會	2001 海峽兩岸資訊服務與傳播發展研討會 數位時代檔案管理研討會 圖書資訊學系所主任座談會 海峽兩岸第六屆圖書資訊學學術研討會 第一屆圖書資訊學學位論文研討會 網路教學與圖書資訊學應用研討會

（五）第六屆 詹麗萍理事長簡介

任期
2003.01.01—2004.12.31

學 歷	美國佛州州立大學圖書資訊學博士 美國德州大學奧斯汀校區圖書資訊學碩士 國立臺灣大學圖書館學系學士
經 歷	國立中興大學圖書資訊學研究所 教授 國立中興大學圖書資訊學研究所 所長 國立中興大學圖書館 館長 國立清華大學通識教育中心 副教授 國立清華大學人文社會學院圖書分館 主任 國立臺南藝術學院 副教授兼圖書館館長
專 長	館藏發展、數位圖書館
研討會	圖書館專利資訊服務研討會 圖書資訊專業人才能力培育研討會 圖書資訊學系所主任座談會 海峽兩岸第七屆圖書資訊學學術研討會 圖書資訊學系所主任座談會

（六）第七屆 楊美華理事長簡介

任期
2005.01.01－2006.12.31

學　歷	美國印第安那大學圖書館學暨資訊科學博士 美國印第安那大學比較教育碩士、美國印第安那大學圖書館學碩士 西德波昂大學漢學研究、國立臺灣大學圖書館學學士
經　歷	中國人民大學 暑期國際小學期 講座教授 澳門公共圖書館培訓工作坊 主任導師 國立政治大學圖書資訊與檔案學研究所 教授 國立政治大學圖書資訊與檔案學研究所 所長 中國南京大學信息管理系 講學教授 中國武漢大學信息管理學院 講學教授 中國廣州中山大學資訊管理系 講學教授 國立中興大學圖書資訊學研究所 兼任教授 世界新聞專科學校 兼任教授 國立中正大學 教授兼圖書館館長 中國文化大學史學研究所 兼任教授 國立臺灣大學圖書館學系 兼任副教授 國立中正大學籌備處 副研究員兼代教務組組長 逢甲大學 副教授兼圖書館館長 美國印第安那大學東亞圖書館 館長 國立臺灣大學總圖書館 採編組主任 國立臺灣大學法學院圖書館 主任 天主教輔仁大學圖書館學系 兼任講師 西德波昂大學漢學系 助理研究員 中華文化復興運動推行委員會 圖書館館員
專　長	圖書資訊學教育、圖書館管理、館藏發展、讀者服務、研究方法、大學圖書館、網路資訊服務
研討會	2005 年圖書資訊學系主任座談會、學術期刊與引用評鑑研討會 2005 年圖書資訊學研究生論文論壇 海峽兩岸第八屆圖書資訊學學術研討會 學術傳播與電子期刊管理研習班 數位傳播時代圖書資訊學研究與教育學術研討會

（七）第八屆 陳雪華理事長簡介

任期
2007.01.01─2008.12.31

學 歷	美國喬治亞大學教育學博士 美國喬治亞大學教育媒體與圖書館學碩士 國立臺灣大學圖書館學系文學士
經 歷	國立臺灣大學圖書資訊學系 專任教授 國立臺灣大學圖書館 館長 國立臺灣大學出版中心 主任 國立臺灣大學圖書資訊學系暨研究所 系主任暨所長 國立空中大學 副教授兼研究處 處長 國立臺灣大學研究圖書館 館員
專 長	圖書館學、資訊組織、圖書館技術服務、資訊資源與服務、 數位典藏、數位出版、知識管理
研討會	2007 年（第二屆）亞太地區圖書資訊學教育與應用國際研討會 2007 年圖書資訊學獎助論文研討會 海峽兩岸第九屆圖書資訊學學術研討會 2008 年圖書資訊學獎助論文研討會 2008 再訪圖書資訊學工作坊

（八）第九屆 朱則剛理事長簡介

任期
2009.01.01—2011.10.31

學　歷	美國印第安那大學教育工學研究所博士 美國印第安那大學教育工學研究所碩士 淡江文理學院教育資料科學學系學士
經　歷	國立臺灣大學圖書資訊學系 教授 國立臺灣師範大學圖文傳播系／所 教授 國立臺灣師範大學視聽教育館 研究員 淡江大學教育資料科學學系／所 副教授兼系主任 美國印第安那大學視聽教育中心 組長 淡江大學教育資料科學學系 講師兼圖書館視聽組主任
專　長	媒體中心管理、教育科技、媒體素養與資訊素養、學習理論、遠距教學與數位學習
研討會	2009 年圖書資訊學獎助論文研討會 海峽兩岸第十屆圖書資訊學學術研討會 2010 年圖書資訊學獎助論文研討會

（九）第十屆 邱炯友理事長簡介

任期
2011.11.01─2013.12.31

學　歷	英國威爾斯大學資訊與圖書館研究所博士
經　歷	國立政治大學圖書資訊與檔案學研究所 教授 國立政治大學圖書資訊與檔案學研究所 所長 淡江大學文學院 院長 淡江大學教育資料科學系 主任 淡江大學資訊與圖書館學系 主任
專　長	學術出版與傳播、出版產業政策研究、期刊出版經營、政府資訊、數位借閱與閱讀、圖書資訊服務
研討會	海峽兩岸第十一屆圖書資訊學學術研討會 2012 年圖書資訊學優秀學位論文發表會 圖書資訊學教育、研究與期刊出版座談會

（十）第十一屆 柯皓仁理事長簡介

任期
2014.01.01—2015.12.31

學　歷	國立交通大學資訊科學研究所博士 國立交通大學資訊科學系學士 臺灣師範大學圖書館 館長 臺灣師範大學圖書資訊學研究所 教授
經　歷	國立交通大學圖書館 教授兼副館長、數位圖書資訊組組長 國立交通大學圖書館 教授兼數位圖書資訊組、參考諮詢組組長 國立交通大學圖書館 副教授兼數位圖書資訊組組長 國立交通大學計算機中心 副教授兼系統支援組組長
專　長	數位與網路技術、數位典藏、資料探勘
研討會	海峽兩岸第十二屆圖書資訊學學術研討會 2014 年圖書資訊學優秀論文獎助發表會 服務設計工作坊前奏曲：如果圖書館 服務設計工作坊 2015 亞洲資訊取用工作坊

（十一）第十二屆 黃元鶴理事長簡介

任期
2016.01.01—2017.12.31

學　歷	元智大學管理研究所博士 美國匹茲堡大學圖書資訊學院碩士 天主教輔仁大學圖書資訊學學士、企管輔系
經　歷	天主教輔仁大學圖書資訊學系 教授 天主教輔仁大學圖書資訊學系／圖書資訊學系進修學士班 主任 中州技術學院資訊管理系 講師、副教授 中州技術學院圖書館 主任 國立體育學院圖書館 研究員 中央研究院文哲所籌備處圖書館 約聘助理館員
專　長	知識與創新管理、資訊服務機構管理、資訊計量與學術傳播、專利檢索與分析、資訊檢索策略
研討會	海峽兩岸第十三屆圖書資訊學學術研討會 數位學習翻轉高等教育工作坊 教育遊戲化工作坊暨圖書資訊領域教師餐敘聯誼會

（十二）第十四屆 王梅玲理事長簡介

任期
2020.01.01－2021.12.31

學　歷	國立臺灣大學圖書館學研究所博士 美國馬利蘭大學圖書館與資訊服務學院碩士 國立臺灣大學圖書館學研究所碩士、國立臺灣大學圖書館學學士
經　歷	國立政治大學圖書資訊與檔案學研究所 教授 國立政治大學圖書資訊與檔案學研究所 所長 玄奘人文社會學院圖書資訊學系 副教授兼任系主任 玄奘人文社會學院圖書館 館長 國家圖書館 輔導組主任、國家圖書館 採訪組編輯 天主教輔仁大學圖書資訊學系 兼任副教授 世界新聞傳播學院圖書資料科 兼任講師 國立臺灣大學圖書館 採訪組主任、國立臺灣大學圖書館 期刊組主任 國立臺灣大學圖書館 期刊股股長、國立臺灣大學圖書館 館員
專　長	館藏發展與管理、數位資源使用與評鑑、數位圖書館、學術圖書館、 圖書資訊學教育、資訊素養教育
主持 本會 出版品 計畫	1. 中華圖書資訊學教育學會（2021）。**轉變與擴疆：臺灣圖書資訊學教育白皮書 2021-2030**。中華圖書資訊學教育學會。 2. 中華圖書資訊學教育學會（2021）。**圖書資訊學研究回顧與前瞻 2.0**。元華文創。（ISBN：9789577112316） 3. 中華圖書資訊學教育學會（2021）。**圖書館創新、轉型與新趨勢，二十一世紀圖書館創新轉型與前瞻趨勢：15 位館長的洞見**。漢珍。（ISBN：9789860653076） 4. 王梅玲、藍文欽（2021）。**前瞻資訊組織基礎課程教學研究報告**。中華圖書資訊學教育學會。
研討會	前瞻人才培育與教師社群經營論壇 傅爾布萊特學人經驗：禮遇・友誼・熱情・學習～美國訪學經驗分享 大學圖書館學術傳播數位服務論壇 2020 圖書資訊學研究回顧與前瞻學術研討會暨年會 IO Talk 第一次論壇：資訊組織新技術與新趨勢線上論壇 IO Talk 第二次論壇：OCLC Linked data 計畫線上論壇 資訊組織前瞻課程教學研究社群會議 2021 線上圖書資訊學前瞻教育與未來人才研討會暨年會

（十三）第十五屆 陳志銘理事長簡介

任期
2022.01.01—至今

學　歷	國立臺灣科技大學電子工程學系博士 國立臺灣師範大學工業教育學系碩士 國立臺灣師範大學工業教育學系學士
經　歷	國立政治大學圖書資訊與檔案學研究所 教授 國立政治大學圖書館 館長 國立東華大學學習科技研究所 副教授兼研發組組長 國立東華大學數學教育學系 助理教授 臺北市立大安高級工業職業學校 專任教師
專　長	數位學習、數位人文、數位閱讀、數位典藏與數位圖書館、 人工智慧、大數據資料探勘、智慧型網際網路系統

參考文獻

中華圖書資訊學教育學會（1992）。中華圖書資訊學教育學會章程。**中華圖書資訊學教育學會會訊**，**5**，19-23。

中華圖書資訊學教育學會（1997）。第三屆第一次會員大會會議紀錄。**中華圖書資訊學教育學會會訊**，**8**，22-24。

中華圖書資訊學教育學會（1998）。出版消息。**中華圖書資訊學教育學會會訊**，**10**，43。

中華圖書資訊學教育學會（2002）。第五屆第六次理監事聯席會議紀錄。**中華圖書資訊學教育學會會訊**，**18**，61-62。

中華圖書資訊學教育學會（2005）。第七屆第三次理監事聯席會議紀錄。**中華圖書資訊學教育學會會訊**，**25**，72-74。

中華圖書資訊學教育學會（2021）。**轉變與擴疆：臺灣圖書資訊學教育白皮書 2021-2030 第五版**。中華圖書資訊學教育學會。

王梅玲（2003）。臺灣地區圖書資訊學教育。在國家圖書館編，**中華民國九十一年圖書館年鑑**（頁 251-276）。國家圖書館。

吳英美（2001）。中華圖書資訊學教育學會全球資訊網站簡介。**中華圖書資訊學教育學會會訊**，**17**，45。

汪匯秋（2004）。圖書館團體。在國家圖書館編，**中華民國九十二年圖書館年鑑**（頁 469-475）。國家圖書館。

俞小明（2005）。圖書館團體。在國家圖書館編，**中華民國九十四年圖書館年鑑**（頁 343-352）。國家圖書館。

胡述兆（1993）。發刊詞。**中華圖書資訊學教育學會會訊**，**1**，1。

莊健國、曾堃賢（1999）。第十七章 圖書館團體。在國家圖書館編，**第三次中華民國圖書館年鑑**（頁 591-629）。國家圖書館。

彭慰（2014）。圖書館團體。在國家圖書館編，**中華民國一〇二年圖書館年鑑**（頁 295-319）。國家圖書館。

賀詞篇

- 中華民國圖書館學會 **陳光華理事長**
- 國家圖書館 **曾淑賢館長**
- 國立臺灣大學圖書資訊學系 **林奇秀主任**
- 天主教輔仁大學圖書資訊學系 **李正吉主任**
- 淡江大學資訊與圖書館學系 **林雯瑤主任**
- 世新大學資訊傳播學系 **阮明淑主任**
- 國立政治大學圖書資訊與檔案學研究所 **林巧敏所長**
- 國立中興大學圖書資訊學研究所 **鄭琨鴻所長**
- 圖書資訊學學者專家
  陳昭珍教授、吳美美教授、林信成教授、曾元顯教授、邱子恒館長、顧敏教授

陳光華 理事長

中華民國圖書館學會

　　臺灣圖書資訊學界與圖書館界的合作與交流，一直十分密切，橫向的產官學聯繫還有三個重要的組織：中華民國圖書館學會、中華圖書資訊館際合作協會、中華圖書資訊學教育學會，分別承擔不同的工作，以共同促進圖書資訊的持續進步與發展。

　　中華圖書資訊學教育學會正如機構名稱宣示的，扮演著推動圖書資訊學教育的重要角色，數十年來不僅在臺灣舉辦圖資教育相關的工作坊，撰寫教育白皮書，也積極作為海峽兩岸圖資教育的橋樑，舉辦或參與海峽圖書資訊學教育研討會。

　　2021 年，正逢中華圖書資訊學教育學會創立三十週年，而中華民國圖書館學會明年將迎來七十週年，作為中華民國圖書館學會理事長，我要感謝中華圖書資訊學教育學會的貢獻，敬佩三十年來達成的各項成就，並祝福中華圖書資訊學教育學會未來有更好的發展。

曾淑賢 館長

國家圖書館

中華圖書資訊學教育學會成立三十週年誌慶

中華文化五千年，**圖書**廣傳，肇建智識新天地；
資訊騰馳三十載，**教育**英才，嘉惠後學振乾坤。

林奇秀 主任

國立臺灣大學圖書資訊學系

中華圖書資訊學教育學會是由本系李德竹教授擔任系主任時，與幾位圖書資訊學界的教授，包括王振鵠教授、朱則剛教授、沈寶環教授、吳明德教授、胡述兆教授、胡歐蘭教授、高錦雪教授、張鼎鍾教授等，因有感於圖書資訊學教育長遠發展的重要性，且為連結圖書資訊學教育與人才培養，遂成立學會，由胡述兆教授擔任第一屆理事長。而此後，本系李德竹教授、陳雪華教授與朱則剛教授皆曾擔任過理事長一職，轉眼在圖書資訊學教育的耕耘已三十年了。

近年學會的年會皆有創新主題，本系多位教師包括林珊如教授、陳光華教授、張郁蔚教授、林維真教授、羅思嘉教授、藍文欽教授、蔡天怡教授、鄭瑋教授、陳書梅教授，均曾受邀參與圖書資訊學研究回顧與前瞻研討會並發表，所分享的內容集結於《圖書資訊學研究回顧與前瞻 2.0》內，可謂匯聚自成立以來圖書資訊學研究的創新與發展，非常難得。

有鑑於人才培育不易，近年學會更加著重於人才培養而舉辦博士生論壇，邀集各校圖資博士生參與，在心得分享、針對研究主題的建議與方向等，均有相當助益，本系多位博士生均有參與。

在中華圖書資訊學教育學會三十週年紀念的時刻，作為與學會關聯甚深的學系，本系與有榮焉。而在未來的圖書資訊學教育上，本系仍會竭力與學會攜手並行，達成學會在培育人才、健全發展圖書資訊學教育系統、精進圖書資訊學教育研究與促進相關資訊事業發展的各項願景目標。

李正吉主任

天主教輔仁大學圖書資訊學系

三十春秋　教澤廣被

群策群力　專業創新

林雯瑤 主任

淡江大學資訊與圖書館學系

三十年來為兩岸搭建圖書資訊學界交流之堅實橋梁有成
千秋萬世為寰宇構築圖書資訊學界溝通之廣闊平臺可期

恭祝 中華圖書資訊學教育學會

三十週年生日快樂

未來榮景無限

大展宏圖

阮明淑 主任

世新大學資訊傳播學系

祝賀 中華圖書資訊學教育學會

教育深耕

嘉惠學子

成效斐然

會務永續

林巧敏 所長

國立政治大學圖書資訊與檔案學研究所

　　回想我與中華圖書資訊學教育學會的結緣，是我在臺灣大學圖書資訊學研究所就讀碩士時，當時李德竹教授擔任理事長，莊道明學長擔任秘書長，我想李老師或許是想讓我有更多向前輩學習的機會，讓我掛名相當於副秘書長的職務，但事實上是能幹的莊道明學長幾乎包辦了所有工作，記憶中的我只有幫忙寫寫會議紀錄和會訊，活動時幫忙跑腿之類的事，但對於當年仍是學生的我，能和師長們接觸就是最好的人際溝通學習。而時光荏苒，在沒預期的人生規劃中，我有幸進入教職，再細細回想這段際遇，實在是提攜我成長的過程。

　　適值中華圖書資訊學教育學會成立三十週年，「三十而立」可引喻我們的學會，剛好是處於累積過往成果，能確立目標和發展方向之際，猶如一個人處於人生奮鬥的黃金時期，既能承載過往的經驗，又能轉化成為繼續發展和成長的動能。除了慶賀我們學會週年慶，更期許能在學會的號召下，凝聚我們圖資同道的情感，共同攜手再創未來無數個璀璨的週年慶。

鄭琨鴻 所長

國立中興大學圖書資訊學研究所

　　值此中華圖書資訊學教育學會成立三十週年之際，謹代表國立中興大學圖書資訊學研究所，向學會致上最誠摯之恭賀與祝福。三十年運作不易，特別是為國內圖書資訊學界提供良好的交流平臺，教師與學子受惠良多。面對未來多變的時代，相信學會能引領著會員不斷調整與前進。

　　祝願中華圖書資訊學教育學會源遠流長，越來越精彩，與會員攜手共進，再創另一個三十年之輝煌。

陳昭珍 教授
中原大學講座教授兼圖書館館長

和中華圖書資訊學教育學會
一起走過三十年

一、CALISE 的誕生

中華圖書資訊學教育學會（CALISE）是李德竹教授在擔任臺大圖書資訊學系系主任時，負責籌備申請專業學會。因為我和彭美華學妹都是李老師指導的學生，所以老師找我和美華學妹幫忙學會的申請工作，當時我就讀博士班，美華就讀碩士班。大多數的事情都是能幹的美華在跑腿，我都忘了我曾幫過什麼忙。總而言之，在李老師的領導指揮、美華的積極努力、圖書資訊學教育界前輩的支持下，中華圖書資訊學教育學會於 1992 年誕生了，並選出第一任理事長胡述兆教授，秘書長由陳雪華教授擔任。

二、第一屆海峽兩岸圖書資訊學學術研討會

1993 年寒假，CALISE 和華東師大合辦的第一次海峽兩岸圖書資訊學學術研討會，由圖資界的教授及臺大博士班學生組隊、理事長胡述兆教授帶隊赴上海華東師範大學舉行，這是 CALISE 在兩岸的首航。記得這次參加的前輩教授有胡述兆理事長、王振鵠教授、盧荷生教授、李德竹教授、胡歐蘭教授、盧秀菊教授、吳明德教授、陳雪華教授（秘書長）；博士班前三屆學生陳昭珍、傅雅秀、王梅玲、莊道明；幫忙處理行程的是金洋旅行社施建華先生。

這是我第一次踏上在歷史課本認識的中國，此時的江南天氣寒冷，美麗

的華東師大清晨透出一股氤氳之氣，我從沒呼吸過這麼冷冽的空氣，從沒感受過零度低溫，但是心裡卻興奮溫暖。這也是我與同文同種的對岸同胞的第一次接觸，透過這次的研討會，得以認識北京大學信息管理系周文駿教授、吳慰慈教授，武漢大學信息管理學院彭斐章教授、馬費成教授，廣州中山大學信息管理學院譚祥金教授、趙燕群教授，華東師大的王世偉教授；北大博士班學生王益明、楊曉駿，武漢大學博士班學生肖希明、柯平。大家都是同行，說同樣的語言，溝通起來一點都不費事，交流的非常熱烈，很快就變成好朋友。

第一次的中國之旅雖然只到了上海、南京，但心情實在激動，所有背過的詩詞、唱過的歌曲、讀過的歷史、唸過的唐宋元明清全部在心中翻滾，似熟悉卻陌生，很真實卻又像在夢境的感覺，非常奇妙。學術活動結束後，博士生晚上到淮海路逛街，認識夜上海；會後和老師們同遊秦淮河畔、寒山寺、南京中山陵。斯情斯景，一草一木，都讓我終生難忘。

三、三十年來的此消彼長

CALISE 最重要的工作，就是和大陸不同的大學合辦海峽兩岸圖書資訊學學術研討會，所以每兩年在大陸不同地區舉辦的研討會，讓我有機會走遍大江南北，認識不同的學術生態及風土民情。除了第一屆研討會外，後來幾次讓我印象深刻的有在廣州中山大學、成都社科院、武漢大學、南開大學等地舉行的研討會。隨著研討會一屆又一屆的召開，我看到大陸在學術與經濟方面迅速的發展，兩岸甚至有此消彼長的情況，臺灣的優勢最後也慢慢地不見了。不過，這三十年來，改變的不僅僅是經濟發展、兩岸關係，圖書資訊學的價值、定位也隨著日益更新的數位科技，備受挑戰，不斷在翻轉。

四、往日情懷

研討會結束後的行程最為臺灣同道期待，趁著學術交流之便，我們去了張家界、九寨溝、峨嵋山、都江堰、長江三峽、哈爾濱、蒙古、天津、山東

等地，師生同遊真是人生一大樂事。一起參加 CALISE 的盛事，也讓臺灣圖書資訊學界同道有機會凝聚在一起，透過學術交流與情感交流，彼此變得熟稔，建立的共同回憶，更是大家可以合作的隱形力量。

　　從年輕到年老，從興奮到淡定，從愛唱歌到聲音沙啞，三十年一晃而過，一起參加第一屆研討會的盧荷生老師、王振鵠老師、李德竹老師已蒙主寵召，其他的老師都已退休，當年正當青春年華的博士生也將屆退休年齡，往日情景歷歷在目，人間幾世滄桑，逝去的歲月可曾留下痕跡。

　　感謝圖資界前輩的前瞻視野創辦 CALISE，為臺灣圖書資訊學界建立大家可以一起努力耕耘的園地。也藉此敬祝中華圖書資訊學教育學會往後的三十年日益興盛，兩岸圖書資訊學界繼續交流，共同成長。

2019 年 12 月，陳昭珍教授參加學會活動

吳美美教授

三十年後桃花成林：
賀中華圖書資訊學教育學會三十年有成

　　2021 年，適逢中華圖書資訊學教育學會創會三十週年，緬懷先輩師長，回望年輕俊彥，覺得身在其中，一路受益良多，行旅豐富充實，真是幸運之人。雖然在去年（2021 年）七月，屆齡退休，每日作息仍然不離專業閱讀和筆記，覺得圖書資訊學真是終生學習的好科目。特別是臨退休前受囑於學會，擔任十年一編的圖書資訊學學術述評專著《圖書資訊學研究回顧與前瞻 2.0》主編，遍覽各校好手，專著如期出刊，真是梅玲理事長預先設想到的，贈給學會三十週年的一個暖壽禮物！也是因為有這樣一個專業學會，透過活潑、暖心的專業學術社群，得以結交我輩各校領域菁英同儕，互相切磋，並成為終生好友！特別要感謝創會前輩師長，胡述兆教授、王振鵠教授、李德竹教授們的高瞻遠矚和帶領、提攜後輩愛智的心力。

　　也是因為跟著學會參加兩岸會議，在過去二十多年，有機會走訪幾個中國大陸著名大學，並且順道覽勝！印象特別深刻的是參加二十五年前（正好四分之一個世紀）在武漢大學舉辦的「海峽兩岸第三屆圖書資訊學學術研討會」（1997 年 3 月 31 日到 4 月 2 日），該次研討會精選在繁花盛開的春季武大，記得當時同儕們傳言是會長李德竹教授特別叮囑的，可知李老師也是愛花和浪漫之人！武漢大學的校園中除了典雅的校舍之外，就是繽紛的花道，以花為名，有櫻園路、桃園路、楓園路等，前往會議會場，沿途漫天花海，真是一種犒賞！對武漢大學廣闊校園的花樹著迷印象深刻，也烙下一個長期縈繫的啟示，「若是開始栽種，三十年後也能桃花成林！」：

早晨起來路跑武漢大學的校園，經過楓園路、桃園路、櫻園路等，春季有早開的桃樹和慢謝的櫻花，在路邊和花下都有握著書高聲誦讀的青年學生們。真是美的出奇的校園，用花樹作為道路名，繁茂而有整體的壯觀美，絕一；青年學生晨起各自據一地握書高誦，絕二；這些令人驚艷的花兒和小徑，應該不是盤古開天地就落在哪兒的，應該是某個時間有某些人遇見了未來的美麗，種下小苗、灌溉撫育，只為了要讓數十年後有人偶爾路過，不住的驚豔讚嘆！為這些延續人類美感經驗的人歡呼，所以也許現在開始計劃栽種，30 年後，我們也可以有令人驚艷之處！（吳美美，1997a）

　　中華圖書資訊學教育學會自 1993 年，開始舉辦海峽兩岸的圖書資訊學學術交流會議，1997 年，在武漢大學舉辦兩岸第三屆會議，有機會瞭解武漢大學圖書情報學院承傳自 1920 年，由美國聖公會傳教士韋棣華女士與沈祖榮先生在武昌文華大學創辦的文華圖書科、後來的文華圖書館學專科學校，是中國第一個現代化的圖書館學教育機構。

　　「海峽兩岸第三屆圖書資訊學學術研討會」由中華圖書資訊學教育學會與武漢大學圖書情報學院合作舉辦，該次會議的大會主席是中華圖書資訊學教育學會理事長李德竹教授和武漢大學圖書情報學院馬費成院長共同擔任，會議的核心主題是有關圖書資訊學課程設計，總共有 37 篇論文（李德竹等，1997）。許多文章至今讀來，仍然有諸多值得參考的意見。其中胡述兆老師念茲在茲，認為圖書資訊學的核心課程應該要從以下六個方向去思考和規劃：「圖書資訊學導論」、「圖書資訊採訪徵集」、「圖書資訊組織與整理」、「圖書資訊利用與讀者研究」、「現代資訊科技及其在圖書館的應用」、以及「圖書館或資訊中心管理」（胡述兆，1997）。將近四分之一個世紀之後，這六個方向仍然是圖書資訊學的心臟，但若是討論改變和擴疆方面，有什麼新的進展呢？

　　我想像中的圖書資訊學，也許可以稱為人類知識學，因為這個領域關心的是人類知識產生、記載、保存、傳遞、使用這樣的循環過程。這個知識循環的過程若是涉及人類知識總體，就是知識社會學，屬於巨觀理論層次；若

是涉及個人知識獲取和使用層次，就是個人認知、資訊行為的微觀理論；若是涉及機構中的資訊徵集、組織、行銷和推廣的層面，就是圖書館、博物館經營的中距理論層次。

從十九世紀現代化公共圖書館發展以來，圖書資訊學教授的課程重點，主要都是以圖書館機構經營管理的中距理論作為課程規劃的軸心；直到二十世紀八十年代以後，使用者研究興起，研究焦點集中在「去機構化的使用者資訊行為」研究逐漸普遍。二十一世紀之後，資訊科技飛躍發展，人工智能、網路和數位環境成熟，課程中增加許多科技操作的課程，這些都是很重要的學科訓練，對於圖書資訊服務專業而言，能夠掌握學科具有人類「知識、記憶和承傳」的特性、具有人類知識「產生、記載、保存、傳遞、使用」的本質，是非常基本的，若不能掌握這些特性和本質，很可能就會變成是資訊管理學的另一個分支。

比起古老的學科，例如哲學、數學、天文學、物理學而言，圖書資訊學研究是一門很新的學科，從美國哥倫比亞大學成立第一所圖書館學校算起來，至今還不到一百四十年。但是美國這個國家發現圖書資訊學對於公民社會發展有其不可取代的重要性，在 1965 年，通過的「高等教育法案」（Higher Education Act of 1965），其中不但明訂圖書資訊學的學科名稱和內涵，並且明文提供美國各州州立大學三個圖書資訊學博士獎學金名額，以便確保美國各州圖書館都有合格的圖書館員。此法案在圖書館學、資訊科學（Science or Sciences 單數還是複數）學科名稱和學科發展尚且混沌不明的時代，明確地將圖書館學專業與資訊科學聯繫起來，並將圖書資訊學法制化，成為美國（或全球）第一個透過立法承認的學科（Taylor, 1966, pp.32-33，轉引自吳美美，2018）。這個例子提醒我們，制定資訊相關法案對於人類知識和資訊傳播的能量是有決定作用的，因此課程的安排，在圖書館機構經營的中距理論之外，也應該關注巨觀理論的社會公共資訊政策發展之議題。

我們的學科課程設計重視科技應用是很好的，但是在專業服務的課程之外，在人文理解方面，我們可能也需要知道過去發生了什麼，而到達今日的樣貌，例如文獻學發展史、書籍史等，這樣的課程會使我們在科技中，牢牢記住學科的本質是什麼，不會迷路。譬如在十九世紀末期，亨利福特推出汽

車原型，初期受到馬車夫排斥，因為馬車生意已經經營了兩百多年（1600-1880 年），但是馬車夫如果知道他經營的不是馬車生意，而是人類的「運輸」生意，那麼就不會堅持一定使用馬車這種運輸載體。圖書館服務讀者，自然也不限於是哪一種載體，只要能提供資訊、知識、記憶和承傳就是圖書資訊學研究的重點。

依時代進展，其研究的重點、內容和研究取向容或不同，然而資訊傳播及使用的本質，則並未改變，能夠掌握資訊研究的精神，並依時代的需要，及時規畫未來的方向，我們才能從「馬車製造業」，昇華到「運輸業」……資訊研究的精神乃在於協助每個個體有平等獲取資訊的機會，資訊研究包括七大範圍：人、資訊（知識）、科技，資訊服務組織（如圖書館、資訊中心、資訊顧問等）、系統設計、資訊和科技對社會的影響、以及教育和推廣。配合時代的需要，人文和科技合作，資訊素養教育研究和推展，應是資訊研究兩個值得努力的方向（吳美美，1997b）。

《圖書資訊學百科全書》（*Encyclopedia of Library and Information Sciences*）總編輯 Marcia Bates 教授稱圖書資訊服務專業為人類「知識、記憶、遺產」（Knowledge, Memory, Heritage）（Bates, 2015），其領域特徵和教育學、傳播學一樣，是超越單獨的人文學、單獨的社會科學，以及單獨的自然科學，是結合這三種學科特質的後設學科（Meta-disciplines）。果真如此，那麼學科的領域範圍應當就會從一個系所的規模，擴疆成為一個學院的規模，這是學科未來一定會發展的方向。這也是我曾經在〈資訊研究的大方向〉（吳美美，1997）一文中所預測的，一個新星系的誕生！

回到二十五年前的會議，該次會議令人難忘主要是大會會場坐落在景色秀麗的珞珈山莊，啟程之前，家翁特別告知該校園位於珞珈山，我心中便想，哪有這麼美麗的地名啊！果然校園廣闊優美，東湖的美令人屏息，令人流連忘返。特別可能是因為驚鴻一瞥，因為晨跑看一眼就得趕回會議呀。最稀奇的是三天研討會結束之後，我們有數人搭乘長江公主號，暢遊長江三

峽。夜半在甲板上流連忘返，盯著神秘、遙遠、冷漠卻又繁華熱鬧的星空，如今回想起來，很像是美麗的連續劇一般的夢幻！

回到學會！回到人類知識的關心，中華圖書資訊學教育學會真的就是前人栽種，三十年後桃花成林。謹賀學會三十繁花盛開，生日快樂！為下一個三十年的桃花源，繼續栽種！

參考文獻

Bates, M. J.（2015）. The information professions: Knowledge, memory, heritage. *Information Research, 20*（1）, paper 655. http://InformationR.net/ir/20-1/paper655.html

Taylor, R. S.（1966）. Professional aspects of information science and technology. *Annual Review of Information Science and Technology*（*ARIST*）, *1*, 15-40

吳美美（1997a）。為三十年後的桃花源栽種。**中華圖書資訊學教育學會會訊**，**8**，12-13。

吳美美（1997b）。尋找資訊研究的大方向。**資訊傳播與圖書館學**，**3**（3），34-48。

吳美美（2018）。大學圖書資訊學教育國際化發展。在國家圖書館編，**中華民國一〇六年圖書館年鑑**（頁 3-25）。國家圖書館。

李德竹等（1997）。海峽兩岸第三屆圖書資訊學學術研討會記事與感言。**中華圖書資訊學教育學會會訊**，**8**，1-21。

胡述兆（1997）。我對圖書資訊學核心課程的一些看法。**中華圖書資訊學教育學會會訊**，**8**，3-5。

林信成教授

淡江大學資訊與圖書館學系

恭賀 CALISE 三十而立

梅玲老師寫信來邀約 CALISE 三十週年賀文，一時之間讓我思緒回到一、二十年前，自己還是淡江資圖系菜鳥老師但又已經不太菜的年代……

那是 2004 年，我到系上任教第六年的暑假，在當時的學會理事長中興大學圖書資訊學研究所詹麗萍教授帶隊下，我第一次隨 CALISE 學術交流團前往大陸，參加兩年一度的海峽兩岸圖書資訊學研討會。這一年會議在大連理工學院舉辦，我們一行人浩浩蕩蕩出發，在桃園機場留下了珍貴合照，裡面好多老師目前都已退休，研究生大概也都成家立業了吧？

2004 年 8 月 23 日，海峽兩岸第七屆圖書資訊學學術研討會
學術交流團於桃園機場合影

實際上，這已經是第二次因公到大陸訪問了，第一次是在 2003 年，由時任本系主任邱炯友教授帶領系上師生組成學術交流團，拜訪南京大學、上海圖書館等長江沿岸相關系所與圖書館，當時所體會到的江南風光正好和此次的東北景色截然不同，南北文化圈形成強烈對比。我回頭查了一下電腦檔案，2004 年，這一屆我首次參加的 CALISE 兩岸研討會，曾和研究生共同發表論文，題目是〈報紙新聞專卷的數位典藏與加值利用〉，主要是當時執行科技部數位典藏國家型計畫的研究成果。這兩次大陸行最大的收穫當然是認識了大江南北的圖書資訊界同道，對我後來擔任系主任、院長期間，開展系與院對大陸的學術交流獲益匪淺。

每隔兩年舉辦一屆的「海峽兩岸圖書資訊學學術研討會」，可說是 CALISE 最重要的活動之一，圖資學界大家習慣上會把它簡稱為兩岸研討會。接下來印象較深刻的便是 2008 年 7 月，CALISE 與武漢大學合辦的兩岸研討會了，這屆理事長如果沒記錯的話，是臺大圖資系陳雪華教授。我和研究生共同發表了一篇〈虛擬實境之資訊架構設計──以臺灣棒球數位文物館 3D 導覽系統為例〉的論文，大概可以很粗淺的和現在熱門的元宇宙搭上一點邊吧？此外，由於當時即將於 8 月接任系主任，除了論文發表外，也受邀列席了非常重要的「海峽兩岸圖書資訊學系主任聯席交流會」，有幸結識許多兩岸大學圖書資訊學院和系所的院長、主任、所長。

2008 年 7 月，海峽兩岸圖書資訊學系主任聯席交流會合影

2010年，是非常重要的一年，在時任理事長臺大圖資系朱則剛教授帶隊下，我又隨CALISE來到了南京大學，參與第十屆海峽兩岸圖書資訊學研討會。由於南京大學圖書館學系（今信息管理學院）和我們淡江資圖系，自2003年起，便在邱老師帶頭努力下，建立了非常友好的合作關係，因此，此次再度見到南京大學的好朋友，格外開心。同時，也是在這一年的會議中，已經身為淡江大學文學院院長的邱老師，登高倡議此研討會的下一屆（亦即第十一屆），是CALISE成立滿二十週年的重要里程碑，可移師到臺灣舉辦。此提議立即獲得與會同道一致認可與贊同，並共同推舉淡江大學資圖系為主辦單位，統籌會議事宜。原定第十一屆的主辦方南開大學也樂觀其成，欣然同意順延一屆再到該校舉辦，讓大陸學者能早日來臺交流，促成美事一樁。

時間一轉眼就來到了2012年，這一屆的CALISE理事長大家理所當然公推淡江資圖系邱炯友教授出任，以擔負起籌辦第十一屆研討會的重任。我身為資圖系主任，當然義不容辭協助院長兼理事長的邱老師處理相關事宜，其中尤以辦理大陸各地學者來臺事宜最令我印象深刻。由於個別聯繫不切實際也窒礙難行，因此需要有一個對口單位統籌，記得當時大陸方面，是由武漢大學信息管理學院圖書館學系主任肖希明教授擔當此一重責大任；而我方除了動員系上老師、行政同仁和研究生協助外，還另外委託旅行社協助辦理大陸人士各項入臺手續。幸好在繁複的程序之後，終於迎來了有史以來第一次，未料也是至今唯一一次在臺灣舉辦的海峽兩岸圖書資訊學研討會。為何說是「未料」？因為原本雙方已有共識，每隔幾屆便移師臺灣辦一屆，後來由於種種因素，至今已過十年仍未再來臺舉辦了，這也讓2012年這唯一的一屆顯得格外難得！底下的照片便是兩岸與會同道在淡江大學覺生紀念圖書館前留下的珍貴合影。

接下來就是2014年，在天津南開大學舉辦的第十二屆兩岸研討會了。這一年雖然我已接任院長且院務繁忙，但為了回報南開四年前的主辦權禮讓之義，無論如何是一定要前往參加的。是屆理事長是師大圖資所柯皓仁教授，在柯老師帶隊下，CALISE學術交流團一行人浩浩蕩蕩來到天津參與會議。這個城市是歷史課本上影響臺灣命運的天津條約簽約地，促使了當時的滬尾（淡水）、安平（臺南）、打狗（高雄）、雞籠（基隆）開港通商，成為國

2012 年 7 月 4 日，第十一屆海峽兩岸圖書資訊學學術研討會合影

際貿易港。而我這一屆所發表的論文正好是〈地方文史數位典藏協作系統之建置——以淡水為例〉，也算是呼應了當地與臺灣的這段歷史淵源。

如今一晃眼，離我 2004 年，第一次參與 CALISE 兩岸研討會，已經過了 18 年的歲月，我也從當年圖資學界的菜鳥晉升為老鳥了！眼見 CALISE 在歷任理事長和諸多同道前輩的悉心灌溉下，日漸成長茁壯，堂堂邁入三十歲的而立之年，心中也慶幸兩岸圖資學界有這麼一個學術交流的共同平臺。

欣逢 CALISE 如此重要、喜慶的日子，在此，恭祝 CALISE 三十而立、三十週年生日快樂！

曾元顯教授

國立臺灣師範大學圖書資訊學研究所

　　自 1995 年起，我在輔大圖書資訊學系任教，但在 2005 年，轉任臺師大資訊中心研究員，到 2016 年，才又回到臺師大圖書資訊學研究所。這期間跟學會的互動不多。比較重要的互動，應該是 2018 年，參加「海峽兩岸圖書資訊學學術研討會」，由當時莊道明理事長邀請，前往南京理工大學進行專題演講。可惜那時在南京待不上一天，隨即返臺前往澳洲開會。但是短暫的與海峽兩岸學者相處，便覺得受益良多，畢竟年紀越長，關心的圖書資訊議題越多元，之前只需做好自己的研究，而比較不需要互相認識的情況，近年來發現互動越多，收穫越大。

　　而學會在王梅玲理事長的帶領下，又創高峰，不僅有多項指標性活動、會議的創舉，更將學會的互動氣氛帶向高峰，讓整個臺灣的圖書資訊學界，創造充分的交互展現、團結合作的機會。

　　未來在陳志銘理事長的帶領下，相信不僅能延續前任幾位理事長的卓越領導，更能持續的創新，帶領圖資領域的老師與同學，在研究、實務以及社會影響力上，更創高峰。

2018 年 7 月，曾元顯教授參加第十四屆海峽兩岸圖書資訊學學術研討會

邱子恒館長

臺北醫學大學通識教育中心教授兼圖書館館長

人的一生有各個階段，在每個階段都要有該階段的方向與收穫。《論語·為政篇》中，孔子自述其學思歷程，說到：「吾十有五而志於學，三十而立，四十而不惑」，說明了人生不同階段的理想狀態。這個「立」字，可以解釋為頂天立地、對生活充滿自信、對未來充滿期待，這就是三十歲的人生，期許人們三十歲起能自立於社會、並有所成就。因此「三十而立」指人自青少年時期起積累了十五年的修身及學習成果，到了三十歲時確立人生的追求與發展方向，所以年滿三十，在華人社會是非常重要的里程碑。回想自己三十歲那年，確立了希望為人師、為人母的目標，因此在那年兒子來到世間、重回校園成為學生攻讀博士，也在臺大圖書資訊學研究所師長的引領之下，與中華圖書資訊學教育學會（CALISE）有了初接觸。

CALISE 是臺大圖資所幾位師長與對岸知名圖情專家共創的學會，並在對岸圖資學校每兩年輪流舉辦海峽兩岸圖書資訊學學術研討會。早期臺大的師長多會帶著自己的博士生一起出席，發表研究成果並進行交流，也建立了兩岸年輕圖資領域新血的情誼。記得我在博士班期間，就曾隨指導教授陳雪華老師到杭州與會，和老師共同發表論文，在風光明媚的西湖畔，結識兩岸圖資師長與同道，加深了我對投入圖書資訊學教育的興趣。

2002 年底，取得博士學位，於 2003 年 2 月，到臺北醫學大學服務，擔任通識教育中心助理教授兼圖書館副館長，除在通識中心開設資訊素養相關課程之外，也在輔仁大學圖資系兼任專業課程。後來雪華老師當選第八屆理事長，邀我擔任祕書長，有事當然弟子服其勞，因此 2008 年，負責組織並帶領上百位臺灣同道前去武漢大學參加兩岸研討會，兩年後也出席了 2010 年，由南京大學主辦的研討會。由於是終身會員，因此之後一直有參與 CALISE 的活動。第十四屆時擔任理事，並受當時王梅玲理事長之邀擔任會

員發展委員會主委，2020 年，由於新冠疫情兩岸研討會停辦，理事們因此思考 CALISE 的角色，希望能對會員提供更多服務，以吸引年輕學者參與。因此當年 9 月，我們會員發展委員會首次專為國內圖資所在學博士生舉辦「與博有約‧國士無雙」論壇，邀請圖資教師以前輩身分分享職涯經驗，並邀請臺大、師大與政大的系主任或所長與博士生們進行討論與交流。

　　恭賀 CALISE 年滿三十歲，我也參與其中共同成長了二十多年，期間眼見學會的角色從早期以組團參加兩岸研討會為主，到這兩年在臺灣舉辦論壇與研討會、進行研究計畫、主導編輯圖書資訊學研究回顧與前瞻專書……據悉十五屆的理事會議也通過了研究興趣小組（SIG）成立辦法。期許 CALISE 在三十而立之年，能再次確立追求與發展方向，以更穩健的腳步邁向下一個三十年。

2006 年 6 月，邱子恒館長參與海峽兩岸第八屆圖書資訊學學術研討會

2020 年 9 月 13 日，邱子恒館長與「與博有約‧國士無雙」博生論壇（1）

2020 年 9 月 13 日，邱子恒館長與「與博有約‧國士無雙」博生論壇（2）

顧敏 教授

國家圖書館前館長

中華圖書資訊學教育學會三十而立誌慶
一位資深會員的若干回憶

　　時光如梭，中華圖書資訊學教育學會成立三十年了，很榮幸身為第一代的學會會員，更高興在本學會 1993 年，會刊的創刊號封面上，看到了自己這一代圖書資訊工作者，和許多位兩岸前輩們的合照，包括沈寶環、藍乾

1993 年 12 月，會訊創刊號封面刊登之圖書資訊學教學研討會兩岸學者合照

章、王振鵠、彭斐章、周文駿、史鑑等前輩。我個人在這個領域中濫竽充數了三十多年樂此不疲。

三十年前的 1992 年，正是一個成立圖書資訊學教育學會的好時機，旅美的李志鍾教授告訴我，學會是他建議臺大李德竹老師籌組成立的，以配合一日千里現代化社會的圖書館事業拓展。

茲就「中華圖書資訊學教育學會」的成立先略述數語，二十世紀的兩岸中華圖書館學教育本屬同源，到 1992 年時，臺灣地區的圖書館學教育已經有三十年多的發展經驗，而且從大學本科、碩士班、進入到博士班階段，各圖書館學系也掀起了往 LIS 圖書資訊學的教育方向走去，呈現一片欣欣向榮的前景。因此，本學會是在圖書館學教育，進入到擁有碩、博士班之後所成立的，在臺灣地區和中華圖書資訊館際合作協會，以及老牌的中國圖書館學會，堪稱鼎足成三。

其次，「資訊」這個中文名詞，是 1975 年，在臺灣才正式出現，1980年，臺灣的兩家電腦公司，宏碁電腦和神通電腦，開始生產能夠處理中文端末設備，中文電腦應用在圖書館的時代也正式展開。彼時，在臺灣的中國圖書館學會和中央圖書館聯手開發中文機讀編目格式，嘗試加強圖書館管理工作。

資訊教育很重要，資訊教育從圖書館自動化管理開始，一直到整個社會的資訊人才培養，都在教育範圍內，尤其圖書館學是一門應用性的學科；圖書資訊學更是一門應用性的學科，必須兩相結合的有益教學。

經過十年努力，中央圖書館在 1991 年 5 月 8 日，舉行「圖書館與資訊服務新境界國際研討會」，會中展示了利用機讀編目格式的圖書館採購子系統、以及圖書館編目子系統、中文期刊索引，及政府出版品索引等四項成果。

改革開放後十多年的大陸地區，在各方面也急起直追，1992 年 9 月 3日，由中國社會科學院計算機室主任欒貴明與中國計算機報總編輯張鵬飛，在汕頭大學召開了「1992 年社會科學中文電腦應用研討會」，其論文集的第110-120 頁，特別刊載了我在 1992 年 8 月，於國際圖聯 IFLA 新德里會議中，所發表的「電腦化立法資訊服務系統的發展策略」英文論文全文，其內容在

說明第一個中文文獻資料庫系統的建成經驗。另外也刊載了中文版的〈立法院資訊系統介紹〉，其內容是一份推行電腦化應用計劃的發展概要。這是兩岸在圖書資訊；電腦化信息應用方面的第一次交流和借鏡。次年 1993 年，又獲邀請參與，雖未能親身前往，卻互相深感榮幸。

本學會成立的 1992 年，也是兩岸交流公開化的第一個年份，此前只有在海外進行交流，譬如說 1987 年，在澳大利亞的 IFLA 會議期間，由王省吾館長的牽線下，兩岸圖書館學者曾經交流。碰巧那一年胡歐蘭教授和吳建中館長，在李志鍾教授牽線下，分別代表兩岸圖書館學術交流。

本學會成立之後，使得兩岸交流有了一個固定的學術交流平臺，前後已經舉行過十四次的學術交流會，本會和其他的兩個交流平臺：包括 2000 年，由我、徐引箎、孫蓓欣所建議成立的「中文文獻共建共享會議」，目前該會由北京國家圖書館負責理事會的工作，推動一些實質性的中文文獻處理規範標準等工作。另外，由國科會科技資料中心和中華圖書資訊館際合作協會組成「兩岸科技資訊交流會議」；原先的館合是以科技單位為主，亦成為和大陸交流的對口單位，曾經一度以梁戰平負責的科技所為準。此三個兩岸圖書資訊交流平臺，各有特色堪稱鼎足而三，成為臺灣和大陸在圖書館與資訊方面的重要交流平臺。其中以本教育學會的接觸面及相對面，較為廣泛影響所及亦大。

我個人很幸運，有機會在這三個圖書資訊交流大平臺中，成為客串的遊俠！

中國圖書館學會 1997 年 5 月份，在臺北所舉行的兩岸圖書資訊交流學術研討會，是一項非常盛大的聚會，大陸地區的老中青三代學者，都到臺北來了，包括天津南開大學的鍾守真、武漢大學的黃忠宗、中國科學院的孟廣均，以及相對年輕一代的上海圖書館王世偉、四川聯合大學張曉林、南京大學沈固朝、廣東中山大學的程煥文等人，我在大會中發表了〈立法院圖書館的現代化參考服務〉這篇實務性論文，獲得大陸資深老師們的嘉許，三、五年後復承臺大胡述兆教授的誇讚：你的參考服務經得起考驗。

1998 年 3 月底的黃花崗紀念日，在廣東中山大學也舉行了一場，以本學會為平臺的學術交流研討會。

這是我第一次到大陸去參加學術交流會，帶了一份比較前沿的禮物去，我發表了一篇〈中文資料庫系統的計量分析〉，以當時臺灣地區圖書館讀者們，使用立法院的立法資訊系統，就其對各別中文資料庫的使用情形，提出數據分析，獲得許多大陸年輕朋友們的興趣。

　　此次 1998 年 3 月 29 日到 4 月 2 日，舉辦的廣州學術研討會，對我來講深具意義，在會議期間也有機會見識到了由大陸文化部文化科技發展中心自動化研究所所主辦，深圳公共圖書館所執行的圖書館自動化集成系統 ILAS5.0 的系統內容，這個系統具有五十萬條按 CMARC 格式，所建立的中文書目資料記錄的資料庫，深圳市公共圖書館館長沈迪飛十年努力有成，甚為敬佩和羨慕。

　　會間空檔，許多大陸的年輕朋友，紛紛找我談話聊天，深深感到交流的學術意義，尤其是中科院的霍國慶教授，他向我提出了兩個要求，一是為他的一本新書《現代圖書館學的理論基礎》提供一些意見並寫篇序文，另外他代表徐引篪教授，邀請我參加他們在中國科學院文獻情報中心所舉行的「第一屆全國圖書情報學碩博士生學術研討會」，均欣然允諾。

　　1998 年 5 月 25 日上午，為了配合研究生大會的主旨「我們的未來」，我以「臺灣地區圖書館事業發展的契機——並展望兩岸學者追逐世界水平、共創文獻信息新境界」看似有些冗長的題目，作為表達核心。除了準備一份很詳細的 PPT 供聽講者參考，臨場又足足作了 80 分鐘的專業演講，中科院文獻情報中心又特別開放同學們提問，而且有將近 40 分鐘的時間，其中有一位碩士研究生，前一天從杭州坐了 17 個小時的火車才到達北京，研討會第一天的上午僅有這場專題報告，這真是一次具有鼓舞性的專題演講，我個人感覺到在現場的 38 位教職員老師們，以及上百位的博碩士生，都顯得興高采烈的。這次專題演講的主要內容，一共分為八個大段落：（1）前言；（2）亞太世紀與資訊世紀的來臨；（3）圖書資訊／情報信文獻信息的宇宙觀；（4）臺灣地區圖書資訊事業發展的歷史契機；（5）追逐圖書資訊／文獻信息的世界水平；（6）共創中文文獻信息的新境界；（7）新世紀數位圖書館的發展策略；（8）人才，能使美夢成真。

　　演講及提問紀要，由武漢大學圖書情報學院七九級博士生李曉紅同學記

錄。事後根據天津大學王振鳴教授，他是臺灣王振鵠教授的胞弟，他指出這是臺灣學者第一次在大陸作圖書館學方面的公開學術演講。

從 1999 年，開始在中國科學院文獻情報中心設置了顧敏獎學金，為了給廣大的圖書館情報學研究生們，些微的掌聲和鼓勵，提供了兩筆基金。第一位接受獎學金的是 1997 級的丁丁同學，據悉至 2021 年學期結束時，計有82 位碩、博士同學獲得該項獎學金。

2000 年 10 月 24 日，舉行第二屆全國圖書館情報學研究生學術研討會，以「我們的使命」為主旨，再度受邀參加並做主旨演講。正巧，在新世紀之交，我腦中也經常盤旋著圖書館的新世紀使命到底會是什麼？這樣的一問題。於是，提出「知識管理與知識領航：新世紀我們學門的戰略使命」為議題。並在前言中，特別提到下例四句話，做為開場：

一、從我們的未來到我們的使命。

二、一年追十年十年定百年。

三、活躍環宇宙、領航新千禧。

四、懂得知識管理的民族，才有真正的希望。

這篇學術性專題報告，整個簡報檔的參考資料，就有 34 頁之多，對於「知識管理和知識領航」這個主題盡可能的做了演繹和說明。

為了準備「知識管理與知識領航」這個我個人認為是圖書資訊學在二十一世紀的新使命，花了許多的時間和功夫準備，自己也在整個準備的過程當中獲得了自我回饋，讓我自己可以有一個重新的思考，去面對新世紀的圖書館工作。最具體的回饋成果，便是這份思考，幫助了我在 2002 年時，成功開發出了全球圖書館界的第一個新聞知識管理系統，以及順利完成了《網站圖書館——知識管理與創新》這本書。學術交流的好處在於能夠促進個人的腦力激盪，並且增加作品的生產能力。所以由衷的感謝包括本學會在內所建構的學術交流平臺。

二十一世紀開始的隨後兩年，我也實質性的參加了兩岸中文文獻共建共享的工作，分別在廣州、北京、澳門所舉行的小組會議。其間也幾度跟廣州中山大學的譚祥金、趙燕群兩位教授，共同探討兩岸合作建立孫中山先生數據資料庫的可行性。

2008 年，學會又和大陸同道在廣州中山大學舉行了一次圖書資訊學學術交流研討會，也承邀出席並發表論文。2009 年，深圳市公共圖書館在廣東中山大學圖書館學系的支援之下，舉行了一次國際公共圖書館學研討會，邀請美國公共美國圖書館學會 ALA 公共圖書館委員會的多位代表，以及國際圖聯 IFLA 的主席埃倫泰斯（Ellen Tise），本學會許多會員大老包括胡述兆教授、王振鵠教授等多人，均應邀出席參會，並擔任新成立的「公共圖書館研究院」成員。南非籍的埃倫泰斯教授和我兩人，則分別在會中發表了主旨演講，為配合大會主旨「圖書館的未來發展」，我提出一個大膽題目，也就是「未來圖書館的趨勢──2010 至 2060」，從知識傳播媒體的數據轉換，推測未來圖書館的典藏及服務趨勢。

正因為這個演說，和泰斯教授成為朋友，她隨後接受我的邀請到臺灣來訪問，2011 年，由曾館長接待。並替我和同仁們所共同寫的一本新書《廣域書目系統學》（英文版的名稱叫做 *Bibliography Complex: Fundamentals of Librarianship and Knowledge Management*），慷慨同意撰寫序文，並和 Professor Paula Kaufman、及嚴立初的序，鼎足成三，圓滿了我寫一本英文圖書館學專書的心願。

2010 年夏天，中華圖書資訊學教育學會，假臺北市中山南路圖書館舉行年會，承學會的林巧敏老師要我以會場地主身分，作一個報告，我以「圖書館學與資訊科學的學科理論基礎探討」，說明我心中一直懸念的一個研究問題，並提出我的初步看法，就教於本科學界的各位老師、同學。

從 1972 年開始，難得有份機緣在圖書資訊學教育這個領域中，一直懷著一份兢兢業業的心情站上講台，三十多年間先後擔任的課程，計有「縮影技術實習」、「中文分類編目」、「圖書館學」、「圖書館與大眾傳播」、「圖書選擇與採訪」、「資訊科學導論」、「外文參考資料及服務」、「圖書館組織與圖書館法」、「電腦在新聞機構中的運用」、「法律資源系統」等課程。此外，為圖書資訊教育，所撰寫的書籍包括「圖書館採訪學」、「縮影技術學」、「圖書館學問題探討」，「現代圖書館學探討」、「從傳統到數位圖書館」、「網站圖書館」、「圖書館向前行──21 世紀的思維」、「廣域圖書館」、「廣域書目學系統」等共計十種以上。

我個人認為，圖書資訊學或是圖書情報學，既是所有學科的基礎，也是所有學科都要的共同頂端。所以，圖書資訊學非常的重要，如何發揮他的學術功能、社會功能，都是一件非常重要的事情。也是本教育學會，所必須持續努力的目標，謹在學會成立三十週年之際，略述數語共勉。

歷任理事長
回顧與展望篇

- 第一屆理事長胡述兆教授（1992-1994 年）

- 第二、三屆理事長李德竹教授（1994-1998 年）

- 第四、十三屆理事長莊道明副教授
  （1999-2000 年、2018-2019 年）

- 第五屆理事長薛理桂教授（2001-2002 年）

- 第六屆理事長詹麗萍教授（2003-2004 年）

- 第七屆理事長楊美華教授（2005-2006 年）

- 第八屆理事長陳雪華教授（2007-2008 年）

- 第十屆理事長邱炯友教授（2011-2013 年）

- 第十一屆理事長柯皓仁教授（2014-2015 年）

- 第十二屆理事長黃元鶴教授（2016-2017 年）

- 第十四屆理事長王梅玲教授（2020-2021 年）

海峽兩岸合辦圖書資訊學學術研討會之由來及影響

第一屆理事長胡述兆教授
（1992-1994 年）

　　談到這項研討會的由來，應從「中華圖書資訊學教育學會」這個名稱說起。1991 年的寒假，我去北京為《圖書館學與資訊科學大辭典》徵稿，住在白石橋路北京圖書館附近的一家旅館中。有一天晚上八時左右，時任文化部圖書館事業司司長，也是兼任北京圖書館副館長的杜克先生，到旅館來看我，我們從八時談到十時，都是有關兩岸圖書館界如何合作與相互交流的事。談話中，我提到我們正在籌劃成立「中國圖書資訊學教育學會」，他聽到「中國」二字，停了一會，說：「這不是兩個中國了嗎？假如用這個名稱來大陸談交流合作，恐怕不太可能。」我想了一會，對他說：「假如改為『中華』二字如何？」他說：「兩岸都是中華民族的兒女，假如改為『中華圖書資訊學教育學會』，用這個名稱來大陸交流，我們可以接受。」回到臺灣後，我與王振鵠、沈寶環、盧荷生、李德竹幾位圖書館學會的理事商議的結果，決定用這個名稱向內政部申請立案。

　　1992 年 5 月 30 日，中華圖書資訊學教育學會在臺北成立，6 月 16 日，第一次會議，我當選為首任理事長。同年 11 月 2 日，華東師範大學聘我為客座教授（原文係「授予客座教授稱號」）。自當選理事長後，我即有意用這個學會為平臺，與大陸從事一些交流合作活動，但不知道如何開始。現在可以用華東師大為平臺，開始兩岸一些合作的關係，在未開始談具體合作活動以前，我要說一說為什麼華東師大是大陸第一所聘我為客座教授的大學，我想與我在西安會議中的表現有關。1992 年 5 月 17 日至 20 日，上海的華東師範

大學與西北工業大學合作，在西安舉辦「現代圖書館建設與資源共享國際研討會」，除邀請了五位臺灣地區代表外，並有美國、英國、澳洲、紐西蘭、菲律賓、新加坡、香港等國家與地區的代表參加。會議用英文進行，由吳光偉（華東師大信息管理系主任，比利時魯文大學博士）及吳建中（華東師大教授，留英博士）兩位博士擔任翻譯。我因懂英文，所以主持會議時不用翻譯，當發言者用中文，我用中文主持，用英文發言時，我就用英文主持。有一位英國代表講了一大段有關英國圖書館圖書資料徵集的各種方式及經驗，結尾時突然冒出一句「I believe China can learn a lot from our experience」我聽了很不順耳，就說：「In terms of library acquisitions, each country has different sources to acquire materials. It seems to me, China has nothing to learn form England in this regard.」他聽了好像又要發言，我馬上說：「Your time is up, sit down please.」散會後，華東師大的老系主任陳譽教授對我說：「你今天的主持人做得很好，為我們出了一口氣。」四個月後，我就收到吳光偉主任寄給我華東師大客座教授的聘書，我想這與我在西安會議中批評過英國代表不無關係。

接到聘書後，我就給吳光偉去信，建議由我們的中華圖書資訊學教育學會，與華東師大信息管理系合辦一次學術研討會，他回信立刻同意。經過半年在書信與電話中深度交換意見的結果，最後決定為「首屆海峽兩岸圖書資訊學學術研討會」，這就是這個研討會的由來。

研討會於 1993 年 12 月 13 日至 15 日，在上海華東師範大學舉行。兩岸圖書資訊界（大陸稱為信息管理）出席的代表及在讀的博士生共有 120 多人。我以中華圖書資訊學教育學會理事長及研討會共同主席（另一主席為華東師大信息管理系主任吳光偉）的身分，帶着 17 位代表及學生去參加，他們是：王振鵠、沈寶環、胡述兆、盧荷生、李德竹、宋玉、吳明德、鄭雪玫、盧秀菊、陳雪華、劉春銀、吳瑠璃、及五位臺大在讀博士生：陳昭珍、傅雅秀、王梅玲、莊道明、黃麗虹。大陸的代表團極為龐大，包括 15 個大學的 12 位院長、研究所長、系主任，30 多位教授，及全國 4 個重要省市的圖書館館長。包括北京大學的莊守經、周文駿、吳慰慈、王萬宗；武漢大學的彭斐章、馬費成、黃宗忠；華東師大的陳譽、吳光偉、吳建中、王世偉；南京

大學的倪波、鄒志仁；中山大學的譚祥金；北京師大的倪曉健；南開大學分校的王振鳴；上海大學的王金夫；復旦大學的秦曾俊；同濟大學的曲則生；南昌大學的戴廷輝；上海圖書館館長朱慶祚；廣東中山圖書館館長黃俊貴；甘肅省圖書館館長潘寅生；吉林省圖書館館長金恩輝；中國科學院教授孟廣均、辛希孟；及中國圖書館學會常務副秘書丘東江。另有 4 位在讀的博士生，他們是北京大學的王益明、楊曉駿和武漢大學的柯平、肖希明。

　　這次研討會討論的範圍包括：兩岸圖書資訊事業之發展，圖書資訊學教育，圖書館的管理與利用，圖書資料之分類與編目，及圖書館自動化與資訊網路。會中發言踴躍，討論熱烈，情緒興奮，圓滿結束。

　　縱觀三十年來兩岸圖資界的發展及變化，這次合辦研討會的影響，至少有以下三項：

　　（一）由於會議辦得很成功，北京大學的代表當場對我表示，希望與我們這個學會合辦下次研討會，於是第二屆研討會於 1994 年 8 月 22 日至 24 日，在北京大學舉行。接著武漢大學（合辦過兩次）、廣州中山大學（合辦過兩次）、中國科學院（於 2000 年 8 月 27 日至 31 日在四川都江堰）相繼合辦，至 2018 年已合辦過 14 屆，在南京理工大學舉行。兩岸學術界的交流，能在 30 年來繼續不斷舉辦研討會者，只有我們這個學門，堪稱一項重大貢獻，值得我們珍惜。

　　（二）在這次研討會籌備期間，鑒於我們這輩老教授多已年過六十，應及時培養接班者，我提出建議，讓在讀的博士生參與會議，給他們有歷練的機會，準備接班。經徵得北京大學信息管理系周文駿主任及武漢大學信息管理學院彭斐章院長的同意，由他們各派兩位在讀的博士生、臺大派五位在讀博士生參加會議（註：臺大於 1989 年，開始招收博士生，已有七位在讀的博士生；北大於 1990 年開始招收，武大於 1991 年開始招收，故在讀的博士生較少）。除首屆有九位博士生外，其後各屆也都有在讀博士生參加。這些在讀博士生於得到博士後，很多有傑出表現，不但接班者後繼有人，而且青出於藍而勝於藍者，所在多有，殊堪欣慰。

　　（三）自這次合辦的研討會後，兩岸圖書資訊界的同道們建立了親切且深厚的友誼。當年參加會議的大陸代表至今仍健在者，為北大的莊守經、周

文駿、吳慰慈、王益明；武漢大學的彭斐章、馬費成、柯平、肖希明；廣州中山大學的趙燕群；華東師大的吳光偉、吳建中、王世偉；中國科學院的孟廣均、辛希孟；廣東中山圖書館的黃俊貴；吉林圖書館的金恩輝以及當年中國圖書館學會常務副秘書長的丘東江等，不但至今仍保持聯繫，而且心靈契合，情誼日深，這對我們兩岸圖書資訊界良好關係之維持與發展，具有重大影響。

由於我對這個學會有一份特殊的感情，且年事已高，去日無多，故捐出臺幣 200 萬元，在中華圖書資訊學教育學會設立一項獎學金，留作紀念。

歲月不居，本學會成立已屆 30 週年，王梅玲理事長決定出一紀念特刊，囑我為文，援將一些不為人知的往事寫出來，供會員們參效，如有不妥，請指教。

祝各位健康快樂，謝謝大家。

1993 年 12 月 13-14 日，
在上海華東師大舉行首屆海峽兩岸圖書資訊學學術研討會

圖為開幕典禮坐於主席台的代表。左起：陳譽（華東師大系主任）；王振鵠（臺灣師大教授）；彭斐章（武漢大學院長）；沈寶環（臺灣大學教授）；吳光偉（華東師大現任系主任）；胡述兆（中華圖書資訊學教育學會理事長）、左邊為華東師大副校長。
右 1 為莊守經（北大圖書館長）；右 2 為盧荷生（輔大系主任）。

1994 年 8 月，在北京大學舉行的第二屆研討會合影

前排左起：史鑒（中科院主任）；莊守經（北大圖書館長）；譚祥金（中山大學系主任）；彭斐章（武漢大學院長）；盧荷生（輔仁大學系主任）；胡述兆（中華圖書資訊學教育學會理事長）；郝斌（北大副校長）；王振鵠（中央圖書館前任館長）；王萬宗（北大系主任）；李德竹（臺大系主任）；周文駿（北大前任系主任）。

右 1 為大陸中國圖書館學會常務副秘書長丘東江。

2019 年 10 月 9 日，難得聚在一起的兩岸圖資教育界一群精英教授

前排左起：張慧銖（中興大學）、周慶山（北大）、肖希明（武漢大學）、胡述兆（臺大）、柯平（南開大學）、王益明（北大）。

後排左起：黃麗虹（資策會）、謝寶煖（臺大）、陳昭珍（臺師大）、王梅玲（政大）、王世偉（華東師大）、莊道明（世新大學）。

中華圖書資訊學教育學會

第二、三屆理事長李德竹教授
（1994-1998 年）

轉載：李德竹（1992）。中華圖書資訊學教育學會。書府，**13**，4-6。

　　「中華圖書資訊學教育學會」（英文名稱是「Chinese Association of Library & Information Science Education」，簡稱「CALISE」）於今年 5 月 30 日正式成立，現有團體會員 9 個和個人會員 88 人，該會仍在廣徵志同道合的伙伴，會員人數仍繼續成長中。

　　「中華圖書資訊學教育學會」發起是原由留美學人李志鍾教授於 1991 年，在臺灣大學圖書館學系暨研究所客座時，有鑑於圖書資訊學教育研究發展之重要性，望能成立專門學會加以推動、探討圖書館學與資訊科學教育之相關問題。並多次與圖書館界沈寶環教授、王振鵠教授、胡述兆教授和李德竹教授等開會商議交換意見，深獲圖書館學界之認同。此後李教授開始親自奔走邀請相關人士做該會發起人，同時由李教授初擬「中華圖書資訊學會章程草案」並至「內政部」蒐集有關申請成立民間團體之規定及程序。

　　由於圖書館界之熱烈響應，由來自全國 12 個縣市的 48 位圖書館界人士為本會發起人。後因李教授客座期滿返回美國，後續工作則交由「國立臺灣大學」圖書學系李德竹所長辦理正式申請事宜，該會於 1991 年 9 月 7 日向「內政部」提出申請，同年 10 月 7 日，獲內政部 8006465 號函通過，隨即於 12 月 7 日，召開發起人會議，會中決定成立籌備會，並選出九位籌備委員進行學會成立大會之籌備工作。

　　大會籌備會委員有沈寶環教授、王振鵠教授、胡述兆教授、張鼎鍾教授、胡歐蘭教授、高錦雪教授、朱則剛教授、吳明德教授，並推選李德竹教授為籌備會主任委員，前後經過四次正式會議及多次會外諮商，同時亦時時

得到「內政部社會司」王肇發視察及「中國圖書館學會」汪雁秋秘書長在各項法規事務方面的熱心協助下，就學會章程、徵收會員、準備成立大會及下年度工作計劃和歲出入預算表等，皆加以規劃擬訂。

成立大會在「國立臺灣大學」文學院會議室舉行，大會特別邀請臺大文學院黃啟方院長和「內政部」長官王視察肇發先生蒞臨指導，李志鍾教授亦特由海外趕來參加此盛會，當天參與成立大會之貴賓及會員約 80 人，場面熱鬧溫馨，會中選出理事九人，候補理事三人，監事三人，候補監事一人，並通過學會章程草案、下年度工作計劃、歲出入預算和追認籌備會間之開支費用等。

「中華圖書資訊學教育學會」成立之目的，在學會章程中第二條款有所說明，主要宗旨乃以研究、發揚、促進圖書資訊學教育為宗旨，具體的任務包括：

一、研究與推廣圖書資訊學教育。

二、研討圖書資訊學學制與課程。

三、促進圖書資訊學教育方法與經驗之交流。

四、推動學用合一，以及專才專用制度。

五、增進圖書資訊學教育之國際合作。

六、其他符合本會宗旨之事宜。

學會會員分三種：

一、個人會員（普通會員、永久會員及學生會員）

凡贊同本會宗旨、年滿二十歲、具有下列資格者，填具入會申請書，經理事會通過，並繳納會費後，為個人會員。

（一）圖書資訊學教育人員

（二）對圖書資訊學及其相關學術有研究或有興趣者

（三）對圖書資訊學教育有貢獻者

（四）修習圖書資訊學及相關學科之在校學生

二、團體會員

凡上列機構或團體，贊同本會宗旨，填具入會申請表，經理事會通過，並繳納會費後，為團體會員，團體會員推派代表一位，以行使權力。

（一）圖書資訊學系所及研究機構

（二）圖書館及資訊單位

（三）文化機構及學術團體

三、贊助會員：熱心圖書資訊教育贊助本會活動之個人或團體。

學會成立後，於本年 6 月 11 日，召開「中華圖書資訊學教育學會」第一次理監事會議，會中選出常務理事三人，常務監事一人，又在常務理事中選出學會理事長，選舉結果由「國立臺灣大學」圖書館學系暨研究所教授和胡述兆博士為第一任「中華圖書資訊學教育學會」理事長，沈寶環教授為常務監事。會中籌備會將籌備會印章、檔案、財務及會員名冊移交理事長，決定會址設於臺灣大學圖書館學系，理事長提議先成立圖書資訊教育學術活動推展委員會和圖書資訊教育學術合作交流委員會，並委任賴鼎銘教授和薛理桂教授分別為前列委員會主任委員，各委員會之組織章程由各委員會制訂，提下次會議討論。

圖書資訊教育應該是整個圖書館事業的火車頭，唯有方向正確，廣博精深的教育工作與學術研究，才能訓練出具有真才實學，實踐圖書資訊理念的專業人員，也才能落實各種圖書資訊的服務業務；可以說：若要健全圖書館事務，必先健全專業教育。目前又適逢科技日益精進，知識日益專深，資訊需求日益多元化的時代，如果吾人不能隨時調整自己的腳步，將很容易為時代所淘汰，此時，「中華圖書資訊學教育學會」之成立正是時候，更敬佩的是能見圖書館人士踴躍加入，也正代表大家對圖書資訊學教育的研究發展之重視。希望將來大家能在各任的理事長領導下，捐棄門戶之見，開誠佈公的共同來解決我們這個學界首要的教育問題。

參考文獻

中華圖書資訊學教育學會（1992）。「中華圖書資訊學教育學會」成立大會手冊。

中華圖書資訊學教育學會（1992）。「中華圖書資訊學教育學會」第一次理監事會議紀錄。

內政部（1992）。申請組織全國性社會團體須知。

圖書資訊學教育繼往與開來

第四、十三屆理事長莊道明副教授
（1999-2000 年、2018-2019 年）

　　中華圖書資訊學教育學會三十年中，我榮幸擔任第四屆（1999-2000年）與第十三屆（2018-2019年）兩屆理事長，前後相隔十九年。1999年，從李德竹理事長接下第四屆理事長任務。本學會在胡述兆教授與李德竹教授兩位前理事長所奠定堅實基礎下，於2000年8月，與中國科學院文獻情報中心再度舉辦「第五屆海峽兩岸圖書資訊學學術交流研討會」。在國內也舉辦三場主題性研討會「遠距教學在圖書館服務應用研討會」（2000年1月）、「圖書資訊組織與教學研討會」（2000年3月）、「圖書館與閱讀活動研討會」（2000年12月）、與一場綜合主題研討「廿一世紀圖書館管理趨勢研習會」（2000年5月）。

　　接任第四屆理事長期間，正逢圖書資訊學教育風起雲湧變革時期。外有網路資訊科技快速進步挑戰、美國圖書館學校相繼關閉後改名潮，大陸改革開放學術交流；內有臺灣新設圖書資訊學系及圖書館與資訊中心合併等問題。面對這些內外交織因素，促使學會在2000年，舉辦五場次研討會來回應與探索未來圖書資訊學教育應對之道。

　　2018年，再度接任第十三屆理事長，首要任務是與南京理工大學在2018年7月，舉辦「第十四屆海峽兩岸圖書資訊學學術交流研討會」。本屆恰逢海峽兩岸交流二十五週年（1993-2018年），本會以歡欣心情慶祝。在研討會開幕儀式上，製作與播放歷屆海峽兩岸交流回顧影片。從影片中不難發覺離世老師的風采，更多是從早期博士生成為今日知名教授的身影。足見證海峽兩岸圖書資訊學學術交流已經帶起兩岸一代代的優秀學術人才。隔年（2019年），我也代表學會，分別參加大陸地區慶賀彭斐章教授九十嵩壽的

「彭斐章先生學術思想研討會」與廣州中山大學慶祝沈寶環老師百年冥誕所舉辦的「沈祖榮、沈寶環學術思想研討會」。

兩度接任理事長後，學會也如往常將海峽兩岸交流作為主要任務，相較上對臺灣圖書資訊學教育議題的討論較為欠缺。尤其自2006年，臺灣開始施行高教評鑑，國際iSchool發展等許多教育議題的交流研討相對缺乏。因此在2018年，舉辦「國際圖書館事業發展論壇（International Librarianship Development Forum, 2018）」、「2028圖書資訊學未來教育論壇」及委託政大圖檔所王梅玲教授完成「2021-2030臺灣圖書資訊學教育白皮書」等，期待再度開啟對臺灣圖書資訊學教育的重視。

本會成立的宗旨包括：「研究與推廣圖書資訊學教育」、「研討圖書資訊學學制與課程」、「促進圖書資訊學教育方法與經驗之交流」、「推動學用合一以及專才專用制度」、與「增進圖書資訊學教育之國際合作」等五大目標。在歷任理事長努力下，每項都有長足進步。在面對未來更多科技與學術環境變動下，本會可持續加強系所教師的聯繫，強化圖書資訊學教育國際交流，作為本會未來重要行動方案。

2000年8月，第五屆海峽兩岸圖書資訊學學術研討會在四川成都都江堰舉辦

2018 年，第十四屆海峽兩岸圖書資訊學學術研討會
在南京市舉辦，開幕典禮上互贈禮品

2020 年，進行第十三屆（莊道明，左）與
第十四屆（王梅玲，右）交接儀式

三十而立——賀 CALISE
成立三十週年

第五屆理事長薛理桂教授
（2001-2002 年）

　　欣逢中華圖書資訊學教育學會三十週年慶，所謂三十而立，希望學會能夠更加茁壯。回想學會成立之初，臺大圖書館學系李德竹教授排除萬難成立此學會，令人佩服前輩為圖資學門教育與學術研究的努力與付出。

　　時光荏苒，2001-2002 年迄今，一晃眼二十年過去了，當年很榮幸擔任學會理事長，要感謝國家圖書館曾堃賢編輯擔任秘書長，有他的大力協助，才能順利完成兩年的任期，當年曾兄的付出，至今仍不敢或忘。

　　當年 CALISE 學會與中華民國圖書館學會兩者似有默契，兩岸之間的交流主要由 CALISE 負責。因而兩年的任期中，學會辦理兩次的兩岸學術交流活動。第一年舉辦浙江圖書館的交流活動，與會者包括有前考試委員張鼎鍾委員、臺大李德竹教授、臺大謝寶煖教授、中興大學范豪英館長等人都熱情參與。當年張委員身體已不適，但仍然同行，並熱心的提供與會國內同行者豐富的晚宴，令人難以忘懷張委員的熱情與為圖資界的出錢出力，真是所謂典型在夙昔。

　　第二年舉辦黑龍江圖書館交流活動，個人首次到訪東北，十分新奇，東北人很好客，並熱情接待。東北開完會後，一行人轉往內蒙古，也是首次造訪大草原，令人留下深刻印象，尤其是個人首次騎馬在蒙古草原上馳騁，真是快意當年。

　　三十年可以讓人成長，也可以讓一個學術團體更加強壯。此次承蒙王梅玲教授邀稿，勾起二十年前的回憶。期望疫情快點過去，兩岸能夠早點恢復

交流，也深切期望國內圖書資訊界同道共同為本學門凝聚向心力，讓圖資學門更加發光與發熱。

回憶與感想

第六屆理事長詹麗萍教授
（2003-2004 年）

　　為慶祝中華圖書資訊學教育學會成立三十週年，學會邀請歷任理事長為三十週年特刊撰文，回顧過去，展望未來。剛接到邀請函時心中有點遲疑，將近二十年了，我還能翻開塵封已久的記憶，追溯任內所做過的事嗎？以今日的眼光來看，那些事其實微不足道，值得一提嗎？但梅玲理事長這麼認真，我怎能拒絕？答應之後，我開始找出舊相簿，打開電腦尋找檔案，回想當年和圖資教育界同道及工作夥伴一起努力的點點滴滴。

　　我是 2003 年 3 月 7 日，從前任理事長薛理桂教授手中接下任務的，那時我擔任中興大學圖資所所長，所址位於九二一地震後淪為危樓的舊文學院弘道樓二樓，研究所成立剛邁入第四年，所上只有三位老師和碩士班大約三、四十名學生，硬體和人力條件均嫌薄弱，不知能否承擔此責任。薛理事長秉持樂觀天性，總以輕鬆語氣鼓勵，不斷為我打氣。於是我找了所上第一屆畢業生林明宏擔任學會秘書長，所辦秘書王琳斐和幾位研究生一起幫忙，展開工作，於三月中旬召開第一次理監事會議，報告年度工作計畫。

　　我的第一個任務是籌備暑期海峽兩岸學術交流研討會，薛理事長交給我一份候選名單，我聯繫了其中之一的大連理工大學圖書館，館方很快就答應了，館長為劉元芳教授，負責與我溝通聯繫的是副館長劉斌。研討會本預計在當年九月舉行，但四、五月臺灣正逢非典型肺炎（SARS）肆虐，為了安全考量，決定延至隔年舉行。2004 年 3 月，我和劉副館長恢復通信，討論研討會各項細節。會議日期訂在 8 月 23 至 24 日，會議名稱定名為「海峽兩岸圖書資訊學暨教育發展研討會」，我們覺得這個主題範圍相當廣泛，以後數年的會議不論在大陸或臺灣舉行，也許都可採用此名稱。至於研討子題，我們

選擇了「數位圖書館」、「圖書資訊學教育」及「圖書資訊服務」。

　　當年因為 IFLA 會議八月底在阿根廷召開，有幾位同道因而分身乏術，召集工作並不順利。截至八月初，共召集與會人士 27 名，論文 14 篇。我們在臺灣把論文集印好再帶至大連，大陸的論文由大連理工大學圖書館彙集印製。至於論文集樣式（如封面設計、顏色、字體等），我和劉副館長同意採取相同樣式，如此論文集雖因時間窘迫各印各的，至少外觀是一致的。論文集目前手邊已無存，只找到寄給劉副館長的最後一版臺灣論文一覽表（原文為簡體）。由表可見淡江、政大、臺大、世新師生熱情參與，大部分作者現今仍活躍於圖資教育領域。

表 1 2004 年海峽兩岸圖書資訊學暨教育發展研討會論文分類表（臺灣）

數位圖書館		
1	報紙新聞專卷的數位典藏與加值利用	林信成、鄭國祥、孫正宜
2	FRBR 與編目規則的未來發展研探	陳和琴
3	北平「世界日報」新聞數位化內容之開發研究	莊道明
4	大學圖書館數位化館藏組織整理之研究	詹麗萍、李銘純
資訊素養教育		
5	大學生資訊素養課程設計與評鑑	王梅玲
6	小學圖書館資訊素養結合資訊科技融入教學之研究——以自然領域為例	歐陽崇榮、林怡伶、林依潔
圖書館資訊服務		
7	臺灣地區大學圖書館組織與資訊服務之研究	林呈潢
8	數位時代大學圖書館的資訊服務	楊美華
9	大學圖書館網站資訊結構之研究	謝寶煖
10	美國公共及大學圖書館募款之研究	宋雪芳、劉瑞珍

（續）

表 1 2004 年海峽兩岸圖書資訊學暨教育發展研討會論文分類表（臺灣）（續）

	圖書館資訊服務	
11	臺灣技專校院圖書館管理人員決策思維之探討	賀力行、謝玲芬、靳炯彬、吳牧臻
12	平衡計分卡理念導入台灣技專校院圖書館之探討	吳牧臻
13	Ted Nelson 及其超文件概念之引用分析	蔡明月、鄭琚媛
14	圖書館組織中之工作壓力探討	陳書梅

　　2004 年 8 月 22 日下午，與會代表團從桃園機場出發，在香港轉機，原預計晚間 9 點左右抵達大連，不料一場暴雨影響飛機降落，到達下榻的大連理工大學科技園賓館已是午夜，劉副館長和賓館人員仍熬夜等候，為我們安排晚餐，令人感到無比溫暖。研討會於 8 月 23 至 24 日舉行，24 日下午閉幕前的綜合座談由我和劉元芳館長共同主持，至此會議圓滿結束。

　　回想當時辦理兩岸交流，必須注意的事項很多，除了事先的會議籌備、成員召集、論文印製、籌措補助經費、辦理與會成員出入境手續，還需要大陸主辦單位發給我方與會代表邀請函，這是臺灣陸委會要求的。議程每場次的主持人、引言人名單都需注意職銜相當，雙方平衡，以免引起任何誤會。兩岸文化差異只可意會，無法言傳，我可以感覺劉副館長也是小心翼翼，盡力配合。這些眉角只有親自經歷才能領會，對我們的工作人員是很好的學習機會。

　　在拓展國際學術研究交流方面，學會多年來持續耕耘海峽兩岸交流，因距離較近，語言相通，成效顯著。後續應秉持兩岸交流的經驗，擴展與其他國家圖書資訊學界的交流，也許可以從地理位置相近的亞洲國家如日本、韓國、新加坡等開始，再擴展至其他歐美國家。

　　除了兩岸學術交流，本屆學會主辦及協辦的會議如下：

1. 圖書館專利資訊服務研討會，臺灣大學圖書資訊學系主辦，中華圖書資訊學教育學會協辦，2003 年 10 月 31 日，臺灣大學工業知識科技

研究中心。

2. 中國圖書館學會第四十八屆會員大會「中國圖書館學會五十週年論壇：回顧與前瞻」，中國圖書館學會主辦，中華圖書資訊學教育學會協辦（第二場「圖書資訊學的回顧與前瞻」），2003 年 12 月 6 日，國家圖書館國際會議廳。

3. 圖書資訊專業人才能力培育研討會，中華圖書資訊學教育學會主辦，中興大學圖書資訊學研究所協辦，2003 年 12 月 19 至 20 日，中興大學化材館。

4. 中華圖書資訊學教育學會年會暨圖書資訊學課程研討會，中華圖書資訊學教育學會主辦，中興大學圖書資訊學研究所協辦，2004 年 12 月 17 日，中興大學化材館。

另為促進國內圖書資訊學博碩士研究生之間學術交流，前任薛理桂理事長於 2002 年 6 月，曾舉辦「圖書資訊學博碩士研究生論文發表會」，我在任內亦援例照辦，但感覺研究生興趣不高，報名並不踴躍，辦起來格外吃力。當時的中國圖書館學會（尚未改名）研究發展委員會卜小蝶委員建議合辦，後來決議由中華民國圖書館學會、中華圖書資訊學教育學會及國家圖書館共同舉辦學位論文獎助發表會，每年於圖書館學會年會頒獎，並在研究生論壇發表論文。果然集中力量好辦事，後來應該不會再發生論文徵求困難的問題了。

國內當時圖書資訊相關科系發展蓬勃，計有 10 所大學設立相關系所或學程，包括：臺灣大學、臺灣師範大學、輔仁大學、淡江大學、世新大學、政治大學、中興大學、玄奘人文社會學院、空中大學圖書資訊學類課程及交通大學電機學院數位圖書館碩士分班，可謂盛極一時。這些系所主管平時工作忙碌，聯繫較少，偶而藉各種會議短暫相談，瞭解各校都面臨某些發展瓶頸，例如系所改名及發展方向、師資名額、招生狀況、課程改革、校際互選、畢業生出路等。記得薛理事長曾辦過一次圖書資訊學系所主任座談會，會後提議未來應定期舉辦，可惜我直至卸任都未能達成大家的期望。後來玄奘停招，空大及交大的學程相繼關閉，雖是趨勢難擋，我的內心仍充滿遺憾。

關於系所改名、師資、招生、修課、學生就業等問題，多數與大學的運作和社會經濟發展有關，學會也許無能為力，但對於課程架構的改革，教學設計的研究改進，提升圖書資訊學教學品質，學會應可扮演某種角色，提供服務。此外，學生和老師也需要互相溝通，有工作經驗的畢業生對於哪些課程有用，哪些課程已經過時，感受最深，對於課程改革能提出值得參考的建議。然而個別學校單一系所的行政體系通常能力有限，無法做太多事，學會可以發揮集中辦事的力量，例如發展一個圖書資訊學教育平臺，圖書資訊學系所教師及研究生可以藉此溝通交流並分享經驗。此平臺亦可針對課程架構及教學方式的改進，蒐集在學學生及畢業生的建議，提供給教師及系所參考。這些是當時我想做而做不到的事，並不是技術上特別困難，只是要投入時間和人力，我應該是缺少了一點勇氣。

兩年學會理事長任期屆滿，我在中興圖資所的所長任期也即將結束，2005 年 1 月 7 日，我以中華圖書資訊學教育學會第六屆理事長身分，假臺大尊賢館召開第七屆新任理監事第一次聯席會議，改選第七屆理事長，由政治大學圖檔所楊美華所長當選，隨後於當年 2 月 1 日，在中興大學圖資所會議室辦理會務交接，所有資料及重擔都交給了楊所長及她任教的政大圖檔所。

本學會是一個逐「理事長」而居的組織，沒有固定會址、人員及經費，理事長換了誰就搬去哪裡。學會所做的工作大部分遵循傳統，上一屆這麼做，下一屆也這麼做。理事長一任兩年，工作是兼職，正職已佔去大部分時間，無法全力推動會務的發展。我常思考，這個組織是為了服務誰？他們需要什麼？什麼對他們是有價值的？學會可不可以有創新的方向？其實回到本學會設立的宗旨和目標，就會發現有很多事可以做，只看理事長的勇氣夠不夠。

我對於十四屆王梅玲理事長提出未來十年學會的行動方案相當敬佩，該方案以十年（2021- 2030）為範圍，檢討過去並進行策略規劃，包括使命、願景、目標、推動策略、行動方案等，思考長遠，超越她的任期，是一個真正有抱負、有理想、有行動力的理事長。圖書資訊學面臨時代發展急遽變革的挑戰，亟需提升與轉型，積極因應變革，這份行動方案正展現了梅玲理事長的智慧和勇氣。我衷心希望圖資學界所有成員都能與學會共同努力，促進圖書資訊學教育事業的發展。

2004 年 8 月 23 日，「海峽兩岸圖書資訊學暨教育發展研討會」
開幕日於伯川圖書館前合影

2004 年 8 月 24 日，「海峽兩岸圖書資訊學暨教育發展研討會」
成員於會場前合影

2004 年 8 月 23 日，研討會綜合座談由詹麗萍（左）
與大連理工大學圖書館劉元芳館長（右）主持

2004 年 12 月 17 日，
中華圖書資訊學教育學會
年會於中興大學化材館舉行

2005 年 2 月 1 日，詹麗萍（右）
與第七屆學會理事長楊美華（左）辦理交接，
中為范豪英教授

三十而立，歷久彌新，再攀高峰

第七屆理事長楊美華教授
（2005-2006 年）

　　三十而立，中華圖書資訊學教育學會成立三十週年了！一分耕耘，一分收穫；回首前塵，歷歷在目，讓我們歡慶一起走過的輝煌。中華圖書資訊學教育學會自 1992 年，成立以來，雖然是小學會，成員不多，但是每個人都能「發光發熱」，撐起半邊天，捲起千堆雪；以小搏大、小兵立大功，做了不少事，交出亮麗的成績單。尤其是在海峽兩岸的學術交流上，推波助瀾，不遺餘力，在關鍵時刻扮演關鍵的力量。

一、卻顧所來徑，蒼蒼橫翠微

　　很榮幸能擔任第七屆的理事長，和團隊一起成長、打拼，為學會略盡棉薄之力。欣慰的是辦了不少活動，如 2005 年，「圖書資訊學研究生論文論壇」、「數位傳播時代圖書資訊學研究與教育學術研討會」、2006 年，「學術傳播與電子期刊管理」研習班、「海峽兩岸第八屆圖書資訊學學術研討會」等。其中，「海峽兩岸第八屆圖書資訊學學術研討會」讓很多與會人士讚嘆是歷年來最成功的一次盛會，不管在質或量上都有顯著的成長，真令人興奮！中山大學譚祥金教授評價該次會議是「最活躍、達成協定最多的一次」，如廣州中山大學資訊管理系和國立政治大學圖書資訊與檔案學研究所簽署了系所交流協定。

　　此外，值得一提的是配合年會所辦理的「數位傳播時代圖書資訊學研究與教育學術研討會」，很榮幸能請到澳洲來的 Dr. Berenika M. Webster、日本來的 Nobuko、荷蘭來的 Mr. Jaco J. Zijlstra、美國來的 Dr. Carol Tenopir 等

國際著名專家學者，使該年會增光增色。而 2006 年，舉辦的「學術傳播與電子期刊管理」研習班，報名踴躍、學員反應良好、亦為學會挹注了不少經費。

中華圖書資訊學教育學會為歷史見證，替歷史寫真，疾進中深情回首，濤聲縈繞數浪花。凡走過必留下痕跡，在任內，計出版：八期電子報、四期會訊、兩份年刊及《2006 年海峽兩岸圖書資訊學學術研討會論文集》等。在此，要特別感謝工作團隊的護持：秘書長王梅玲教授、副秘書長賴麗香博士、課程規劃委員會主任委員張慧銖所長、學術交流委員會宋雪芳主任、會員發展委員會劉淑德經理、研究發展委員會黃慕萱主任，聯絡人吳傳萱助教，以及專司電子報編輯工作的黃久華、何秀娟和負責網站維護工作的謝英彥。種種的因緣際會，造成人生的柳暗花明，所有的「無心插柳」，到頭來都是「水到渠成」。感恩天時、地利、人和留下美好的回憶！

二、不忘初心，方得始終

美國圖書館學會會長 Michael Gorman 在 2005 年，專題講演「數位時代的圖書館價值」（Library Values in a Digital Age）中特別強調「價值」的重要性在於免除自信的危機，提供圖書館一套可以衡量服務及計畫的標準、提供有效率的工作和明確的價值。他指出數位時代中的圖書館有八個價值觀：（1）保存人類知識、（2）提供專業服務、（3）維護學術自由、（4）確保使用的公平性、（5）保護隱私權、（6）培育素養促進學習、（7）捍衛理性主義、（8）達到更民主的途徑。可以說：圖書館員對社會最大的利益做出了貢獻，圖書館存在的目的在為全人類最大的好而努力。

臺灣的圖書資訊學門，一向立足本土，放眼國際，今後無論在課程名稱或教學模式上，都應能與國際接軌，亦即要能樹立屬於圖書資訊學門獨一無二的共通品牌。除了專業知能的培育外，圖書資訊學教育亦須強調基本能力的形塑。一般能力素養應包括：（1）基本學習技能、（2）資訊素養、（3）創新思維能力、（4）人際交往與合作精神、以及（5）實踐能力。

隨著時代的變遷、科技的創新，圖書資訊學門的文獻充分展現其與時俱

進的脈絡：資訊服務、知識管理、數位典藏、學術傳播、閱讀推廣、數位學習、人工智慧、數位人文、數位策展、擴增實境、環境永續、大數據……一言以蔽之，圖書資訊學是變動中的科學、求新求變的學科！

三、藏行顯光，成就共好！

每一門學科都透過自己特有的語言、工作習慣與生活方式形成自己的文化；教育應該有一種著眼於未來的精神，必須超越目前的範圍，以共創明天現實的目標。九一一事件讓人們體認到檔案保存的重要性，疫情時代的今天，突顯遠距學習、數位學習、資源整合的重要性：網際使圖書館博大，數位使圖書館精深，e 人 e 世界，圖書館無國界；e 化 e 世代，圖書館跨世代！

回首過去，圖書資訊學門披荊斬棘，與日俱進，對新科技的掌握，亦步亦趨，不敢稍有懈怠；從鯨吞蠶食到「你泥中有我，我泥中有你」的跨域整合；從包山包海到海納百川，從資訊管理到知識管理，從發現資訊資源到接軌知識資源，從多媒體到跨媒體，從虛實整合到多元融合，從消失中的學門到沒有藩籬的學科。

展望未來，圖書資訊學教育的革新須由上而下，有整體性、全面性的規劃，省思圖書資訊學的核心價值，亦須由下而上，有自覺的努力，為圖書資訊學教育建構出專屬的天地。知識學院做為一種選項，新圖書資訊學已然成形：我們是隱形的翅膀，「彼此在一期一會裡，一光映照一光」，藏行顯光，成就共好！

> 無論怎麼說，
> 我始終站在已走過的路的頂端
> ——永久的頂端，
> 不斷浮動的頂端，
> 自我的頂端，
> 未曾後退的頂端。
>
> 余秋雨《摩挲大地》

2006 年 11 月 17 日，數位傳播時代圖書資訊學研究與教育學術研討會

2006 年 7 月 3 日，學術傳播與電子期刊管理研習班

2006 年 6 月，海峽兩岸圖書資訊學學術研討會

2006 年 7 月 21 日，第五次理事會

中華圖書資訊學教育學會
成立三十週年紀念文

第八屆理事長陳雪華教授
（2007-2008 年）

　　中華圖書資訊學教育學會於 1992 年成立，第一屆理事長是臺灣大學圖書資訊學系胡述兆教授，當時我是臺大圖資系最年輕的副教授，承蒙胡教授相邀，讓我擔任第一屆秘書長的職務，胡教授也邀請當時還是博士生的王梅玲老師擔任副祕書長。學會甫成立，事務龐雜，由於我正有孕在身，多有不便，秘書工作多由能幹的梅玲老師處理，我到現在還常感念她當時的付出，讓新成立的學會運作一切順利。特別是開始籌備 1993 年，在上海華東師範大學舉辦的第一屆海峽兩岸圖書資訊學學術研討會，因無前例可援，籌備工作殊為不易。所幸會議相當成功，奠定兩岸合作交流的基礎。值得一提的是，會議特別安排博士生論壇，讓兩岸圖資領域博士生彼此交流，當年參與會議的多位博士生，例如曾淑賢、陳昭珍、王梅玲、莊道明，北京大學的王益明、楊曉駿，以及武漢大學的柯平、肖希明等，後來都表現卓著，成為兩岸圖資領域學術界菁英。

　　2008 年，我有幸獲選擔任本學會第八屆理事長，我邀請自己的博士生邱子恒教授（臺北醫學院圖書館館長）擔任學會祕書長，她又邀請圖書館黃素英主任擔任副祕書長，有趣的是素英也讓她念高中的女兒張映涵一起參與學會事務，後來映涵考上淡江資圖系，現在是臺大圖書資訊學系的博士生。素英鼓勵她女兒步上自己的後塵走入圖書資訊學領域，世代傳承真在是太棒了！我們這一屆主要的工作就是主辦 2008 年，在武漢大學所舉辦的海峽兩岸圖書資訊學學術研討會，當屆會議與會者眾，來自臺灣的學者專家與研究

生高達百人，盛況空前。會後兵分幾路參訪不同地方，我則帶領廬山團，參觀廬山圖書館以及沈祖榮故居等。

我多次參加本系列的海峽兩岸學術會議，包括：上海華東師範大學（1993）、北京大學（1994）、武漢大學（1997）、四川成都中科院文獻情報中心（2000）、武漢大學（2008）、淡江大學（2012）和南開大學（2014）等共七次的會議，結識不少對岸知名中生代學者，例如：王世偉、張曉林、吳建中、朱強、陳傳夫、程煥文等，也常在其他不同會議中與他們交流，獲益良多。

除了知識饗宴，每次學術研討會結束後都會安排一些參訪活動或是到知名景點旅遊。印象較深刻的有南京秦淮河、蘇州寒山寺、北京長城、四川九寨溝、長江三峽、成都都江堰、武漢黃鶴樓、江西廬山、山東曲阜與泰山等地，學術交流之餘能與圖資界師生同遊大陸山水奇景，旅途中與昭珍一起合唱，真是人生一大樂事也。

時間實在很快，猶記本學會當年成立的盛況，一晃眼就已過去三十年。長江後浪推前浪，這些年來持續有新生代菁英參與學會事務，相信本學會未來的發展一定會不斷地成長與茁壯。

1993 年 12 月 13 日，首屆海峽兩岸圖書資訊學學術研討會

1993 年 12 月 16 日，首屆海峽兩岸圖書資訊學學術研討會後參訪蘇州寒山寺

1994 年 8 月 24 日，北大海峽會議合影（1）

1994 年 8 月 24 日，北大海峽會議合影（2）

1997 年 4 月，海峽兩岸第三屆圖書資訊學學術研討會

2000 年 8 月，海峽兩岸第五屆圖書資訊學學術研討會

2000 年 8 月 28 日，海峽兩岸第五屆圖書資訊學學術研討會

2000 年 8 月 29 日，海峽兩岸第五屆圖書資訊學學術研討會

2008 年 7 月，海峽兩岸圖書資訊學系主任聯席交流會

2008 年 7 月 8 日，海峽兩岸第九屆圖書資訊學
學術研討會後參訪江西廬山圖書館

2014 年 7 月，海峽兩岸第十二屆圖書資訊學學術研討會

2016 年 7 月，海峽兩岸第十三屆圖書資訊學學術研討會

2016 年，研討會後到訪武漢黃鶴樓（1）

2016 年，研討會後到訪武漢黃鶴樓（2）

2012 年第十一屆
「開創兩岸圖書資訊學與
圖書館事業新紀元」回顧

第十屆理事長邱炯友教授
（2011-2013 年）

2012 年，第十一屆海峽兩岸圖書資訊學學術研討會

　　2012 年，是海峽兩岸圖書資訊學界相當有歷史意義的一年。2012 年 7 月 4-5 日，臺灣承接了首次，也是截至 2022 年，唯一的兩岸圖資學學術研討會的東道主，此盛會由中華圖書資訊學教育學會主辦，並由淡江大學資訊與

圖書館學系規劃與承辦。此次 2012 年，「第十一屆海峽兩岸圖書資訊學學術研討會」主題為「開創兩岸圖書資訊學與圖書館事業新紀元」，旨在強化會議首次於臺灣舉辦的跨時代意義。

　　過去二十年來，兩岸圖書資訊學界的交流與合作相當頻繁與密切，前十屆研討會均在中國大陸舉行，包括：上海、北京、南京、武漢、廣州、哈爾濱、大連等地，兩岸的圖書資訊學及信息管理學者之交流，也因為這十年來的耕耘，而有了蓬勃的發展。2012 年，首度移師臺灣，在淡江大學文學院、淡江資圖系與中華圖書資訊學教育學會合作主辦，以及在武漢大學信息管理學院的協助與中國大陸 24 所大學與圖書館學者專家的參與下，共計兩百多位兩岸學者齊聚一堂，在淡江淡水校園展開盛會是非常難得的歷史時刻。

　　此次盛會得以在臺灣召開，除了感謝中華圖書資訊學教育學會理監事的支持外，也源於時機成熟：在 2010 年，第十屆於南京大學會議所進行的兩岸系所主任座談會中，由於事前大陸學者莫不殷切盼望下一屆兩岸會議能於臺灣舉辦，大陸圖資學者來臺學術交流並一覽寶島文化風光是許多與會者的首選，而 2011 年，規劃初期，淡江大學之主辦條件相當豐富與成熟：適逢本人擔任淡江文學院院長且兼任中華圖書資訊學教育學會理事長、宋雪芳擔任覺生紀念圖書館館長、林信成為系所主任，共同明確積極表態願全力以赴，以及有淡江資圖系全體師生的辛勤付出的同時，前理事長臺大朱則剛教授、淡江黃世雄教授兩位先進的支持鼓勵更為在臺成功主辦的重要催生者之一。

　　此次研討會發表論文數量頗多，臺灣多校總計 40 篇論文、大陸則有 24 所大學及各地圖書館學會共收錄 73 篇論文，大陸及香港來臺人數達 63 名，規模相當盛大，網羅兩岸在圖書館學、資訊科技、出版研究等相關學術領域最重要的人才在此聚會，深具意義。依循往例，由主協辦單位淡江大學訂定會議主題並發出徵稿訊息，兩岸分別徵稿、審稿與編輯稿件。會議論文集依循往例區分為 A 輯收錄在主辦地臺灣所徵集之稿件，B 輯則由武漢大學信息管理學院徵集中國大陸之稿件。其中 A 輯共收錄 40 篇論文，分別有 27 篇來自圖書資訊學領域的教師與專業人士的研究成果，以及 13 篇學生或學生與教師合著之論文。兩者均依主題區分不同場次或青年論壇，由作者在大會進行口頭報告與學術交流。B 輯則於 120 餘篇的投稿文章中，篩選收錄 73 篇

論文，內容包括圖書館學情報學檔案學教育、信息環境與圖書情報事業、知識信息組織、信息服務與用戶研究、圖書與圖書館史等領域，反映出當今兩岸圖書情報學領域共同面臨的學術問題。

本研討會由中華圖書資訊學教育學會邱炯友理事長、淡江大學張家宜校長、武漢大學信息管理學院陳傳夫院長主持開幕式。兩天的議題包括：圖書資訊學教育、圖書資訊學理論研究、各類型圖書館及資訊服務機構之經營與管理實務、資訊服務與使用者研究、資訊與知識組織、資訊檢索與系統、資訊計量研究、圖書館事業、檔案學研究、出版與電子書、資訊素養、閱讀研究、資訊社會與圖書資訊學等。武漢大學信息管理學院陳傳夫院長為本次研討會大陸人士來臺的領隊，陳院長於會中提出圖書情報學教育面臨著現實的挑戰，院長、系主任是圖書情報學院教育政策變革的決定者，其認知直接決定著機構教育的發展變革方向；陳院長指出，大陸的系主任／院長十分重視學科方面的挑戰，與實踐領域專家意見有差異，未來應更加重視機構外部的挑戰，除重視知識教與學外，未來要更加重視來自新興信息技術環境的挑戰。

此屆會議議程相當豐富多元，邀請時任世新大學校長的賴鼎銘教授專題演講（講題：兩岸圖書資訊學教育的未來式），此外，更有長青論壇（與談者：王振鵠教授、胡述兆教授、胡歐蘭教授、馬費成教授、黃世雄教授）、21 個研討場次，共計口頭發表 97 篇論文，成果相當豐碩，計約 260 人參與。本研討會因發表論文甚多，除驚聲國際會議廳的 A 場次外，另安排有 B 場次、C 場次，以同時進行不同議題的論文發表。而會場外更進行兩岸圖書資訊學教育學系的海報聯合展示，藉由海報的圖文設計，以介紹兩岸各校系所之課程特色、師資陣容、教學資源、學術研究活動等訊息。

回顧歷史發展，昔日為促進海峽兩岸圖書資訊學界的交流與合作，中華圖書資訊學教育學會與中國大陸圖書情報學院系和圖書館界自 1990 年代，就開始醞釀和共同發起「海峽兩岸圖書資訊學學術研討會」。先後在上海華東師範大學（1993）、北京大學（1994）、武漢大學（1997）、中山大學（1998）、四川成都中科院文獻情報中心（2000）、哈爾濱黑龍江省圖書館（2002）、大連理工大學（2004）、中山大學（2006）、武漢大學（2008）和南京大學（2010）等，成功地舉辦了十屆「海峽兩岸圖書資訊學學術研討會」。第十一

屆海峽兩岸圖書資訊學學術研討會一如往例，結合了兩岸圖書資訊領域學者專家之意見與研究發現，進行面對面實質之溝通及兩岸學術之交流，其成果具學術回顧、趨勢與前瞻之價值。對於臺灣圖資學門研究發展產生承先啟後之效應，足以開發更多有價值內涵的研究報告，以分享學術同儕。就圖書資訊學的發展而言，兩岸學術同儕應更加積極進行學術交流活動，以增進兩岸師生之彼此友誼與瞭解，能依循過往雙方良好的交流聯繫管道與經驗，發揮學術精神，持續舉辦兩岸學術研討會，共同開創華文圖書資訊學的美好未來。

2012 年，第十一屆海峽兩岸圖書資訊學學術研討會（1）

2012 年，第十一屆海峽兩岸圖書資訊學學術研討會（2）

2012 年，第十一屆海峽兩岸圖書資訊學學術研討會（3）

第十一屆理事長柯皓仁教授
（2014-2015 年）

　　本人曾任中華圖書資訊學教育學會第十一屆理事長，任期是 2014 至 2015 年間。當時中華圖書資訊學教育學會的重要任務是辦理海峽兩岸圖書資訊學學術研討會，在本人任內自不例外。其時兩岸政治情勢趨於緩和，兩岸經濟與教育全面交流日益熱絡，第十二屆海峽兩岸圖書資訊學學術研討會就在這樣的時空環境下，於 2014 年 7 月 6-8 日，由天津南開大學商學院信息資源管理系與中華圖書資訊學教育學會共同主辦，假天津南開大學商學院召開會議。

　　本次會議的主題是「大數據與雲端環境下的多維圖書資訊學」，共邀請了 211 位海峽兩岸圖書資訊學界知名學者專家，以及研究生、大學生共同參與。在臺灣方面，由本人率團，共 61 人參加，9 所圖書資訊學系師生共同發表 34 篇論文。研討會在 7 月 7 日上午正式開始，開幕後首先由武漢大學信息管理學院馬費城教授主講「什麼是圖書情報專業的核心競爭力？」、中國科技信息研究所賀德方研究員主講「科技報告：內涵、功效、作用與機理」、ASIS&T 代表暨丹麥哥本哈根大學 Diane Sonnenwald 教授主講「Visioning Studies: A Socio-Technical Approach to Designing the Future」，以及世新大學賴鼎銘校長主講「兩岸學術圈的遺憾」等四場主旨報告拉開會議序幕。從 7 月 7 日下午到 8 日，上午共 21 場次分會場會議，計 87 篇學術論文發表，包括技術、服務、管理、資源、教育、使用者、社會、計量與學科、博士生論壇分會場，以及系所主任聯席會、院系海報展覽等，每場分會場的論文發表緊湊，臺下座無虛席，每場次的學術問答與討論熱烈。身為臺灣方面主辦人，雖不敢言空前絕後，但本研討會堪稱兩岸圖書資訊學界近 10 年來最為成功的會議之一。

　　服務設計（Service Design）是近年圖書館實務界的顯學，強調運用整體性的思維，以全面性、具同理心地瞭解顧客的需求，改進圖書館既有服務或

開展新服務。中華圖書資訊學教育學會應是將服務設計導入圖書資訊界的先行者，首先在 2014 年 12 月 27 日，假世新大學舉辦「服務設計工作坊前奏曲：如果圖書館」活動，由圖資相關學系協會、大專校院圖書館、產業界共同舉辦，嘗試以使用者為中心，鼓勵與會者腦力激盪、暢所欲言，透過探索、定義、發展及執行的雙鑽石架構發展階段，提出符合使用者需求的服務。而後再次於 2015 年 1 月 17 日至 18 日，假國立臺灣師範大學文薈廳舉辦「服務設計工作坊」活動，引導超過 50 位以上的圖書館館員進入服務設計的殿堂。

中華圖書資訊學教育學會的宗旨是「研究、發揚與促進圖書資訊學教育」，本此宗旨，提升圖書資訊學領域老師的交流與互動是十分重要的，尤其近年來國內圖書資訊學系所招聘了不少跨領域的新進老師。因此，本人於 2015 年 4 月 28 日，在國立臺灣師範大學圖書館舉辦圖資新進教師茶會，計有 10 位圖資系所新進老師參加，應是近年較具規模的圖資系所新進老師輕鬆交流的活動。

另一項值得一提的活動是在 2015 年 8 月 24-27 日，辦理的「亞洲資訊取用暑期學校（2nd Asian Summer School in Information Access, ASSIA 2015）」，這個四天的暑期密集課程提供了十門有關資訊檢索、社群媒體搜尋和相關主題的課程，並安排了座談、海報展，以及由產業界和年輕學者的對談，本課程吸引了來自英國、中國大陸、日本、馬來西亞、泰國與臺灣共 45 位講者與學員參加。藉由類似的暑期密集課程，除了讓亞太地區圖資領域的年輕學子學習相關領域的最新課題，也是讓他們齊聚一堂、擴展人脈，瞭解臺灣文化的好方法。

中華圖書資訊學教育學會在歷任理事長、理監事、全體會員的努力下，已成果豐碩地邁向 30 週年，2021 年，更發表〈轉變與擴疆：臺灣圖書資訊學教育白皮書 2021-2030〉，引領未來十年的臺灣圖書資訊學教育發展。期許中華圖書資訊學教育學會未來能持續擘劃具在地性與國際化的圖書資訊學系所教育系統，成為圖書資訊學界與產官界間的平臺；並期待在疫情過後能重啟海峽兩岸圖書資訊學學術研討會、以及辦理亞洲地區圖書資訊學領域的暑期密集課程，促進學會的國際化。

2014 年 7 月 7 日，第十二屆海峽兩岸圖書資訊學學術研討會大合影

2015 年 4 月 28 日，圖資新進教師茶會合影

2015 年 8 月 24 日，亞洲資訊取用暑期學校（ASSIA 2015）合影

第十二屆理事長黃元鶴教授
（2016-2017 年）

中華圖書資訊學教育學會自 1992 年，成立以來，學會的經營事務是由臺灣的圖書資訊學相關系所的行政團隊輪流服務，歷屆的理監事成員與工作團隊，為學會奠定的良好的經營模式與豐碩的學術交流成果。第十二屆首次由輔仁大學圖書資訊學系行政團隊接辦學會業務，回顧本屆重要活動與成果如下：

一、舉辦「第十三屆海峽兩岸圖書資訊學學術研討會」

學會與華中師範大學信息管理學院、天主教輔仁大學圖書資訊學系聯合主辦第十三屆海峽兩岸圖書資訊學學術研討會，於 2016 年 7 月 12 日至 14 日，假武漢華中師範大學科學會堂舉行，兩岸圖書資訊學界同道共計近 200 人參加。臺灣包含臺大、政大、師大、中興、輔大、淡江等校圖資系所及業界同仁們一行共 42 人跨海與會，發表學術論文計達 26 篇，同時舉辦海峽兩岸院系之海報展覽，促進兩岸學者專家們的學術對話與熱烈交流。

會議開幕式由武漢大學馬費成教授代表大陸信息管理學界致詞，臺灣則由天主教輔仁大學圖書資訊學系主任黃元鶴教授以中華圖書資訊學教育學會理事長身分，就「以文會友，以友輔仁：共同迎向兩岸圖書資訊學教育與圖書館事業的光明未來」為題致詞。本次會議主題為「資料驅動的圖書資訊學創新與發展」，研討會安排四場特邀報告，由武漢大學信息管理學院馬費成教授主講「引入工程化思維建設情報工程學」、南京大學信息管理學院蘇新寧教授主講「大數據時代情報學學科機遇及學者的責任擔當」、政治大學圖書資訊與檔案學研究所教授蔡明月主講「數據導向的圖書資訊發展」、武漢大學信息管理學院陳傳夫教授主講「圖書情報學位授權點的發展現狀與趨勢」，另有 6 場專題報告，以及 3 場青年論壇與 6 場專家論壇，共計發表 75 篇論文。

此外，華中師範大學信息管理學院更結合辦理為優秀大學部學生之夏令營活動，使未來有潛力成為圖書資訊學教育生力軍的大學生，能夠瞭解兩岸圖書資訊學學術交流情形[1]。

二、舉辦「數位學習翻轉高等教育工作坊」

學會與天主教輔仁大學圖書館、輔仁大學圖書資訊學系合作，於 2016 年 12 月 14 日，假輔仁大學野聲樓谷欣國際會議廳，共同舉辦「數位學習翻轉高等教育工作坊」活動。工作坊邀請政治大學圖書資訊與檔案學研究所陳志銘教授主講「數位人文研究現況、趨勢與輔助研究平臺建置」、政治大學圖書資訊與檔案學研究所王梅玲教授主講「數位學習與圖書資訊學教育」、逢甲大學圖書館林志敏館長主講「大學圖書館如何推動 MOOCs ——逢甲大學圖書館經驗談」。活動主旨在於促進圖資界工作者與教育人員的對話與交流，藉以提升高等教育推行數位學習與翻轉教學的理念，期盼有助於推動國內圖書館與大學圖書資訊學相關系所從事數位學習課程設計的技巧與成效，以及幫助數位人文研究與圖書資訊學教育之融合[2]。

三、舉辦「教育遊戲化工作坊暨圖書資訊領域教師聯誼會」

學會與中華民國圖書館學會教育委員會合作主辦，輔仁大學圖書資訊學系、世新大學圖書館協辦的「教育遊戲化工作坊暨圖書資訊領域教師餐敘聯誼會」於 2017 年 2 月 17 日，假國家圖書館 188 會議室舉行。主要目的為提供設計良好的遊戲化教學方案，讓圖書資訊領域教師實際體驗，從中學習遊戲化教學方案之設計原理、應用方向與原則，深入認知遊戲化教學意涵，未

---

[1] 本段內容節錄自「黃元鶴（2018）。圖書館團體。在國家圖書館編，中華民國一〇六年圖書館年鑑（頁 373-394）。國家圖書館。」頁 385-386。

[2] 本段內容節錄自「黃元鶴（2018）。圖書館團體。在國家圖書館編，中華民國一〇六年圖書館年鑑（頁 373-394）。國家圖書館。」頁 386。

來可融入圖書資訊領域教學情境，提升學生學習動機、興趣及成效。

　　邀請對象涵蓋國內圖書資訊領域系所專兼任教師及博士生，與會成員來自世新大學資訊傳播學系、政治大學圖書資訊與檔案學研究所、淡江大學資訊與圖書館學系、臺灣大學圖書資訊學系、臺灣師範大學圖書資訊學研究所、輔仁大學圖書資訊學系，共計 18 人與會。由臺科大迷你教育遊戲設計團隊專案講師／遊弈思歐洲桌上遊戲工作坊創辦人劉忠岳規劃課程內容，包含遊戲化方案體驗與解析、內外在動機整合與練習等主題。與會人員分組參與講師所設計的遊戲活動，實際領略遊戲融入教學的情境，所有與會者熱烈參與實作過程，歷時 8 小時，動腦也動手，享受學習的快樂。此外，中午餐敘聯誼會則由與會者分享研究主題與方向、教學專長、研究或教學經驗等，以促進圖書資訊領域資深教師及新進教師與所有參加者交流傳習教學經驗之機會 [3]。

四、出版「中華圖書資訊學教育學會第 41 期會訊」

　　學會第 41 期會訊「專題報導」收錄「第十三屆海峽兩岸圖書資訊學學術研討會」相關文章，包括陳世娟秘書長撰述的會後報導，以及陳勇汀等六位學生的與會心得。「活動報導」則為本屆學會主辦的圖書資訊學教育交流活動，包含陳冠至副秘書長與學生合撰的「數位學習翻轉高等教育工作坊」會後報導，以及彭于萍副秘書長撰寫的「教育遊戲化工作坊暨圖書資訊領域教師聯誼會」會後報導。

　　此外，贊助本屆頒發研究生獎學金之相關機構如下：飛資得公司、臺灣國際資訊整合聯盟協會、碩睿資訊有限公司、神通資訊科技股份有限公司、漢珍科技股份有限公司、凌網科技股份有限公司等機構。

　　本屆關鍵影響因素與核心價值為持續與大陸圖書資訊學相關系所合作辦理學術交流活動，以利兩岸圖書資訊學知識交流與擴散。強化數位學習於高

---

[3]　本段內容節錄自「莊道明（2019）。圖書館團體。在國家圖書館編，**中華民國一〇七年圖書館年鑑**（頁 379-400）。國家圖書館。」頁 391-392。

等教育的重要性，由科技、教育、人文素養等不同角度促進學術與實務的對話。因應遊戲化的時代趨勢，結合遊戲化之概念、方法與工具，引入教育的場域中，提升學習興趣與成效，圖書資訊學系教師或館員可由其相關工具獲取活潑教學設計的啟發。

　　未來十年中華圖書資訊學教育學會行動方案建議如下：第一、因應疫情，建立與大陸圖書資訊學相關系所持續學術交流的替代方式。第二、持續關注當代趨勢議題，如人工智慧、開放科學、元宇宙等，融入於圖書資訊學的學術與精進教學的交流與對話，促進知識成長與擴散。

2016 年 7 月 13 日，第十三屆海峽兩岸圖書資訊學學術研討會全體與會者合影
此照片原刊登於「黃元鶴（2018）。圖書館團體。在國家圖書館編，
中華民國一〇六年圖書館年鑑（頁 373-394）。國家圖書館。」頁 386。

2016 年 7 月 13 日，第十三屆海峽兩岸圖書資訊學學術研討會臺灣與會者合影

2016 年 12 月 14 日，數位學習翻轉高等教育工作坊閉幕式師長合影

2017 年 2 月 17 日，
「教育遊戲化工作坊暨圖書資訊領域教師餐敘聯誼會」與會者合影
此照片原刊登於「莊道明（2019）。圖書館團體。在國家圖書館編，
中華民國一〇七年圖書館年鑑（頁 379-400），國家圖書館。」頁 392 圖 61。

2017 年 2 月 17 日，「教育遊戲化工作坊暨
圖書資訊領域教師餐敘聯誼會」學員分組學習

中華圖書資訊學教育學會是平臺

第十四屆理事長王梅玲教授
（2020-2021 年）

一、追隨師父走入學會

　　我在 1993 年，進入臺灣大學圖書館學研究所攻讀博士，追隨指導老師胡述兆教授加入中華圖書資訊學教育學會，自此圖書資訊學教育成為我一生的志業。我曾在臺灣大學圖書館服務十二年，深知圖書館事業的靈魂是熱情又專業的圖書館員，所以一生都在探索每個時代圖書館員的專業教育課題。

　　1993 年，嚴寒的冬天，一群臺灣的圖書資訊學界學者與研究生，由胡述兆理事長領導，到上海參加第一屆海峽兩岸圖書資訊學學術研討會，與兩岸百餘位學者、研究生共同參加。寒冬中，臺灣團搭乘飛機前往，大陸與會者分別以飛機、火車、輪船，海陸空不同運輸方式抵達，最後大家準時參與這場盛會。第一次感到圖書資訊學研究的道路上有許多志同道合的伙伴，吾道不孤。這三十年來參與中華圖書資訊學教育學會許多活動，個人任務從副祕書長，祕書長，理事，常務理事，常務監事無役不與。兩岸十四次的圖書資訊學學術研討會也很少缺席。很幸運地在 2020-2021 年，我擔任了中華圖書資訊學教育學會第十四屆理事長，雖然正值 COVID-19 新冠肺炎疫情大爆發，我們團隊運用了資訊科技與遠距技術，充分發揮遠距教學經驗，本屆學會更加凝聚臺灣學者們專長與熱情，共同完成許多新創計畫。

二、推展第十四屆學會會務

　　我在 2021 年、2022 年，擔任中華圖書資訊學教育學會第十四屆理事

長，在學會成立之初，胡述兆首任理事長，以研究、發揚與促進圖書資訊學教育為學會主旨，以推動研究與推廣圖書資訊學教育；研討圖書資訊學學制與課程；促進圖書資訊學教育方法與經驗之交流；推動學用合一以及專才專用制度；增進圖書資訊學教育之國際合作等為任務。經過三十年的發展，臺灣發展成七所圖書資訊學系所，包括：臺灣大學、輔仁大學、淡江大學、政治大學、臺灣師範大學、中興大學、世新大學等，涵蓋大學部、碩士班、博士班完整教育制度。教育部對於圖書資訊學教育持開放尊重自由發展態度，然而圖書資訊學教育是學術教育、也是專業教育，面對二十一世紀全球化與高等教育競爭挑戰，我的任務格外重要。首先，我將學會定位為：「我國圖書資訊學教育平臺，是臺灣七所圖書資訊學系所、教師、與學生的平臺」。本學會為培養圖書資訊學未來人才的平臺，首先服務我國圖書資訊學系所、教師、與博士生，並擴大至其他圖書資訊學學生與圖書館資訊機構。

第十四屆學會理監事陣容堅強，常務理事有三位：王梅玲、歐陽崇榮、曾元顯；理事九位：宋慧筠、李正吉、邱子恒、邱炯友、吳美美、黃元鶴；常務監事宋雪芳，監事二位：陳昭珍、柯皓仁。五個委員會均堅守任務全力參與，課程規劃委員會由吳美美教授任主任委員、學術交流委員會由宋慧筠教授、莊道明教授任主任委員、會員發展委員會由邱子恒館長任主任委員、研究發展委員會由黃元鶴教授任主任委員、系所主任委員會由歐陽崇榮教授任主任委員。系所主任委員會包括七所圖書資訊學學校系所主管：淡江大學資訊與圖書館學系所歐陽崇榮主任、輔仁大學圖書資訊學系所李正吉主任、臺灣師範大學圖書資訊學研究所曾元顯副所長、臺灣大學圖書資訊學系所林奇秀主任、世新大學資訊傳播學系所莊道明主任、政治大學圖書資訊與檔案學研究所邱炯友所長、中興大學圖書資訊學研究所宋慧筠所長。學會秘書團隊包括：秘書長鍾雪珍博士；三位副秘書長，曾苓莉、張慈玲、徐美文；兩位幹事，沈宗霖、汪楚筠。

2020-2021 年間，學會團體會員共計 29 個單位；個人會員 78 人，包含學會的永久會員 40 人、普通會員 8 人、學生會員 30 人。這兩年，本屆理監事與委員會成員共同完成下列重要會務及活動。

（一）研訂學會發展策略

本屆學會首要的事，我與團隊共同研訂學會兩年策略計畫，包括使命、願景、價值、發展目標、重要策略方向。

A、使命

未來人才：創新、學習、平臺、永續

B、願景

藉由本學會圖書資訊學教育平臺，培養創新有競爭力的圖書館與資訊機構未來人才，代表圖書資訊學教育國際發聲。

C、價值

本學會為培養圖書資訊學未來人才的平臺，首先服務我國圖書資訊學系所、教師、與博士生，並擴及其他圖書資訊學學生與圖書館資訊機構。

D、發展目標

1. 掌握圖書資訊學教育專業價值與社會需求，促進圖書資訊學教育與學術研究卓越與永續發展。

2. 因應社會數位轉型需求，本學會與圖書資訊學校共同努力培育圖書館與資訊機構有競爭力的未來人才，具備圖書資訊學專業知能，以勝任圖書館與資訊專業的工作。

3. 因應網路革命與社會變遷，善用網路資訊科技，進行數位轉型，創新圖書資訊學研究與教育，圖書館與資訊服務，追求永續發展。

E、重要策略方向

1. 中華圖書資訊學教育學會作為平臺。

2. 提升圖書資訊學教學創新與高品質教育。

3. 拓展國際學術研究交流。

4. 研訂圖書資訊學教育白皮書引領下一個十年；追求永續發展。

5. 擴大學會會員並促進學習成長。

（二）訪談榮退臺灣大學陳雪華教授：恩典人生路

我與鍾雪珍秘書長及汪楚筠幹事組成訪問小組，於 2020 年 6 月 11 日，進行學會的「師長專訪」活動，邀請到國立臺灣大學圖書資訊學系榮退的陳

雪華教授，以她在臺灣大學圖書資訊學系的學思行作為採訪主題，分享人生與教學歷程，由訪問團隊記錄她的精彩故事分享於本學會電子報。

陳雪華老師教學生涯開始於 1980 年代，正值國內外圖書資訊學轉型發展關鍵期，也是風起雲湧的黃金年代。1986 年，她在空中大學擔任研究處處長，1988 年，回到臺大圖書館學系任教。1995-2001 年，擔任系主任，當時網際網路開始興起，對圖書館學有深刻的影響，為因應圖書資訊學領域學術發展趨勢，開始進行課程內容改革，增加網路與電腦資訊相關課程，並聘請第一位具備資訊工程背景的教師陳光華，將系所名稱「圖書館學系」變更為「圖書資訊學系」。

臺大總圖書館在 1998 年，新建完成後，雪華老師接續胡述兆前系主任，成功爭取「研究圖書館」成為圖書資訊學系的系館，申請校內外經費整修系館，並將系辦公室與教師研究室搬遷至新系館。此外，帶領本系教師與其他系所（歷史系、人類系、資工系）共同爭取研究經費進行跨領域的合作研究計畫：「臺大電子圖書館與博物館－臺灣平埔族探源」。爾後，該團隊協助當時擔任國科會企劃處的張善政處長規劃並執行「數位博物館專案計畫」（1998-2001 年），持續參與後續的數位典藏國家型科技計畫，並在臺大舉辦第二屆亞太數位圖書館國際會議。其後，她又擔任兩屆臺灣大學圖書館館長，教學 30 餘年認真深受學生愛戴，以專業的熱情及真誠，奉獻於臺灣圖書資訊學專業發展。她在圖書館學、資訊組織、圖書館技術服務、資訊資源與服務、數位典藏、數位出版、知識管理的貢獻卓著，也留下美好典範。退休後，獲得臺灣大學名譽教授的殊榮。

2020 年 6 月 11 日，臺灣大學陳雪華教授榮退訪談

（三）舉辦前瞻人才培育與教師社群經營線上論壇

　　鑑於教師社群經營的重要性，本學會於 2020 年 7 月 22 日，邀請國立臺灣師範大學圖書資訊學研究所陳昭珍優聘教授，分享「圖書教師與社群經營」議題；以及邀請國立政治大學前通識中心主任，教育學系、師資培育中心陳幼慧教授，同時也是教育部「人文社會與科技前瞻人才培育計畫」協同主持人，分享「前瞻人才與跨域教師社群」主題，利用線上分享如何透過社群的經營創造教師的連結，運用團隊合作的方式經營共同目標。

　　第一場論壇，陳昭珍教授分享「圖書教師與社群經營」經驗，她致力推動國中小學圖書館閱讀推動教師的設立，在她的帶領下，「全國圖書教師輔導團」成功協助全臺至少有十分之一的國小擁有自己的圖書教師，也促使地方縣市政府以計畫方式補助國中小學設立圖書教師。昭珍教授也於演講末總結，認為在這個時代要善用社群的力量，一個人走得快，但是一群人才能走得遠，運用團隊合作，凝聚一個共識、一個共同目標才能走得長久，她勉勵圖書資訊學領域同道共同合作。

第二場論壇，邀請政治大學陳幼慧教授分享前瞻人才與跨域教師社群的案例。由於未來持續在改變當中，未來對人才的需求也正在改變，教育部資訊及科技教育司為鼓勵大學院校透過適當環境與機制之營造、鼓勵研教合一之跨域師資、推動共享之教師成長社群，自 2018 年起，推動「人文社會與科技前瞻人才培育計畫」（以下簡稱 UFO），議題為主軸，發展 2030 年，人文及社會科學領域人才培育之新願景；培養學生具備因應未來社會快速變遷所需之知識創新、融通、整合及應用之能力。陳幼慧教授有感於臺灣目前在發展「大學教師社群」遇到最大的問題，是每位教師都各自為政、本位主義很重，教師之間的合作與協力少見，因此分享 UFO 計畫的目標、願景與行動案例，提及教師學習社群在分類上通常會以主題為主、同地區不同大學間的合作，以研究為中心，跨校或是線上的形式，看社群組成的成員在規劃上比較適合，通常具備幾個特徵，如共同願景、價值觀和目標，協同合作、聚焦於學習，共同探究學習、分享教學實務等。陳幼慧教授於演講末總結，大學社群的目的都是使成員能夠整合各種學科觀點，進行協作教學，通過交流促進創新，乃至於回歸到機構中能夠發揮領導作用，從而改善教學。

2020 年 7 月 22 日，政治大學陳幼慧教授分享前瞻人才社群

（四）學者分享傅爾布萊特學人經驗

學會於 2020 年 9 月 2 日，舉辦「傅爾布萊特學人經驗：禮遇‧友誼‧熱情‧學習——美國訪學經驗」線上論壇，由吳美美教授主持，邀請研究發展委員會主任委員黃元鶴教授分享，活動在 Google Meet 線上與臺灣師範大學圖書館八樓會議室實體參與。黃元鶴教授於 2019 年，至美國從事研究，將美國圖書館見聞分享，內容包括傅爾布萊特研究獎助金介紹，與 Missouri University of Science and Technology、Simmons University、Harvard University、Boston University 參訪交流過程，透過訪談學術圖書館的館員，瞭解學術圖書館國際趨勢，並與當地研究者進行學術交流。內容精彩豐富，吸引近 30 位圖書資訊學教師及助理參與線上論壇。

（五）首創「與博有約‧國士無雙」博士生沙龍

圖書資訊學教育是圖書資訊學領域的基石，圖書資訊學博士生是未來的希望火苗。本學會於 2020 年 9 月 13 日，舉辦「與博有約‧國士無雙」博士生沙龍。由王梅玲理事長與邱子恒館長、歐陽崇榮主任共同主持，邀請國立臺灣大學圖書資訊學研究所、國立政治大學圖書資訊與檔案學研究所、國立臺灣師範大學圖書資訊學研究所 22 位圖書資訊學博士，以及七所圖書資訊學系所主任、教師共聚一堂，由教師分享其經驗，共同討論交流。林信成老師幽默分享不但寫論文也要發展其他專長；宋慧筠所長分享她在英國博士學習，作研究兼發展國際人脈；董蕙茹教授談新手教師經驗。林奇秀主任、邱炯友所長、曾元顯所長分享博士班課業修習建議，與圖書資訊學系所徵聘教師要求及程序。沙龍分享許多難得的經驗，將成為博士生成長的養份，期許他們的學習與研究更好，成為未來圖書資訊學教育的火苗。

2020 年 9 月 13 日，七校共同參與博士生沙龍

（六）舉辦大學圖書館學術傳播與數位服務線上論壇

2020 年 10 月 23 日，學會研究發展委員會主任委員黃元鶴教授，邀請哈佛醫學院圖書館副主任 Scott Lapinski，舉行「大學圖書館學術傳播數位服務論壇」，由 Scott Lapinski 主講，會員發展委員會主任委員邱子恒教授與談，舉辦跨國線上論壇，吸引線上 54 人參與。

Scott 主講美國大學圖書館學術傳播數位服務，以其服務的哈佛醫學院圖書館為例，說明其服務旨在幫助培育及支援健康與生物科學領域的教育、研究、獎學金以及專業成長，利用學術性的資訊與知識，包含過去的歷史紀錄，以促進新知識的啟發與發展。該圖書館分為三部門：（1）研究指導組，建立以證照為基礎的教育和支援研究計畫的合作。（2）出版與資訊服務組，包括數位資源的管理、建立與管理易上手的檢索工具和辦理資源利用工作坊。（3）醫學歷史中心，整合與醫學相關的特殊館藏、檔案和博物館資源，提供讀者多樣化的服務支援。

Open Science 近年全世界盛行，重視醫學資訊開放為重要的條件，其不僅是為圖書館的服務，而是資訊共享後可以為社會帶來的優勢。Scott 分享哈佛醫學院圖書館學術傳播數位服務，包括：（1）每週舉辦相關講座，提供學校師生參與。（2）制定自己的公開取用政策。（3）提供線上取用的平臺

（DASH）使使用者可以取用哈佛師生公開的學術作品。（4）數位資料庫使用教學，包含 medRxiv 及 bioRxiv 的使用方法。（5）期刊選擇講座。（6）引文工具使用教學，如 EndNote、Web of Science Group 等工具使用教學。（7）著者資料登記，引導使用者在 ORCID 註冊自己的資料推動 Open Science 發展。Scott 將其圖書館推動經驗分享給臺灣圖書館同道，期待未來臺灣圖書資訊學領域的發展更加蓬勃。

圖 1　大學圖書館學術傳播數位服務論壇

（七）舉辦圖書資訊學研究回顧與前瞻研討會

全球圖書資訊學教育正面臨科技、社會、資訊環境與圖書館事業巨大變革，為因應未來趨勢發展，本學會由王梅玲理事長與吳美美教授、黃元鶴教授策劃，於 2020 年 11 月 27 日至 11 月 28 日，邀請本學會的「圖書資訊學研究回顧與前瞻 2.0 專書計畫」的吳美美主編及撰稿者參加研討會。由曾元顯、林奇秀、宋慧筠、邱炯友與朱啟華教授主持，30 位圖書資訊學教師與會並簡報 31 篇學術論文，分享其專業主題近十年研究回顧與前瞻趨勢，各

分場於報告後開放與會者提問互動。本研討會共吸引 136 位圖書館館長、館員、圖書資訊學界教師及研究生參與，十分踴躍。各發表人的姓名、論文題目、發表場次說明如後。

表 2 圖書資訊學研究回顧與前瞻研討會議程 1

11 月 27 日（五）	
時間	時間
8:30-9:00	報到
9:00-9:10	開幕式 中華圖書資訊學教育學會理事長王梅玲教授致詞
9:10-10:40	論文發表第一場：資訊組織、資訊計量學 主持人與評論人：臺灣師範大學圖書資訊學研究所 曾元顯教授 1. 資訊組織研究回顧：2010-2020 ／藍文欽 2. 從知識本體及鏈結資料角度探討數位人文學的資訊組織／陳淑君 3. 我國 2010-2019 年領域發展研究回顧／羅思嘉 4. 我國 2010-2019 年學術傳播研究回顧／林雯瑤 5. 從 Tag 到 Hashtag──從資訊組織到線上展演與行動／謝吉隆
10:40-11:00	茶敘
11:00-12:30	論文發表第二場：研究資料管理、資訊行為 主持人與評論人：臺灣大學圖書資訊學系主任 林奇秀教授 1. 研究資料管理綜述／陳光華 2. 新興科技於研究資料基礎建設之應用／鄭瑋 3. 資訊治理／李沛錞 4. 大學圖書館學科服務趨勢與學科服務館員知能／柯皓仁 5. 資訊行為研究綜述 2010-2019 ／林珊如 6. 演進中的參考諮詢服務與前瞻：從 RD 到 RAD ／蘇小鳳

（續）

表 2 圖書資訊學研究回顧與前瞻研討會議程 1（續）

11 月 27 日（五）	
時間	**時間**
12:30-13:30	午餐
13:30-15:00	**論文發表第三場：資訊素養與閱讀教育、資訊技術與人機互動** 主持人與評論人：中興大學圖書資訊學研究所所長 宋慧筠教授 1. 臺灣地區近十年成人資訊素養研究分析／莊道明 2. K-12 資訊素養研究回顧與展望／陳昭珍 3. 2011-2020 臺灣圖書資訊學領域之書目療法研究探析／陳書梅 4. 電子書與數位閱讀發展趨勢（2010-2019）／林維真 5. 人工智慧與資訊檢索／曾元顯 6. 人資互動與檢索研究趨勢／吳怡瑾 7. 人機互動、社群運算與科技輔助協同合作研究發展與趨勢／袁千雯
15:00-15:20	茶敘
15:20-16:50	**論文發表第四場：數位人文、資訊服務機構管理** 主持人與評論人：政治大學圖書資訊學與檔案學研究所所長 邱炯友教授 1. 數位人文平臺之技術發展現況與應用評析／陳志銘 2. 數位人文研究／柯皓仁 3. 我國檔案管理相關研究之回顧與展望／林巧敏 4. 我國公共圖書館管理相關研究之回顧與展望／黃元鶴 5. 我國大學圖書館管理相關研究之回顧與展望／邱子恒

表 3 圖書資訊學研究回顧與前瞻研討會議程 2

11 月 28 日（六）	
時間	活動
	論文發表第五場：圖書資訊學教育、資訊與社會
9:00-11:00	主持人與評論人：香港大學教育學院 朱啟華教授 1. 2010-2020 圖書資訊學教育研究回顧與前瞻／王梅玲 2. iSchool 運動與圖書資訊學教育 2010-2019 ／吳美美 3. 歐美國家圖書資訊學教育認證制度／林素甘 4. 圖書館員職能研究／彭于萍 5. 資訊與社會／吳美美、賴麗香 6. 我國 2010-2019 年科學合作研究回顧／張郁蔚 7. 資訊行為理論與研究取向概述：2010-2019 ／蔡天怡 8. 領域知識架構之建構應用研究／阮明淑
11:00-11:20	閉幕式 主持人：中華圖書資訊學教育學會理事長 王梅玲教授 　　　　臺灣師範大學圖書資訊學研究所 吳美美教授
11:20-12:00	中華圖書資訊學教育學會第十四屆第二次會員大會 主持人：中華圖書資訊學教育學會理事長 王梅玲教授

2020 年 11 月 27 日，圖書資訊學研究回顧與前瞻研討會

2020 年 11 月 27 日，陳昭珍教授分享臺灣 K-12 資訊素養
研究回顧與展望論文

（八）推動資訊組織前瞻課程教學研究社群

　　學會成立「資訊組織前瞻課程教學社群」，期望藉由研究社群探討資訊
組織前瞻能力與課程設計及教材教學法，促進共同討論找尋解決方案。本計
畫緣起於資訊與網路科技的發展，資料資源多元化，使用者新的資訊行為與
服務期望，以致影響資訊組織工作改變。此外，新興科技出現影響資訊組織
FRBR 新概念理論，學生就業市場改變，教師結構改變，均引起資訊組織教
師教學的困擾。希望藉由研究社群共同研討，邀集圖書資訊學校資訊組織課
程老師與分類編目委員會成員合作討論。

　　本社群於 2021 年 3 月 26 日創立，共舉行五次會議。社群成員由中華圖
書資訊學教育學會的資訊組織課程教師，以及中華民國圖書館學會的分類編
目委員會委員 19 人；另外，有興趣參與本社群的教師 2 位、以及助理 3 位，
共 24 位共同組成成員；由臺灣大學藍文欽教授與政治大學王梅玲教授共同
主持。採用會議與工作坊形式進行社群會議，由本計畫參與人擔任主持人、
演講人、與談人，每次邀請多位主講人及與談人，圖書資訊學校教師、圖書
館員、博士生參與。每次由主持人規劃主講人、小組分工、討論主題、邀請

教師對談及分享課程經驗。前四次社群會議內容參見表 4。

表 4 資訊組織前瞻課程教學社群活動

時間	主題	活動與參與者
3/26（五） 實體與線上會議	規劃社群成立與活動會議	主持人：藍文欽、王梅玲 社群全體成員參與，討論計畫書與未來工作及分配，建立 IO 前瞻課程社群
5/14（五） 線上論壇	IO talk 資訊組織新技術與趨勢 I	主持人：陳昭珍、王梅玲 演講人：藍文欽、陳淑君、陳亞寧
7/21（三） 線上論壇 （對外開放）	IO talk 資訊組織新技術與趨勢 II	主持人：OCLC 楊舒萍、王梅玲 演講人：Marti Heyman 與談人：藍文欽、陳淑君 OCLC Linked Data: A Long Journey, in the Blink of an Eye
8/27（五） 實體與線上會議	IO 核心能力與資訊組織基礎課程教學大綱	主持人：藍文欽、王梅玲 分享人：王梅玲、藍文欽、陳世娟、 陳淑燕 1. IO 核心能力清單 2. 資訊組織核心課程單元與綱要提案 3. 資訊組織課程教學大綱與課程觀摩

　　2021 年 10 月 8 日，資訊組織前瞻課程教學研究社群第五次總結會議，討論資訊組織基礎課程教材與教學法，由藍文欽、王梅玲主持，演講人：邱子恒／資訊組織磨課師、周倩如／RDA 線上課程，以及張郁蔚、王梅玲、鄭怡玲、陳淑君、阮明淑、陳亞寧與談。會中提案通過本小組提議的「前瞻資訊組織基礎課程教學內容綱要」，附於本特刊資料篇，供大家參考。

　　有關前瞻資訊組織基礎課程教材、教學法與線上課程，總結會議完成下列討論與決議：（1）提案通過前瞻資訊組織基礎課程教材。（2）有關未來資訊組織基礎課程教學法，綜合上述教師資訊組織課程教學經驗分享，歸納下

列重點：（2-1）資訊組織基礎課程教學目標主要為：掌握資訊組織基礎課程的核心內容，吸引學生興趣，協助學生可以將資訊組織的理論與方法應用到生活與學習，以及學生持續掌握前瞻資訊組織新技術與新趨勢。（2-2）資訊組織課程的教學重視實際案例的分享，故教學中列舉的實務案例應使用學生有共鳴的資源，方能吸引學生注意。（2-3）要使資訊組織的教學內容與實務工作聯結，可以盡量與圖書館等相關單位合作，使學生有機會透過實習方式學習，或者在隨堂或課後請學生進行實作練習與討論，增加學生學以致用的機會。（3）有關前瞻資訊組織基礎課程教學法，如何維持理論與實務兼具，如何教授資訊組織課程實務操作，有哪些系統平臺提供圖書資訊學校教師使用，期望國家圖書館支持教師教授資訊組織課程實務操作。（3-1）資訊組織課程設計上可以概念式的架構呈現，著重在使學生瞭解資訊資源實體間的關係與定義。（3-2）課程設計可以參考國外美國國會圖書館、美國圖書館學會、美國圖書館館藏和技術服務協會，以及 RDA Toolkit Youtube Channel 等的資訊組織教學及研討會等資源，瞭解 RDA 及相關編目實務需學習之概念進行課程規劃。（3-3）RDA Plus 的部分在規劃上有一些困難，學員會希望課程中可以具體學到各類型資源如何應用 RDA 規範編目，然而過去國家圖書館曾經也編輯過相關教學課程，製作起來有其負擔，未來希望能夠與圖資系所教師共同合作，方能將該課程規劃完整。（4）有關前瞻資訊組織線上課程設計，如何應用在前瞻資訊組織基礎課程？（4-1）開設資訊組織線上課程，為了保持學生的專注力，事前的課程規劃十分重要，包含課程的時長與重點規劃，課程錄製的段落須盡量簡短。（4-2）為了使線上課程達到與學生互動的成效，教學助理的能力與積極度十分重要，課程前置錄製規劃、學期間與修課學生和授課講師溝通，以及完課後追蹤學員修畢人數與狀況，都仰賴教學助理，未來教學助理可以協助批改簡單的課程討論，將對講師有幫助。

（九）推動圖書館與社區資訊學學術研討

2021 年 10 月 22 日，學會與國家圖書館合辦論壇，邀請美國德州女子大學圖書資訊學院（School of Library and Information Studies, Texas Woman's University）院長鄭鈴慧教授演講，主題為「社區資訊學：圖書館促進社區

發展」，於國家圖書館舉行，參與對象為國家圖書館同仁、圖書館界同仁、圖書資訊學系所師生、中華圖書資訊學教育學會會員。鄭鈴慧教授近年積極推動社區資訊學研究與教育。本次講座由曾淑賢館長與王梅玲教授引言，導出在社區發展之下圖書館所需面對的課題，在現今的環境中圖書館的角色定位？要怎麼做才能成為社區串聯的角色與力量？圖書館如何將知識的分享、建立與創新落實於社區中等議題。演講議題涵蓋（1）什麼是社區資訊學；（2）社區資訊學基本的理論；（3）圖書館與館員正在改變的角色；（4）社區的導向；（5）社區定義的圖書館新事業；（6）美國德州個案。

2021 年 10 月 22 日，鄭鈴慧院長演講圖書館與社區資訊學

（十）舉辦圖書資訊學前瞻教育與未來人才研討會

　　2021 年 11 月 19 日，學會在國家圖書館舉行「圖書資訊學前瞻教育與未來人才研討會」線上會議暨第十五屆第一次會員大會，會中頒發 CALISE 優秀研究生獎學金暨胡述兆教授獎學金，感謝飛資得公司／臺灣國際資訊整合聯盟協會、凌網科技股份有限公司、漢珍數位圖書股份有限公司等贊助本會

各項活動。特別感謝胡述兆理事長捐贈本學會 200 萬，每年獎勵每校一位優秀學生新臺幣一萬元，希望圖書資訊學教育可以培養更多優秀館員，讓圖書館事業更加興盛發展。當日並舉行本年度理監事通訊選舉開票。

面對數位轉型新年代，本次研討會探索圖書資訊學前瞻教育與未來人才，全程線上會議，有 237 人報名，當日線上上午有 166 人 上參加，加上 60 位輔大學生同步參加。另一方面，研討會演講人、主持引言學者 25 位。下午 146 人繼續參加會議。中午會員大會線上 104 人參與，現場有 20 人參加。研討會第一場邀請美國德州女子大學圖書資訊學院鄭鈴慧院長演講「美國圖書資訊學教育與 ALA 認可制度」。第二場由國家圖書館曾淑賢館長演講「創新、多元、前瞻之圖書館員專業知能培育」。第三場由王梅玲理事長報告「臺灣圖書資訊學教育白皮書 2021-2030」。第四場：《圖書資訊學研究回顧與前瞻 2.0》新書發表論壇，邀請各篇綜述作者分享寫作歷程與未來教學使用建議。第五場由曾元顯教授報告圖書資訊學領域標竿計畫。第六場由資訊組織前瞻課程教學研究社群成果報告。

圖 2 圖書資訊學前瞻教育與未來人才研討會

2021 年 11 月 9 日，圖書資訊學前瞻教育與未來人才研討會

2021 年 11 月 19 日，學會感謝胡述兆理事長捐贈 200 萬獎學金

（十一）擘劃未來圖書資訊學教育

2021 年 12 月，學會未來圖書資訊學教育專案計畫完成，公布圖書資訊學教育白皮書。歷經三年、兩屆中華圖書資訊學教育學會耕耘，終於完成第四版：〈轉變與擴疆：臺灣圖書資訊學教育白皮書 2021-2030〉。2021 年 11月 19 日，圖書館前瞻教育與未來人才研討，由啟動計劃的莊道明前理事

長說明緣起，經計劃主持人王梅玲理事長報告。研討會上收到許多老師、與會者的肯定、評論、建議，十分感謝。參考大家寶貴意見更新第五版，2021年12月發布迎接下一個十年的轉變與擴疆未來圖書資訊學教育白皮書報告。

三、圖資教師共寫《圖書資訊學研究回顧與前瞻 2.0》專書

　　學會在 2020 年到 2021 年間，邀請七所圖書資訊學系所的教師共同參加寫作計畫，出版了《圖書資訊學研究回顧與前瞻 2.0》專書。由吳美美教授主編邀請圖書資訊學界的教師與學者以共筆方式，訂定本書的圖書資訊學研究十大主題：資訊組織研究、計量學研究、研究資料管理、資訊行為、資訊素養教育與閱讀教育、資訊技術與人機互動、數位學習與數位人文、資訊服務機構管理、圖書資訊學教育研究、圖書館與社區發展／資訊社會。圖書資訊學系所教師與學者專家 32 位參加，完成 33 篇論文，共計 64 萬文字。相較上個十年的圖書資訊學研究專書，本書新增四大主題：研究資料管理、資訊技術與人機互動、數位學習與數位人文、圖書資訊學教育研究，這些均反映典範轉移的現象。經過兩位專書審查委員的學術審查，於 2021 年 11 月，由元華出版社採用紙本與電子出版模式，先出版紙本專書，後收錄在凌網 Hyread 電子書資料庫。

圖 3 《圖書資訊學研究回顧與前瞻 2.0》專書出版

四、出版《二十一世紀圖書館創新轉型與前瞻趨勢：15 位館長的洞見》專書

2021 年 10 月，學會與漢珍公司合作出版二十一世紀圖書館創新轉型與前瞻趨勢圖書。本書由王梅玲理事長主持，鍾雪珍秘書長主編、廖秀滿老師審稿，汪楚筠幹事與李育浚助理協助，於 2021 年 3 月至 8 月期間，以實體與線上訪談並行模式，完成 15 位受訪館長的文稿初稿，交予漢珍出版社，於 10 月正式出版《二十一世紀圖書館創新轉型與前瞻趨勢：15 位館長的洞見》專書。

本書的緣起，係鑒於二十一世紀以來科技不斷進步，近五年出現許多新興科技，如雲端運算、行動裝置、物聯網、區塊鏈、AR 虛擬現實、大數據、人工智慧、開放內容與 MOOC 磨課師等。這些數位與網路科技進步，改變了社會面貌，朝向雲端化、行動化、數據化、人工智慧化發展。圖書館是人類文化典藏的重要守護者，面對上述新趨勢，許多圖書館進行創新與轉型。本計畫以訪談法，針對臺灣、中國、香港、澳門共 15 位卓越館長進行訪談，完成 15 篇成功圖書館經營個案，藉由大中華地區卓越圖書館館長的觀點，探討二十一世紀成功圖書館的作為與關鍵影響因素、圖書館事業創新策略、價值與前瞻趨勢、圖書館轉型模式等議題。受訪館長名單參見表 5。

表 5 《二十一世紀圖書館創新轉型與前瞻趨勢：15 位館長的洞見》專書受訪館長

	1. 陳志銘	政治大學圖書館館長
	2. 陳光華	臺灣大學圖書館館長
	3. 柯皓仁	臺灣師範大學圖書館館長
一、臺灣	4. 曾淑賢	國家圖書館館長
	5. 宋雪芳	淡江大學圖書館館長
	6. 邱子恒	臺北醫學大學圖書館館長
	7. 劉仲成	國立公共資訊圖書館館長

（續）

表5 《二十一世紀圖書館創新轉型與前瞻趨勢：15位館長的洞見》專書受訪館長
（續）

	8. 鄭來長	國立臺灣圖書館館長
	9. 洪玉貞	臺南市立圖書館館長
二、大陸	10. 程煥文	前中山大學圖書館館長
	11. 陳超	上海圖書館館長
	12. 王新才	武漢大學圖書館館長
	13. 戴龍基	前北大圖書館館長與前澳門科技大學圖書館館長
三、香港	14. 黃朝榮	香港理工大學圖書館館長
四、澳門	15. 王國強	澳門圖書館學會理事長

五、公布圖書資訊學教育白皮書

　　圖書資訊學教育未來十年將面臨科技、社會、資訊環境與圖書館等巨大變革，帶來許多問題與挑戰，英美圖書資訊學界業展開環境掃描與策略規劃。為有系統因應變革，中華圖書資訊學教育學會莊道明前理事長於2018年，啟動「2020-2029圖書資訊學教育環境掃描與發展策略計畫」，委託個人執行圖書資訊學教育未來十年環境掃描與策略規劃。研究目的包括：（1）探討圖書資訊學教育環境掃描與重要趨勢。（2）研析我國圖書資訊學教育價值、現況與優勢。（3）探析我國圖書資訊學教育的關鍵問題。（4）探索我國圖書資訊學教育未來十年策略規劃芻議。（5）探討中華圖書資訊學教育學會未來十年策略規劃芻議。

　　2019年，本計畫首先採用文獻探討、論壇討論與焦點團體訪談法完成研究報告，包括環境掃描與策略規劃兩部分。有關環境掃描部分，圖書資訊學教育規劃的未來十年以2021到2030年為範圍，環境掃描應用SWOT分析找出影響圖書資訊學教育的重要因素與重要趨勢，包括內部與外部分析。內部分析將從圖書資訊學教育的要件（大學部／碩士班／博士班、教學目標、

課程、學生、教師、行政、財務、與資源），進行優勢與弱點分析。外部分析將從社會、經濟、科技、圖書館、高等教育等進行機會與威脅分析，以為策略規劃之參考。最後進行策略規劃，2021 到 2030 年間圖書資訊學教育策略規劃涵蓋：核心價值、願景、任務、重要問題、目標、推動策略、行動方案。在研究報告基礎下，本學會研訂「臺灣圖書資訊學教育白皮書 2021-2030」草案，舉行兩次研討會邀請圖書資訊學系所主任、教師、圖書館館長與館員共同討論：2018 年 12 月 15 日，召開圖書資訊學未來教育論壇。2019 年 12 月，舉行圖書資訊學未來教育研討會。2020 年到 2021 年，邀請專家審查與修訂。

歷經三年、兩屆中華圖書資訊學教育學會耕耘，〈轉變與擴疆：臺灣圖書資訊學教育白皮書 2021-2030〉，終於完成第四版。2021 年 11 月 19 日，學會的圖書館前瞻教育與未來人才研討會，由啟動計畫的莊道明前理事長說明緣起，經計畫主持人王梅玲理事長報告。研討會上收集許多教師、與會者的肯定、評論、建議，十分感謝。在參考大家寶貴意見後更新第五版，公開提供大眾。祝願我們携手共同實踐白皮書的願景、目標、策略、與行動方案，一起迎接下一個十年，轉變與擴疆我們的圖書資訊學教育。〈轉變與擴疆：臺灣圖書資訊學教育白皮書 2021-2030 第五版〉附於本特刊資料篇供大家參考。

六、兩岸交流結識志同道合好朋友

俗云：一個人走的快，一群人走的遠。這三十年個人參與中華圖書資訊學教育學會，體會這話感受最深。圖書資訊學門在臺灣不是熱門的大科系，但是學界成員認真投入努力不懈。學門也因為社會變遷，科技進步，與全球高等教育競爭，不斷演進，從傳統以圖書館中心，轉為資訊中心，如今又朝向跨領域學科發展。在許多前輩帶領，我們走在圖書資訊學教育的道路：王振鵠館長、胡述兆教授、李德竹教授、張鼎鍾理事長、沈寶環教授、盧荷生院長、吳明德教授、盧秀菊教授等。圖書資訊學培養的下一代逐漸接下傳承的棒子：國家圖書館曾淑賢館長、檔案局林秋燕局長、陳昭珍教授、林呈潢館長、葉乃靜教授、莊道明教授、王梅玲教授、林巧敏教授、林雯瑤教授、

張郁蔚教授等。我們心中都藏著對圖書資訊學的熱情，彼此相互支持打氣。

1993 年，第一屆海峽兩岸圖書資訊學研討會，由胡述兆理事長帶領臺灣圖書資訊學界學者與博士生到上海參加研討會。期間舉辦的一場海峽兩岸圖書資訊學博士生論壇，為爾後三十年兩岸圖書資訊學學術交流奠定穩定的基礎。兩岸前輩刻意安排，讓在讀的博士生參與會議，提供歷練，準備接班。臺灣有五位臺灣大學就讀博士生：陳昭珍、傅雅秀、王梅玲、莊道明、黃麗虹，北京大學信息管理系王益明、楊曉駿博士生，武漢大學圖書館學院的柯平、肖希明博士生。三十年後，這些博士生成為兩岸圖書資訊學門教授與系所主任，發展出堅定的友誼，共同為海峽兩岸圖書資訊學學術研究與合作持續努力。

政治大學圖書館胡歐蘭館長說：「成功，如果沒有繼承者，就不算成功」。中華圖書資訊學教育學會三十年來致力於研究、發揚與促進圖書資訊學教育，並培養一代一代的接棒人，期望臺灣圖書資訊學教育可以如白皮書所言：「祝願我們携手共同實踐白皮書的願景、目標、策略、與行動方案，一起迎接下一個十年，轉變與擴疆我們的圖書資訊學教育」。中華圖書資訊學教育學會是平臺，希望下一個三十年，迎接新時代的挑戰，藉由學會成為圖書資訊學教育平臺，培養創新有競爭力的圖書館與資訊未來人才，代表圖書資訊學教育向國際發聲。

2017 年 10 月 7 日，第一屆海峽兩岸圖書資訊
學研討會博士生 25 年後再重逢

大陸圖書資訊學者回顧篇

（依姓名排序）

- 整整一世的海峽兩岸圖書資訊學術交流片斷追憶／王世偉研究員

- 中華圖書資訊學教育學會三十週年特刊賀詞／王益明教授

- 溝通海峽兩岸圖書資訊學教育界的橋樑／肖希明教授

- 橋／柯平教授

- 歲月如歌，友誼長存，同繪新篇／陳傳夫院長

- 杜鵑花開在海峽兩岸／程煥文教授

整整一世的海峽兩岸圖書資訊學術交流片斷追憶

王世偉 研究員

上海社會科學院信息研究所前所長

　　東漢許慎《說文解字》卷三丗部：「世，三十年為一世。」從 1992 年，兩岸創議舉辦首屆海峽兩岸圖書資訊學學術研討會至今已過去三十年了，彈指一揮間，逝者如斯夫。撫今追昔，三十年中的點滴往事在腦海中一一呈現，現追憶如下與大家分享，也藉以留存兩岸學術交流的片斷雲煙史實和歷史場景。

一、胡述兆與吳光偉共同創議舉辦首屆兩岸交流會

　　1992 年 11 月，時任臺灣中華圖書資訊學教育學會理事長胡述兆教授到訪上海，與時任華東師範大學圖書館學系（當時改名情報學系）系主任吳光偉博士見面交流，並由吳光偉向校方推薦，聘任胡述兆為華東師範大學客座教授。胡教授一生教學思行，多所創意，吳博士留學歐陸，思維開放，於是在此前互致函電交流的基礎上，雙方一拍即合，共同創議於第二年的 1993 年，舉辦首屆海峽兩岸圖書資訊學學術研討會，並共同擔任大會主席。這一創意得到了國家教委（即後來的教育部）和華東師範大學校方的積極支持。我當時擔任圖書館系副主任，便協助吳光偉主任開始進行研討會的各項籌備工作。1993 年 7 月，胡述兆教授帶領臺灣大學 10 位碩士研究生訪問華東師範大學圖書館系並進行學術座談。訪問期間，確定由我擔任會議舉辦地的大會秘書長（臺灣方面由陳雪華教授擔任秘書長），具體負責各項籌備組織工

作,同時還成立了大會會務組。胡教授在滬訪問期間,我們共同擬定了大會召開的具體時間與大會議題,我還陪同胡教授實地考察了計畫中的華東師範大學辦公樓開閉幕式會議廳、學校圖書館的大會會場、大會代表下榻的華東師範大學國際會議交流中心大樓等,胡教授對此均表示滿意。

1993 年 7 月 8 日,王世偉攜女兒王道文與胡述兆教授、
臺灣大學 10 位碩士研究生在蘇州寒山寺前合影

胡述兆(後中立者)、王世偉(後左立者)攜女兒王道文(前排左 3),臺灣大學 10 位碩士研究生(丁友貞、邱韻鈴、徐一綺、張郁蔚、黃靖斐、黃雪玲、彭美華、陳美智、郭惠美、董小菁)

二、海峽兩岸老中青三代學者共襄盛會

1993 年 7 月,由吳光偉、胡述兆共同簽發了首屆海峽兩岸圖書資訊學學術研討會的大會邀請函,邀請兩岸三地(大陸、臺灣、香港)共 65 位學者參會,並同時附上了五個研討提綱:(1)海峽兩岸暨香港地區圖書資訊事業之發展;(2)圖書資訊教育;(3)圖書館之管理與利用;(4)圖書資料之分類

編目；（5）圖書館自動化與資訊網路及資訊檢索。會議得到了兩岸三地學者的積極回應，許多受邀學者在短短三個月內就撥冗撰寫了高品質的論文準備參會。還有許多學者獲知會議舉辦的資訊後，紛紛表示了要求參會的願望。到 1993 年 12 月 13 日，會議開幕時統計，參加本次會議的正式代表 50 多人，特邀代表 20 多人，另外有 20 多人列席了會議，參會人數過百；會議代表中臺灣地區代表 17 人，香港地區代表因故未能參會。

首屆海峽兩岸圖書資訊學學術研討會可謂二十世紀九十年代前期空前的兩岸圖書館學領域高層次學術論壇。參會代表中彙集了當時兩岸各系統圖書館的資深學者，如當時武漢大學、北京大學、華東師範大學圖書館學系的前任和時任系主任：武漢大學的彭斐章和馬費成，北京大學的周文駿和王萬宗，華東師範大學的陳譽和吳光偉，還有南京大學的倪波和鄒志仁；又如科學院圖書館系統的館長和研究員，包括中國科學院圖書館辛希孟、孟廣均，中國科學院上海分院圖書館龔義台等；再如公共圖書館系統的一些大館館長，包括上海圖書館朱慶祚、廣東省中山圖書館黃俊貴、吉林省圖書館金恩暉、甘肅省圖書館潘寅生、以及國家圖書館（當時的北京圖書館）的丘東江（時任中國圖書館學會常務副秘書長）等；還有高校圖書館的時任館長，包括北京大學莊守經、復旦大學秦曾複、同濟大學曲則生、華東師範大學王西靖、上海財經大學郭祥林、浙江大學夏勇等；各大學圖書館系科的知名學者，包括武漢大學黃宗忠、陳光祚、喬好勤，中山大學譚祥金、南開大學分校王振鳴、北京師範大學倪曉建等；借地主之宜，上海地區圖書館界的孫秉良、吳建中、張賢儉、黃秀文、陳子善、羅友松、祝希齡、周茹燕、扶英冬、范並思、周德明、徐家齊、王金夫、黃仁浩、盧正言、吳志榮等也一併與會。

臺灣地區最有名望的圖書館界學者，如王振鵠、沈寶環、胡述兆、盧荷生、李德竹教授，以及宋玉、吳明德、鄭雪玫、盧秀菊、陳雪華、劉春銀、吳瑠璃等，悉數參加了研討會。當時臺灣大學圖書館學系所的教師幾乎都參加了研討會，根據胡述兆教授的安排，由黃慕萱教授留守系所。2017 年 10 月 20 日，臺灣大學文學院院長黃慕萱教授與臺灣大學陳達仁教授率團應邀到訪華東師範大學，參加華東師範大學校慶 66 週年報告會「第十八期大夏光

華·信管講壇」，正好安排我主持講壇，於是與黃慕萱教授有了交流，她與我談及 1993 年留守系所之事，儘管已經過去二十多年，但她內心還是表示出了當年未能與會的遺憾之情。

1993 年 12 月 13 日，首屆海峽兩岸圖書資訊學學術研討會代表會影

　　首屆海峽兩岸圖書資訊學學術研討會的一大特點就是兩岸圖情專業博士生的專門交流。出席會議的代表中，有臺灣大學的博士生王梅玲、陳昭珍、黃麗虹、莊道明、傅雅秀等五人，與此相應，大會特地邀請了北京大學的博士生楊曉駿、王益明和武漢大學的博士生柯平、肖希明等四人參會。1993 年 12 月 15 日晚，在大會最後一天的晚上，北京大學、武漢大學、臺灣大學三校的博士生及導師在下榻的國際會議交流中心大樓的六樓會議室舉行了座談會，三校代表各自介紹了博士生培養的有關情況，並醞釀成立兩岸博士生聯誼會。三校的博士生導師及指導小組成員周文駿、王萬宗、吳慰慈、倪波、

彭斐章、馬費成、胡述兆、李德竹、吳明德以及中科院的孟廣均等出席了座談會。

三、令人難以忘懷的大會熱烈氣氛

首屆海峽兩岸圖書資訊學學術研討會共收到大會論文 40 篇，會議前編印了部分學者的會議論文全文，對所有與會論文編製了文摘，有 23 篇論文進行了大會交流。大會交流共分為八節，每節 2-4 人不等。每節大會發言後的討論氣氛十分熱烈，發言爭先恐後，由於時間限制，許多與會代表都感到意猶未盡。

在會議閉幕會上，臺灣師範大學王振鵠教授、北京大學周文駿教授、臺灣大學胡述兆教授先後進行了大會總結發言，高度評價了本次會議的意義及組織工作，當胡述兆教授講到，海峽兩岸的統一首先從圖書館界開始時，全體代表爆發出長時間的熱烈掌聲。

經大會秘書處聯繫，在大會開幕式上，時任華東師範大學副校長王鐵仙教授和上海高教局負責人應邀與會；在大會閉幕式上，華東師範大學黨委陸炳炎書記應邀與會。

1993 年 12 月 15 日，首屆研討會會場，左起：陳譽、沈寶環、胡述兆、陸炳炎、王世偉、王振鵠、莊守經、吳光偉

四、積極應對下榻賓館臨時斷水的意外

　　首屆海峽兩岸圖書資訊學學術研討會的舉辦時間為 1993 年 12 月 13 日至 15 日，令人極為意外的是，12 月 12 日當天，代表下榻的華東師範大學國際交流中心大樓因故臨時停水，這天正值代表們報到入住。獲悉這一難以預測的意外情況後，我十分焦急，馬上與校方彙報，商議後採取了應急的解決方案，即調用所在地的消防車到大樓旁臨時供水。為避免臨時斷水給代表們帶來的不便，我與會務秘書處周德明、范並思、施明惠等同志商議後採取了兩個措施，一是在代表到達時的晚餐致辭中，由我向大家說明入住賓館正在臨時停水的信息，並告知已在採取的相關應急措施，敬請大家諒解，但代表們非常寬容，還給以掌聲，讓我非常感動；同時在代表入住前 10 分鐘，大會秘書處組織會議志願者分別到代表計畫將要入住的每一房間，事先放出因停水而管子中存留的渾濁黃水，以免代表入住剛用水時可能帶來不適。第二天大會正式開幕時，大樓供水已恢復，從而有驚無險地度過了一場大會期間的短暫停水危機。

2021 年 11 月 20 日，首次海峽兩岸圖書資訊學
學術研計會代表下榻賓館

五、沈寶環先生贈送座右銘牌

大會舉辦期間，使我等後學能夠有機會向久仰的前輩學者當面請教。讓我受益匪淺的是，沈寶環先生在會議期間贈送給我一塊座右銘牌，上面寫著四句詩：

手把青秧插滿田，
低頭更見水中天，
心地清淨方為道，
退步原來是向前。

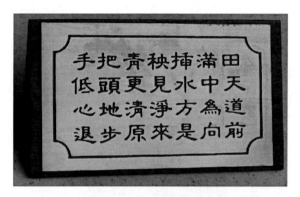

1993 年 12 月，沈寶環贈送王世偉的座右銘牌

這一座右銘牌我一直珍藏著，放在家裡的書櫥之中，上面的詩句不時在內心默誦，持續認知體會其中富有老子哲學的人生智慧和生命境界，使我從中汲取了勤奮耕耘、低調做人、隨遇而安、淡泊名利、仰望水天、心靜為道、不懼風雨、進退向前的做人與做學問的道理。沈先生雖然已經往生，但前輩對後學德行的關懷讓我終身銘記。2018 年，胡述兆教授為我寫了藏頭詩：「王家教授性達觀，世事萬變等閒看，偉人偉業勤研究，行己無私求周全。」藏頭詩句在一定程度上也體現出了座右銘牌詩句表達的意境與我所秉持並實踐的人生哲理間的關係。

六、李德竹教授贈送《圖書館學暨資訊科學詞彙》

　　1992 年 5 月，華東師範大學與西北工業大學在西安舉辦了「現代圖書建設與資源分享國際研討會」，我協助陳譽教授和吳光偉秘書長處理有關會務工作，有機會初次認識了參會的沈寶環、胡述兆、李德竹、胡歐蘭、范豪英等前輩教授和館長。

1992 年 5 月，於西安舉行之現代圖書建設與資源分享國際研討會，
左起李德竹、胡述兆、陳譽、馬大任、孫運疇、刁維漢、王世偉

　　1993 年 12 月，首屆海峽兩岸圖書資訊學學術研討會再次為我提供了向前輩學者當面請教的機會，可謂榮幸之至。1997 年 5 月，在臺北舉辦的圖書館事業研討會上，李德竹教授將剛出版的第二版《圖書館學暨資訊科學詞彙》（文華圖書館管理資訊股份有限公司，1997 年 5 月第 2 版）贈送給我，使我可以隨時查詢圖書館學暨資訊學科的相關詞彙及對應英文。2002 年 3 月 26 日，我在上海圖書館接待了來訪的李德竹教授，她在回臺後正遇上 3 月

31 日，臺灣以東海域發生 7.5 級地震，但李教授還是在 4 月 30 日，給我來函，其中提到：「最近《詞彙》已修訂完畢，現已付印，希望下月（5 月）間出版，該書名已改為《圖書資訊學詞彙重要參考資料》，出版後將請您多多指教。」這對我後來調任上海社會科學院資訊研究所後主編《智慧城市辭典》等系列辭典起了很好的參考作用。李教授在給我的信中還提到：「貴館（指上海圖書館——作者註）建築美觀大方，設備現代化，又館藏豐富，不愧為大陸首位公共圖書館。貴館與圖書館情報研究所合為一個機構。可在實務上和研究上開發創新，是非常有創意的結合！」字裡行間反映出一位資深學者對圖情融合的獨到見識和學術洞察。

2000 年 8 月 29 日，第五屆海峽兩岸圖書資訊學學術研討會代表合影，
右起馬費成、彭斐章、李德竹、王世偉

七、六次應邀訪臺

首屆海峽兩岸圖書資訊學學術研討會舉辦的第三年，即 1995 年 9 月，我從華東師範大學調任上海圖書館擔任黨委副書記，曾先後兼任歷史文獻中心主任、上海圖書館歷史文獻研究所副所長、上海科學技術文獻出版社社長等職務，先後主管了上海圖書館的歷史文獻、會展講座、數位圖書館、讀者服務、資訊處理、出版社、上海城市中心圖書館、資源共建共享、群團組織、人力資源、組織文化等多方面的業務和行政管理工作。2010 年 8 月，我又從上海圖書館調任上海社會科學院信息研究所任所長，研究範圍拓展至智慧圖書館、中國特色公共圖書館、資訊安全、智庫研究等。這兩次調動，也為我帶來了二十多年中六次訪問臺灣的機會。

1997 年 5 月，第一次訪臺。在我調任上海圖書館的第二年，即 1996 年 12 月，臺灣政治大學圖書館胡歐蘭館長給我發出赴臺參加「海峽兩岸圖書館事業研討會」的邀請，當年 12 月 9 日，胡述兆先生也專門來函邀請與會，使我有幸第一次到臺灣實地參訪和交流。

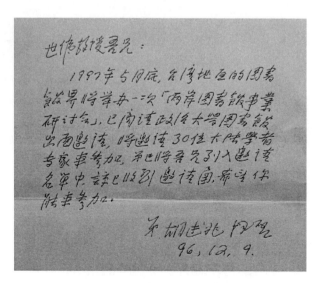

1996 年 12 月 9 日，胡述兆致王世偉函

經調研和準備後，我向大會提交了〈上海圖書館館藏歷史文獻及其整理研究〉的大會報告。大會召開前夕，臺灣新聞媒體《民生報》記者對我進行了採訪，並在 1997 年 5 月 27 日，以〈上海圖書館館藏與特色／專題演講〉為題進行了報導。

1997 年 5 月，參會期間王世偉與臺灣學術前輩合影，
左上王振鵠、右上胡述兆、左下盧荷生、右下胡歐蘭

除大會交流外，參會期間，因我正負責編輯出版《熊希齡先生遺稿》之緣，曾應約去臺北市內湖區環山路拜訪熊希齡先生（1867-1937）遺孀毛彥文女士（1898-1999），一起見面的有慈幼院校友會會長常錫楨先生。

1997 年 5 月 26 日，在臺北市內湖區環山路毛彥文寓所合影，
右起常錫楨、毛彥文、王世偉

　　因《民生報》報導中提及上海圖書館「館藏的族譜，多達一萬多種，十餘萬冊，是世界收藏量最大的」，臺灣家譜收藏專家廖慶六獲悉相關資訊後與我聯繫，雙方就此進行了較為深入的交流，為之後兩岸家譜文獻的交流與合作鋪設了通道。

　　首屆研討會也結識了時任臺灣立法院負責圖書館的顧敏先生，當時他曾擔任導遊，帶領大陸與會部分代表參觀臺北市的各類書店。後來顧敏先生調任中央圖書館任館長，在多次兩岸學術研討會上相互交流，顧敏先生也曾多次到訪上海圖書館和上海社會科學院，並應邀出席過多屆由上海社會科學院主辦的中國學論壇並作學術演講。

　　2004 年 6 月，第二次訪臺。二十世紀九十年代初，我在華東師範大學圖書館學系擔任中文參考的教學工作，期間曾根據教學之需，撰寫編著了《中文工具書使用指南》（華東師大學出版社，1993 年 7 月），這樣就與臺灣同行鄭恒雄館長有了學術交流。1997 年 5 月 27 日，首屆海峽兩岸圖書資訊學學術研討會開幕之日，時任臺灣中央圖書館編目部主任的鄭恒雄將其與林呈

潢、嚴鼎忠共同編著的《參考服務與參考資料》（空中大學，1996 年 9 月）贈送給我，之後我也贈送給鄭主任《中文工具書使用指南》。

1997 年 5 月 25 日，與鄭恒雄（右）、劉春銀（左）合影

　　可能也是這份學術因緣，2004 年 6 月，我受時任臺灣輔仁大學圖書館鄭恒雄館長之邀，赴臺參加了由輔仁大學文學院、輔仁大學圖書館、輔仁大學圖書館資訊學系暨中國古籍整理學程共同主辦的「2004 古籍學術研討會」。大陸學者與會的還有中山大學程煥文教授、清華大學廖名春教授和中華書局駢宇騫編審。我向大會提交了〈版本目錄學家潘景鄭先生藏書考略〉的論文。

　　研討會期間，有數事印象深刻：

　　一、是再次見到了胡歐蘭館長。1997 年 5 月，胡歐蘭館長曾成功主持舉辦了兩岸的圖書館事業研討會，這次她與先生一起邀請我去 101 大樓看了內中的書店並一起在大樓中的餐廳共進晚餐，還專門安排計程車進行接送，忘年之交真是令人感動。

2004 年 6 月 17 日，與胡歐蘭館長（左）合影

　　二、是到訪中央圖書館並品鑒了《四庫全書》。曾與館長莊芳榮見面並在顧力仁主任的悉心安排下，鑒賞翻閱了文淵閣《四庫全書》的經史子集樣本，彌補了 1997 年 5 月，圖書館事業研討會時因專注與昌彼得先生交流而錯過了參觀《四庫全書》專藏書庫的遺憾。

2004 年 6 月 14 日，在臺灣中央圖書館看文淵閣《四庫全書》

三、是研討會結束後，有機會第一次遊覽了嚮往已久的日月潭，住在日月潭畔的賓館，可謂窗含日月潭，遠眺阿里山，還曾沿日月潭步行了半圈，在訪臺的人生旅程中留下了行知遊的重要印記。

　　2012 年 7 月，第三次訪臺。可能是以往參加過多次兩岸的學術交流，淡江大學黃鴻珠館長給我發來了參加第十一屆海峽兩岸圖書資訊學學術研討會的邀請，於是我於 2012 年 7 月，第三次訪臺。我向大會提交了〈再論智慧圖書館〉的論文，在大會演講中還展示了我保存的許多兩岸圖書資訊交流的歷史照片，重新喚起了與會代表腦海中存留的過往學術交流中的美好記憶，與會的南京大學徐雁教授對我講，這些照片都很有價值。

1997 年 5 月 29 日，海峽兩岸圖書館事業研討會代表合影，
右起黃鴻珠、劉桂林、黃世雄、王世偉

　　本次大會舉辦期間，有兩事印象深刻：

　　一、是有幸與多年前的老朋友吳明德教授共同主持了會議主題討論。記得首屆海峽兩岸圖書資訊學學術研討會舉辦期間，有一次坐大巴外出參觀，我與吳明德教授坐在一起，可能當時我們都還年輕，不到四十歲，坐在我們

後面的莊守經館長對我們倆開玩笑地說：「你們兩個都是兩岸圖書館界的青年才俊。」當時說得我臉上泛起紅暈。二十年後老朋友重聚並共同主持學術討論，感到十分榮幸。

1997 年 5 月 30 日，在臺灣大學與吳明德館長（左）合影

二、是大會期間有幸見到了黃世雄教授。二十世紀九十年代前期，我在華東師範大學圖書館學系擔任教師期間，當時華東師範大學曾與臺灣淡江大學進行聯繫，由黃世雄教授與我作為兩岸互訪的交換學者，後該計畫未能推進落地。雖未能互換成行，但還是有學術緣分，後來在學術會議上多次見面，黃世雄教授也曾帶臺灣同行到訪上海圖書館，而這次會上見到黃教授也感到分外親切。

2014 年 12 月，第四次訪臺。2014 年 12 月，適逢臺灣世新大學資訊傳播學系 50 週年，舉辦的系慶系列活動中有傳播匯流與創新管理數位學習研討會暨臺灣資訊傳播學會年會，我應邀赴會作為專家講堂，於 12 月 12 日，向全系師生作了「大數據與信息傳播——關於大數據的多維度觀察」的演講。參訪期間，我代表上海社科院信息研究所與世新大學資訊傳播系簽訂了

合作交流的協議。此後數年中，我所在的信息研究所中，有羅力、唐濤、丁波濤、張濤（後轉清華大學任職）等多位研究人員先後受邀到世新大學進行過短期學術訪問。

2014 年 12 月 12 日，王世偉與莊道明（右）交換學術交流協定文本

　　2016 年 12 月，第五次訪臺。再次應臺灣世新大學資訊傳播系主任莊道明的邀請，我於 2016 年 12 月 13 日至 19 日，赴臺參加了第八屆資訊資本、產權與倫理國際研討會。根據大會的主題和我正在從事的課題研究，我向大會提交了〈論大數據時代信息安全的五大新特點〉的論文，同時應邀在大會開幕式上致辭。

2016 年 12 月 14 日，
第八屆資訊資本、產權與倫理國際研討會部分代表合影，
左起莊道明、周慶山、王梅玲、蔡明月、王世偉、王益明

　　「資訊資本、產權與倫理國際研討會」起始於 2008 年，曾先後在中國北京大學、中山大學、東北師範大學、黑龍江大學、美國南加州大學、日本鶴見大學等地舉辦。參加本次大會有臺灣世新大學校長吳永乾、副校長陳清河、臺灣文化大學校長李天任、北京大學信息管理系主任李廣建、中山大學信息管理學院院長 Nunes、美國南加州大學資訊學院院長 Gathegi、臺灣大學圖書館館長陳雪華、臺灣政治大學圖書館館長蔡明月等。

　　2016 年 12 月，世新大學資訊傳播學系畢業專題校外展在上海嘉定的同濟校區舉行，我正兼任嘉定區圖書館理事長，故盡地主之誼，接待了莊道明、林志鳳、阮明淑等率領的校外展隨行老師，並請信息研究所的部分研究人員一起進行了交流。

　　2017 年 10 月第六次訪臺。第三次應臺灣世新大學資訊傳播學系主任莊道明的邀請，我於 2017 年 10 月，赴臺參加了「臺灣世新大學海峽兩岸資訊暨媒體素養教育學術研討會：素養教育再創新」，我向大會提交了〈信息文明

與圖書館發展趨勢研究〉的論文並在研討會專題演講中作了交流。本次研討會由臺灣世新大學資訊傳播學系主辦，由中華民國圖書館學會合辦，並由臺灣地區科技部作為指導單位。我在論壇開幕式上致辭，主要講了三個觀點：一、是媒體素養教育需要與時俱進；二、是媒體素養教育需要面向所有年齡層；三、是媒體素養教育面臨個人資訊安全和資訊倫理的巨大挑戰。參會期間我還與大陸參會代表一起參觀了新落成不久的新北市圖書館，位於北投的臺北市北投圖書館分館等文化機構，這些機構中的新資訊技術運用、精緻的服務管理以及綠色生態的發展理念給我們許多啟發。

參訪期間，於 10 月 7 日參加了在臺北凱撒飯店舉行的臺灣大學胡述兆教授九十嵩壽榮慶活動，我向胡教授和師母送上了他們與我家忘年交的照片集，並為胡教授嵩壽寫下了祝辭：

學思九秩述懷圖情祖業；

知行兩岸兆始交流善舉。

八、六次參加兩岸圖書資訊學學術研討會

海峽兩岸圖書資訊學學術研討會從 1993 年起至 2018 年止，共成功舉辦了十四屆，之後因疫情暫停。我曾有幸先後參加了其中的六屆，即首屆的華東師範大學（1993）、第五屆的中科院成都文獻情報中心（2000）、第九屆的武漢大學（2008）、第十屆的南京大學（2010）、第十一屆的淡江大學（2012）、第十四屆的南京理工大學（2018），期間也曾參加了如 1997 年 5 月，圖書館事業研討會和在兩岸舉辦的各類學術研討會和活動。

第一次：1993 年 12 月，參加在華東師範大學舉辦的首屆海峽兩岸圖書資訊學學術研討會（前已述及）。

第二次：2000 年 8 月，參加在四川成都都江堰市舉辦的第五屆海峽兩岸圖書資訊學學術研討會，會議主題為「圖書資訊交流標準化」，我向大會提交了〈中文古籍著錄中的繁體字、簡體字與異體字問題〉，並作了會議交流。

2000 年 8 月 29 日，第五屆研討會代表合影，
左起楊美華、馬費成、王世偉、范豪英

　　第三次：2008 年 7 月，參加在武漢大學舉辦的第九屆海峽兩岸圖書資訊學學術研討會，本次研討會以數位時代的圖書資訊學的變革與發展為主題，我向大會提交了〈數字時代的圖書館文化多樣化服務〉的論文，並作了會議交流。

　　第四次：2010 年 7 月，參加在南京大學舉辦的第十屆海峽兩岸圖書資訊學學術研討會，我向大會提交了〈上海市中心圖書館的十年發展與未來願景〉的論文，並在會上作為大會特邀報告作了交流發言。本次大會召開之際，適逢上海世博會舉辦的日子，與會的臺灣代表很希望參觀上海世博會，當時臺灣楊美華教授等與我聯繫，由於境外人員參觀世博會需要預約並提交護照等有關證件資料，於是我用手機與上海市臺辦負責人以及上海博物館館長聯繫，落實境外人員預約參觀通道等具體事宜，手機一直打至燙手，總算把預約參觀事宜搞定，從而既滿足了臺灣同行參觀的願望，也依規避免了參觀中國館、世博館等熱點場館數小時長時間排隊的煩惱，能夠盡力而為地幫助到臺灣同行使我內心感到很快樂。

第五次：2012 年 7 月，參加在臺灣淡江大學舉辦的第十一屆海峽兩岸圖書資訊學學術研討會（前已述及）。

2012 年 7 月，第十一屆研討會部分代表合影，
左起：薛理桂、王梅玲、胡述兆、王世偉、潘燕桃

第六次：2018 年 7 月，參加在南京理工大學舉辦的第十四屆海峽兩岸圖書資訊學學術研討會，本次研討會以「資料科學驅動的圖書資訊學變革與轉型」為主題，會議主辦方對研討會舉辦至今的 25 週年進行了回顧與展望。我應大會主辦方王曰芬教授的要求，在大會之前為會議主辦方提供了海峽兩岸圖書資訊研討會發展歷史的相關資料。

九、胡述兆教授兩岸五處寓所成為學術交流重要場所

胡述兆教授曾對我說，榮休後他和師母經常在臺灣、大陸以及國外輪流生活居住，其中在臺灣和大陸曾先後有五處寓所，只有我是曾經到訪過他所有五處寓所的圖書館界同行。在先後到訪胡教授在兩岸的五處寓所中，我實

地見證了這些寓所成為兩岸圖書資訊學術交流的重要場所。

（一）臺灣大學教師公寓

1997 年 5 月，第一次訪臺期間，我與大陸代表吳光偉、張曉林教授等一起應邀訪問了胡述兆教授在臺灣大學的教授寓所，寓所牆上有江陵張知本的書法。2016 年，胡先生給我寄來了他新編的〈我所親炙的三位中華民國大老——王雲五‧張知本‧谷正綱〉（原載《青禾》第 88 期，2016 年 10 月）。到訪那天，吳祖善師母正好也在，那天晚上吳師母還自己親自駕車將我們送回了下榻的賓館。

（二）桃園市楊梅鎮光裕北街 13 號寓所

2004 年，第二次訪臺期間，我與程煥文教授於 6 月 13 日下午，到訪了胡述兆教授在桃園市楊梅鎮光裕北街 13 號的寓所，同行的還有臺灣方面盧荷生先生、鄭恒雄館長和吳政叡教授。這次訪問交流期間，盧荷生先生贈送給了我《盧荷生教授七秩榮慶論文集》（文史哲出版社，2001 年 6 月），使我對盧先生的生平和學術有了更多的瞭解，而在 1997 年 5 月，認識的家譜收藏家廖慶六正是盧先生的研究生。

2004 年 6 月 13 日，在胡述兆先生桃園市楊梅鎮光裕北街寓所前合影，
左起鄭恒雄、盧荷生、程煥文、王世偉、胡述兆、吳政叡

（三）臺灣桃園市蘆竹區南崁奉化路 258 巷 41 號二樓寓所

　　2012 年 7 月，在參加第十一屆海峽兩岸圖書資訊學學術研討會期間，我與大陸地區代表馬費成、陳傳夫、肖希明、柯平教授等一起，共同到訪了胡教授在桃園市蘆竹區南崁奉化路寓所，並在客廳合影留念。

2012 年 7 月，在臺灣桃園市蘆竹區南崁奉化路寓所合影，
前排左起：陳傳夫、吳祖善、胡述兆、馬費成、王世偉；
後排左起：莊道明、王梅玲、肖希明、柯平、謝寶煖、林呈潢

（四）臺灣桃園市龜山區長青路 2 號長庚養生文化村

　　2014 年 12 月，我到訪臺灣時，胡述兆與師母已住在長庚養生文化村，在世新大學莊道明主任等的安排下，我與那年同時受邀演講的美國北卡中央大學圖書館暨資訊科學研究所艾布杜勒博士（Dr. Ismail Abdullahi）等一起前往長庚養生文化村。這是一處環境優雅、功能齊全、安全舒適的養老院。據介紹，每年胡教授的學生都會來到這裡為老師祝壽，也不時有學者和老朋友

前來拜訪。這一次同去的還有臺灣學者鄭雪玫、盧秀菊、楊美華、謝寶煖、林志鳳等。2016 年 12 月，訪問臺灣期間，我曾再次到訪長庚養生文化村。

2014 年 12 月，在長庚養生文化村胡教授養老公寓門前合影，
左起謝寶煖、王世偉、胡述兆、鄭雪玫、楊美華、盧秀菊、艾布杜勒、林志鳳

（五）上海松江九亭奧林匹克花園

　　胡述兆教授榮休之後，在上海松江九亭奧林匹克花園購置了房產，每年都會來上海小住一段時間，這為兩岸學術交流帶來了難得的機會。我曾擔任上海海峽兩岸學術文化交流促進會的副理事長兼秘書長，藉此便利，曾邀請胡教授在上海圖書館為海峽兩岸學術文化交流促進會的學者們作了美國總統選舉的演講。2012 年 9 月 25 日，胡教授到訪上海社科院信息研究所，並為全所科研人員作了「漫談美國總統」的學術報告。

2012 年 9 月 25 日，胡述兆教授在上海社科院信息研究所作學術演講

十、與臺灣中青年學者的學術情緣

　　首屆海峽兩岸圖書資訊學研討會使我有機會與臺灣地區圖書資訊學界的中青年學者有了更多認識和交往的機會，同時與胡述兆教授的忘年交中，也與胡教授學生輩的學者群建立起了一世的學術友情。參加首屆圖書資訊學學術研討會的臺灣大學博士生王梅玲，後成為臺灣政治大學的著名教授。2014年 12 月，王梅玲教授將她與胡教授的另一學生謝寶煖教授合著的《圖書資訊學導論》（五南圖書出版股份有限公司，2014 年 10 月）贈送給我，著作繼承了胡先生宏觀研究的學術風格，體現了對資訊素養、資源分享、數位圖書館等的前沿研究。2022 年 2 月 18 日，王梅玲教授又寄來由王梅玲等著、吳美美主編的《圖書資訊學研究回顧與前瞻 2.0》（元華文創股份有限公司，2021年 11 月），作為「找尋圖書資訊學研究與教育源頭活水」的前沿著述，匯聚了臺灣地區 32 位專家學者的學術智慧，其中人機互動、數位人文等內容折射出圖書資訊學科的最近演進。我家中還保存了 1997 年 5 月 28 日莊道明博士送給我的著作《圖書館專業倫理》一書（文華圖書館管理資訊股份有限公司，1996 年 1 月），這是我見到的有關圖書館專業倫理較早的著述。

1997 年 5 月 25 日，與胡述兆（中）王梅玲（右）在中正紀念堂前合影

　　王梅玲與莊道明都曾擔任臺灣《資訊傳播與圖書館學》、《圖書與資訊學刊》的主編和編輯工作，曾先後向我約稿，在他們的幫助下，1994 年以來，我先後在這些刊物上發表了三篇論文：〈爾雅版本考〉（《資訊傳播與圖書館學》1994 年第 1-2 期）；〈試論近年來我國文獻檢索與利用的發展趨勢與特點〉（《資訊傳播與圖書館學》1996 年第 3 卷第 1 期）；〈The Resource Sharing and Cooperative Development of Smart Libraries in Asia〉（《圖書與資訊學刊》2013 年第 5 卷第 1 期）。

　　在多次到訪臺灣行程中，我曾到訪臺北市立圖書館，見到了曾淑賢館長。2004 年 6 月 17 日，曾館長給我寄來了她撰寫的《公共圖書館在終身學習社會中的經營策略與服務效能》（臺北孫運璿學術基金會，2003 年 1 月）一書，給我後來承接的國家重點課題《國際大都市圖書館指標體系研究》以很好的借鑒啟示。2008 年 6 月，在國際圖聯大都市圖書館委員會捷克布拉格會議上，我與共同與會的曾館長見面交流。曾館長調任臺灣中央圖書館館長後，我們曾於 2012 年，第十一屆海峽兩岸圖書資訊學學術研討會見面，令我感動的是，當時她與前任顧敏館長向我提供了諸多第一手臺灣中央圖書館發展的統計資料、年報和圖像資料，為我撰寫《國際大都市圖書館服務體系述略》（上海人民出版社，2013 年 10 月）提供了權威的最新資料。

與歷任中央圖書館館長合影，左上曾濟群／1997，右上莊芳榮／2004，
左下顧敏（左四）／1997，右下曾淑賢／2008

　　除上文提及外，三十年來，無論是前輩學者還是中青年學者，筆者在臺
訪問參會相識甚多，臺灣同行到訪大陸時接待交流者也甚多，向臺灣同行學
到了許多，特別是要感謝臺灣同行在各個方面給予我的諸多幫助和關照。
除前文專門述及者外，如臺灣大學盧秀菊、林光美、陳雪華、黃慕萱、朱則
剛、林珊如、謝寶煖，臺灣政治大學蔡明月、邱炯友，輔仁大學黃元鶴、蘇
諼、林呈潢，臺灣師範大學陳昭珍、柯皓仁、吳美美，世新大學賴鼎銘、余
顯強、葉乃靜、林志鳳、阮明淑，淡江大學林信成、歐陽崇榮，中央圖書館
宋玉、林文睿、宋建成、汪雁秋、盧錦堂、顧力仁、彭慰，中央研究院中國

文哲研究所圖書館劉春銀，故宮博物館院昌彼得、吳哲夫，中興大學范豪英……或互贈學術著作，或互訪交流，或當面討論，或提供學術資料，三十年的學術情緣舉不勝舉，限於篇幅，恕不能悉數列舉。

在歷經整整一世之後，展望未來，兩岸圖書資訊學術研討正可以在更廣和更深的維度上展開，特別是兩岸的古籍整理與檔案研究可以有諸多交流的空間，而隨著圖書館智慧化的轉型，圖書館智慧體如初春的鮮花含苞初放，正以它的無比活力為圖書館大地帶來萬物萌動的春天氣息，啟動著圖書資訊學發展的無限潛力，也為兩岸圖書資訊學術交流提供了協同發展的廣闊未來。

中華圖書資訊學教育學會
三十週年特刊賀詞

王益明教授

北京大學信息管理系

恭賀中華圖書資訊學教育學會三十週年華誕！

我和中華圖書資訊學教育學會的結緣起於 1993 年，也就是學會成立的第二年。那年的年底，由學會和華東師範大學聯合主辦的首屆海峽兩岸圖書資訊學學術研討會在上海舉行。會議專門設計了博士生專場，我有幸和導師一起參加了會議。會議期間，結識了來自海峽對岸的眾多學界前輩和同為博士生的同道。此後，中華圖書資訊學教育學會相繼和兩岸許多高校合作舉辦了多屆海峽兩岸圖書資訊學學術研討會，一直延續至今。繼首屆後，我參加了 1994 年，在北京大學、2006 年，在中山大學、2010 年，在南京大學、2018 年，在南京理工大學舉辦的研討會，又相識了許多臺灣圖書資訊學界的精英和新銳。

由中華圖書資訊學教育學會聯合主辦的海峽兩岸圖書資訊學學術研討會是一個非凡的學術交流平臺，兩岸學界和業界的學者、同行通過這個平臺，相互交流相互學習。一代代學人不斷加入其中，從中受益，獲得提升。兩岸圖書資訊學學術研討會也是一座友誼的橋樑，兩岸同道通過交流、瞭解和切磋，結下友誼，將研討延伸到會外。從個人來說，我從會裡和會外獲益良多，受益終生。

中華圖書資訊學教育學會對學界的貢獻，當然不止上述這一項，這只是我個人感受最深的一項活動，感受了將近三十年。

再次恭祝中華圖書資訊學教育學會成立三十週年！

2006 年 6 月，海峽兩岸圖書資訊學學術研討會（中山大學）期間
王益明教授和李德竹老師（中）、鄒永利老師（右）合影

溝通海峽兩岸
圖書資訊學教育界的橋樑

肖希明 教授

武漢大學信息管理學院

　　中華圖書資訊學教育學會已走過了三十年的光榮歷程。三十年來，她在促進海峽兩岸圖書資訊學教育界的交流方面厥功至偉。1993 年 12 月，由中華圖書資訊學教育學會首任理事長胡述兆先生倡議並促成的首屆海峽兩岸圖書資訊學學術研討會在上海華東師範大學舉行，自此建立起兩岸圖書資訊學教育界和業界學術交流的機制和平臺，延續至今，已舉辦了十四屆學術研討會（若不是由於新冠疫情的影響，第十五屆學術研討會應於 2020 年在武漢大學舉辦）。我有幸參加了其中的九屆，更參與了其中幾屆會議的籌備和組織工作，留下了許多難以忘懷的珍貴回憶。

　　我是首屆海峽兩岸圖書資訊學學術研討會的參加者。由於胡述兆教授、彭斐章教授等兩岸圖書資訊學術界前輩的積極倡議，這次研討會特地邀請了兩岸三校（臺灣大學、北京大學和武漢大學）的九名圖書館學博士生與會，我忝列其中。兩岸學子的首次相聚和交流，成了這次研討會一個引人注目的亮點。根據兩岸師長的提議，會議特地安排了海峽兩岸博士生暨導師的座談會。座談會未設主題，自由發言。胡述兆、周文駿和彭斐章三位教授在會上分別介紹了臺灣大學、北京大學和武漢大學圖書館學博士生培養的情況，兩岸學子則暢談了各自的學習情況和幾天交流的感想，提出了今後加強聯繫的具體建議。在會議期間，我不僅見到了王振鵠、沈寶環、胡述兆、盧荷生、李德竹等令人景仰的臺灣學術前輩，面聆教誨，更是結識了梅玲、道明、昭珍等青年同道，保持聯繫至今。

1997 年和 2008 年，海峽兩岸圖書資訊學學術研討會在武漢大學舉行。我不僅是這兩次會議的參加者，也是會議籌備與組織工作的參與者。兩次會議都是我去機場迎接臺灣同道，並負責各類會務工作，因而也就有了更多機會與諸多臺灣朋友接觸和交流。除了會上的活動，我還陪同臺灣朋友們一起遊覽武漢黃鶴樓、東湖、磨山等景點，與盧秀菊教授、陳雪華教授等多位同仁一起夜間去武昌戶部巷品嘗武漢特色小吃。在這些活動中，兩岸的同仁有了更多交流和瞭解。

　　特別令人難忘的是 2012 年 7 月，在臺灣淡江大學舉辦的第十一屆海峽兩岸圖書資訊學學術研討會。我是這次會議大陸方面的聯絡人，要負責聯繫和協調大陸參會的二十來所大學和圖書資訊機構的六十多人的赴臺準備工作，以及在大陸的徵文工作。由於眾所周知的原因，這種大規模組團赴臺參會，因為各地方各單位管理工作辦法和程序不一樣，協調辦理赴臺的各種手續確實是十分麻煩的事。我和淡江大學林信成主任頻繁郵件溝通，和大陸同仁更是以各種方式聯繫，最後終於使大陸學者成行。2012 年 7 月 4 日，海峽兩岸圖書資訊學學術研討會在淡江大學隆重召開，這是第一次也是迄今唯一的一屆在臺灣舉辦的海峽兩岸圖書資訊學學術研討會，海峽兩岸同仁翹首期盼多年的願望，終於得以實現。這次會議在主辦方的精心安排下，在兩岸同仁的熱情參與和共同努力下，開得非常圓滿、成功。特別令人感動的是，在會議結束後，胡述兆先生邀請他在大陸交往多年的幾位友人前往府邸作客，我有幸應邀。先生與我們談笑風生，合影留念。此後又與夫人設宴款待，還親自陪同我們前往桃園的多處景點參觀。濃濃親情，令人感動不已，至今難以忘懷。

　　2018 年，第十四屆海峽兩岸圖書資訊學學術研討會在南京理工大學舉行。在會議開幕式上，播放了由臺灣同道精心製作的「海峽兩岸圖書資訊學學術研討會二十五年」回顧錄影，那一幕幕熟悉的場景，一位位熟悉的長者，在我的眼前閃過，令我思緒萬千，激動不已。正是在這次會議的閉幕式上，我代表武漢大學信息管理學院接過了承辦 2020 年，第十五屆海峽兩岸圖書資訊學學術研討會的使命。我們希望舉辦這一屆會議向文華圖專創建一百週年也是中國圖書館學教育誕生一百週年致敬。可惜因為新冠疫情發

生，這一願望被無情地擱置了。但我們相信終有一天，海峽兩岸同道能夠再次聚首，再創圖書資訊學教育的輝煌。

　　歲值壬寅，欣逢中華圖書資訊學教育學會成立三十週年，在此謹向學會致以熱烈的祝賀！衷心祝願中華圖書資訊學教育學會繼續發揮溝通海峽兩岸圖書資訊學教育界橋樑的作用，增進兩岸圖書資訊教育界的交流與合作，共同應對新的時代和新的技術環境下圖書資訊學科和教育面臨的挑戰，譜寫海峽兩岸圖書資訊學教育的新篇章。

1993 年 12 月 15 日，首岸海峽兩岸博士生交流

2012 年 7 月 4 日，肖希明教授於海峽兩岸第十一岸圖書資訊學學術研討會開幕式

2012 年 7 月 4 日，肖希明教授參與海峽兩岸第十一岸圖書資訊學學術研討會

2018 年 7 月 6 日，肖希明教授參與海峽兩岸第十四岸圖書資訊學學術研討會

2012 年 7 月，肖希明教授與胡述兆教授、吳祖善教授合影

橋——
慶祝中華圖書資訊學教育學會成立三十週年

柯平 教授

南開大學信息管理學院

一、

　　我的老家在鄂豫皖三省交界的大別山上，小時候最喜歡跟大人學唱黃梅戲《天仙配》片斷，聽大人講牛郎織女七七鵲橋會的故事，對故事中的牛郎織女相會的「橋」充滿了好奇和疑問，那是一個什麼樣的橋？是誰建的橋？為什麼一定要到橋上會面？那時每當看到天上有美麗的彩虹時，就浮想聯翩起來。

　　二十多年後，我在武漢大學讀博士。有一天，導師彭斐章先生跟我和肖希明說，馬上要到上海參加首屆海峽兩岸會議，你們作為大陸博士生代表參會，要做好與臺灣博士生交流的準備工作。當時很興奮，也很忐忑，我和肖希明商量了具體計畫，想著此次會面交流責任重大，不能出差錯，按老師要求把每一個環節都考慮得周詳一些。經過幾天幾夜乘武漢到上海的輪船，雖然路途辛苦，但一路上都處於興奮和期盼之中。

　　1993 年 12 月 12-15 日，首屆海峽兩岸圖書資訊學學術研討會如期舉行，不僅見到了仰慕已久的胡述兆先生、沈寶環先生、王振鵠先生、盧荷生先生幾位資深前輩，以及學術正當光芒燦爛的中年著名學者李德竹教授、宋玉教授、吳明德教授、鄭雪玫教授、盧秀菊教授、陳雪華教授等，還與臺灣的五位博士生見了面。原來一切並不是想像中的那麼緊張，會上，胡述兆先生一講話，他的江西口音，親切務實的講話風格，打破嚴肅的氣氛，令人感覺輕鬆愉快。會下，胡先生見到我們大陸的四位博士生，就像對待自己的博士生

那樣，親如一家，關切的問我們學習情況，囑兩岸博士生要長期交流。

這次會議特別安排了兩岸博士生交流座談會。當時兩岸圖書資訊界只有臺灣大學、北京大學、武漢大學三個學校已經培養了博士生，中國科學院雖然於 1993 年，剛獲批了博士點，但還沒有招生。當時約定，兩岸帶博士生代表參會，這真是一個偉大的提議。臺大胡述兆先生帶了五位博士生：陳昭珍、傅雅秀、王梅玲、莊道明、黃麗虹。北大周文駿先生帶了楊曉駿和王益明兩位博士生參會，武大彭斐章先生帶了肖希明和我兩位博士生參會，大陸的四位博士生中，我是 1991 年，入校的首屆大陸六個博士生的唯一代表。座談會雖然名為博士生座談會，實際上是師生座談會，因為有兩岸的博士生導師和教授參加。大陸早期的博士生導師是由國務院學位委員會批准的，第一批 1990 年，獲批的有三位，北大一位是周文駿先生，武大兩位是彭斐章先生和嚴怡民先生，第二批 1993 年，獲批的只有一位是中科院孟廣均先生。首屆海峽兩岸會召開時，大陸只有四位博士生導師，後來改由各校自行審批，大陸的博導就陸續增多了。這天的博士生座談會，除了博導以外，還有幾位教授參加，有臺大的李德竹教授，北大的吳慰慈教授、武大的馬費成教授和南京大學的倪波教授。參會的老師們說了很多鼓勵的話，當時兩岸都沒有博士畢業生，如何培養博士生，以及博士生之間如何加強學術交流，都是大家共同關心的問題，也使得這次座談會特別重要。回校以後，肖希明和我都感到收穫頗豐，帶著參會歸來的激動和喜悅，寫了一篇文章〈攜手共進繼往開來——海峽兩岸圖書情報學博士研究生首次聚會有感〉，發表在《圖書館》雜誌 1994 年第 1 期。

後來我才知道，為了這次兩岸交流，兩岸圖書資訊界學者們做出了許多努力。特別是臺灣的胡述兆先生和大陸的彭斐章先生，為此次會議籌畫和推動，付出更多。中華圖書資訊學教育學會正是在這一背景下成立的。胡述兆先生當時以中華圖書資訊學教育學會首任理事長及大會共同主席的身分，率領臺灣地區代表團參會。大陸這邊，當時沒有一個對應的圖書情報教育學會，華東師大圖書情報系當時發展正盛，於是以學校的名義與中華圖書資訊學教育學會共同舉辦。

首屆海峽兩岸圖書資訊學學術研討會開了兩天半，有很多方面的成果。

印象最深的是這次博士生座談會，它是兩岸圖書資訊學博士生教育交流的一個良好開局。胡述兆先生在《我的學思行——胡述兆教授回憶錄》中回憶說：「這次座談會並未設定主題，大家自由發言，無所不談，主要目的是給兩岸年輕的一代提供直接交流的機會，增進彼此的情誼與瞭解，為未來的新舊交替打基礎」。彭斐章先生在《九十自述》中回憶說：「這次我是帶了柯平和肖希明他們兩位博士生去的。他們很積極，也很活躍，在會上我也照例把他們引薦給那些專家學者，幫助他們開闊眼界和視野」。

自此以後，兩岸圖書資訊教育界的交流頻繁起來。這讓我想起了「橋」的作用。在我的家鄉，要過河，有小橋、大橋，有木頭橋、石頭橋等。我讀大學時，從黃州過長江，當時沒有橋，只能坐輪渡過江。1992 年，中華圖書資訊學教育學會（Chinese Association of Library and Information Science Education，簡稱 CALISE）的成立，無疑是架起了一座兩岸圖書資訊學教育之橋。

二、

二十世紀九十年代初期，資訊化浪潮對兩岸圖書資訊學教育都有直接的影響，其中之一是引發了改名潮。大陸這邊經歷了兩次改名，一次是將圖書館學系改為圖書館學情報學系或圖書情報學系，另一次則是改為信息管理系。自 1992 年 10 月，北大率先將圖書館學情報學系改為信息管理系後，其他高校紛紛效仿，至 1995 年 3 月，全國 52 所圖書館學情報學系中，有 26 所改名為信息管理系（少數改為「信息資源管理系」或「信息技術與管理系」、「文獻信息管理系」、「信息產業學系」）（註：據董小英（1996）。我國圖書館學情報學教育的轉型及其問題。**中國圖書館學報，1**，28-36、55。），當時沒有改名的武漢大學圖書情報學院到 1999 年 4 月，與新聞學院合併成為大眾傳播與知識信息管理學院，直到 2001 年，才更名為信息管理學院。臺灣那邊，1993 年，輔仁大學率先將圖書館學系改名為圖書資訊學系，之後許多圖書館學系也都改名為圖書資訊學系，世新大學於 1995 年，成立圖書資訊學系，1996 年，政治大學成立圖書資訊學研究所，1997 年，臺灣師範

大學社會教育學系圖書館組改名為圖書資訊學組，同年臺灣大學圖書館學系改名為圖書資訊學系（註：據王梅玲（2007）。臺灣圖書館教育史（1954-2007年）。在**臺灣圖書館事業與教育史研討會論文集**（頁67-87）。國立政治大學圖書資訊與檔案學研究所。）。兩岸所處的教育環境雖然有所不同，但圖書情報教育面臨的發展問題是相同的。改系名、改課程名等等只是表面現象，深層次的是教育內容、教育方法和培養模式的改革等一系列重大問題。

在二十世紀九十年代從未遇見的圖書資訊學教育大變革中，中華圖書資訊學教育學會發揮著重要的作用。其成立的首要宗旨就是研究與推廣圖書資訊學教育，既促進臺灣地區各圖書資訊學系之間共同問題的討論與解決，也致力於推動兩岸圖書資訊學教育的交流合作。繼首屆兩岸圖書資訊學學術研討會後，緊接著於1994年，在北京大學召開第二屆，1997年，在武漢大學和1998年，在中山大學相繼召開了第三、四屆，每屆學術研討會都由中華圖書資訊學教育學會與大陸的一所高校合作舉辦，而且將圖書資訊學教育作為中心議題，參會代表中最多的也是來自兩岸圖書資訊學院系的師生代表。

1994年，我從武漢大學博士畢業後回到鄭州大學，當年接任圖書情報學系主任工作。1997年3月和1998年3月，召開的第三、四屆海峽兩岸圖書資訊學學術研討會，我是以鄭州大學信息管理系主任的身分參加的，當時我所在的學校正面臨著學科調整和院系合併，信息管理系何去何從，還不確定，參加海峽兩岸研討會，瞭解了兩岸圖書資訊學教育改革的新形勢，頗受啟發。不久，即開始了信息管理系與圖書館的合併，以及新一輪的辦學模式探索。我作為系主任，兼任圖書館的館長，在此後三年裡，理論與實踐相結合，教育教學改革持續推進，取得了一些成績與經驗。這是我國圖書館學教育史上少有的一種館系合一模式。

三、

我是2002年，調入南開大學的。當時大陸只有北京大學、武漢大學和中國科學院三家有圖書館學博士授權點，南開大學還沒有圖書館學博士點。我來南開的第二年即2003年，南開大學與南京大學、南京政治學院上海分

院三家同時獲得圖書館學博士點。2003 年 11 月，我被學校任命為商學院圖書館學系系主任，我作為博士生導師，開始培養圖書館學博士研究生。

受惠於中華圖書資訊學教育學會，參加首屆兩岸交流的博士生無論職務和單位怎麼變化，都一直保持著密切的聯繫，當年我們互贈禮品，後來我們互贈著作。我經常收到王梅玲教授的新作，如《英美與亞太地區圖書資訊學教育》、《圖書館與資訊利用》等，我們交流最多的除了專業上的問題，就是教育如何發展。我們相互支援，共同成長。

2008 年 7 月 4-5 日，我回母校武漢大學參加了由中華圖書資訊學教育學會和武漢大學共同舉辦的第九屆海峽兩岸圖書資訊學學術研討會。4 日，上午是開幕式，中午午餐時，王梅玲教授提議大陸組織一個小型的系主任代表團赴臺深入交流，當時我們都覺得這種方式非常好。晚上照例開兩岸博士生座談會，會後，王梅玲教授、莊道明教授、肖希明教授和我四人一起商量王梅玲教授提議的訪臺事宜。

這次會後，王梅玲教授著手辦理大陸系主任訪臺手續。考慮到正式訪問的便利，系主任代表團以參加中華圖書資訊教育學會會議的名義打報告。這樣，既可實現由兩岸代表參加的學術交流研討，又實現了與臺灣幾所圖書資訊學系的訪問交流。這次訪臺得到了陳雪華教授的大力支持，當時她正擔任中華圖書資訊教育學會理事長，我們的邀請函就是由她簽發的。

辦手續的過程還是頗費周折的。兩岸同時辦理，臺灣那邊，9 月 4 日黃素英女士發來邀請函，10 月底施建華先生寄來入臺證，一切順利。大陸這邊，由肖希明負責聯絡。從 8 月 22 日開始聯繫，武漢大學、南京大學、南開大學、中山大學四校的系主任各自辦理申請赴臺手續，直到 11 月底才確定下來。

我作為南開大學信息資源管理系主任，與武漢大學圖書館學系主任肖希明教授、南京大學信息管理系主任沈固朝教授、中山大學資訊管理系主任曹樹金教授四位組成一個系主任代表團，其實是一個小組。我們四人 12 月 12 日分別從天津、武漢、南京和廣州飛往臺北。王梅玲教授和莊道明教授給我們做了非常周到的安排和照顧。

由中華圖書資訊學教育學會舉辦的 2008 年「圖書資訊學教育與大學評鑑學術研討會」於 12 月 13 日召開，顧敏先生和陳雪華教授代表主辦方致辭，

這次研討會有三大議題：圖書資訊學教育指南與大學評鑑；圖書資訊學教學與課程設計；圖書館與資訊產業對教育的期望。會上，我們四位系主任分別介紹了大陸圖書資訊學教育現況並與參會的臺灣各位系主任所長進行了交流。那天中午顧敏先生請胡述兆先生和我們四位系主任一起到國家大劇院吃飯，在臺灣與胡先生見面，格外親切。

這次研討會繼 1998 年之後，舉辦了 2008 年，再訪圖書資訊學工作坊。一開始，我對工作坊很陌生，因為大陸很少用這個詞。帶著好奇參加工作坊，原來是交流課程設計與教學經驗，果然新穎有趣，頗為受益。臺大謝寶煖教授講資訊與圖書館利用，風雅幽默，信息量大；輔仁大學的林呈潢教授和世新大學的林志鳳教授都講圖書館管理，但風格各異，且都以案例引人入勝。主持人臺師大的吳美美教授還推薦了一本書《在臺北生活的 101 個理由》，會場氣氛活躍，置身於其中，就是一種教學享受。

會後，我們開始了系所的訪問交流。訪問了臺灣大學圖書資訊學系、臺灣師範大學圖書資訊學研究所、臺灣政治大學圖書資訊與檔案學研究所、世新大學資訊傳播學系、淡江大學資訊與圖書館學系。每到一地，都得到了熱情的接待，就共同關心的問題進行充分、深入的交流。在臺大，因為胡述兆先生是這裡名譽教授的緣故，更增添了對這個系的敬意，當時的系主任朱則剛教授主持了座談會，我們還見到了黃慕萱教授以及幾位年輕有為的老師。座談會上按資歷依次發言，讓我感受到中華傳統的傳承。在臺師大，卜小蝶所長向我們介紹全臺最新且最老的一個系，參與座談的有吳美美教授、邱銘心教授，還有當時任圖書館館長的陳昭珍教授，她帶我們參觀了她領導的圖書館。在政治大學，當時王梅玲教授正擔任所長，當年首屆海峽兩岸會議的三位博士生如今是三個系主任，在臺師大會面顯得頗有紀念意義，大家都特別熟悉，交流輕鬆愉悅，無話不談。自這次深入交流後，與政治大學的楊美華教授、蔡明月教授來往更多了。在世新大學，林志鳳主任非常健談，為我們展示了他們豐富多彩的學生成果，因為有莊道明教授在，如老同學見面，我和肖希明一點也不拘束。這個系的活躍度高，給我留下深刻印象。在淡江大學，系主任林信成教授請來了邱炯友教授和圖書館館長黃鴻珠教授與我們交談，感到這個系頗具實力。

我們每天的行程安排都很滿，總想多訪問交流一些，多取得實效。我們見到了老朋友，還結織了許多新朋友。臺大的陳書梅教授特地找到我，介紹了她的閱讀療癒研究，還送給我她的著作《圖書館組織心理研究：館員的認知觀點》。

這次，最令人愜意的是，我們被安排住在臺灣大學校園裡，校園特別美，早晚在椰林大道散步，令人愉悅。

這次訪問交流，前後共有一週時間，不僅收穫了學術交流，增進了院系友誼，有太多美好的回憶，因為是第一次訪臺，更覺得珍貴。

四、

二十一世紀的圖書資訊學教育在經歷資訊化轉型之後，面臨著新的三大問題，一是面向職業的教育模式問題，社會環境的變化以及職業的變化，人才需求具有了新的特徵，必須構建面向社會需求和職業的圖書資訊學教育新體系；二是技術的不斷變化，給圖書資訊學教育以新的機遇與挑戰，雲計算、大資料、人工智慧等技術是否納入圖書資訊學的教學體系，是必須解決的問題；三是學科之間的競爭以及學科交叉日益增強，考驗著圖書資訊學教育的優勢與核心競爭力。

2012 年 7 月 4-5 日，中華圖書資訊學教育學會、淡江大學資訊與圖書館學系、武漢大學資訊管理學院聯合主辦了第十一屆海峽兩岸圖書資訊學學術研討會。這次會議是首次在臺灣舉辦，大陸參會的熱情很高，有很多代表是第一次赴臺，兩岸的交流更為開放和深入，會議討論的主題更為契合時代。

這次會議的地點在淡江大學，邱炯友教授是文學院院長，為此次會議做了精心策劃，頗為別致。世新大學校長賴鼎銘教授應邀在開幕式致辭。開幕式首次設長青論壇，由黃鴻珠教授主持，先後由王振鵠先生、胡述兆先生、胡歐蘭教授、馬費成教授和黃世雄教授講話，接著就是分會場的兩岸交流。舉辦方還組織了系列活動，如參觀淡江大學圖書館等。

這次會議，我像往常一樣，做了很多會議紀錄。我當時在會議紀錄上寫下了這樣的強烈感受：「珍惜兩岸圖書館學前輩破冰以後的交流成果，當我們

回憶、讚頌他們的功績時，列舉當年的事實和艱難時，更值得我們今人學習的是中華精神：自強、包容、開拓、繼承」。

這次會議注定成為海峽兩岸圖書資訊學教育界交流的一個重要里程碑。

會後，非常榮幸地受邀造訪胡述兆先生家，胡先生當時住在桃園南崁奉化路 258 巷 41 號，我當時住在新北市淡水區的福格大酒店。7 月 6 日上午，王梅玲教授、莊道明教授、林呈潢教授、謝寶煖教授一同到酒店來接四位大陸參會代表：馬費成教授、陳傳夫教授、肖希明教授和我。胡先生家書香四溢，客廳、書房各處佈置得格外雅致，胡先生和夫人吳祖善教授十分體貼周到地接待我們一行，中午請我們到他熟悉的附近餐館吃飯，下午胡先生和夫人，與我們一起去桃園慈湖參觀，整個行程由施建華先生負責，時間安排得很緊湊。我們一邊參觀，一邊交流。那天胡先生特別高興，走了那麼多路，胡先生還說不累，讓我深受感動。中華圖書資訊學教育學會由胡先生親手創辦，先生對大陸的前輩特別尊重，對大陸年輕的一代格外愛護，對兩岸的長期深入交流共同發展寄予厚望。

五、

2020 年以來，疫情影響了全球的學術交流。每次聽到關於臺灣的疫情播報，立即想到臺灣的同仁，為之擔心。

2022 年初，胡述兆先生來電，說他給大陸幾位老朋友寄了新作《臺大名譽教授胡述兆備忘錄》，叫我聯絡一下。因為疫情的原因，郵寄很慢，我收到算早的，2 月 25 日，就收到了，有的很晚才收到，前幾天我與孟廣均先生聯繫上了，孟先生說已收到了胡述兆先生的書，非常感謝，並說很喜歡胡先生給他寫的藏頭詩。

2022 年初，我給王梅玲教授去電話，請她將大陸幾位老朋友的聯繫方式轉給胡述兆先生，談起明年就是海峽兩岸圖書資訊學學術研討會的三十週年，頗為感慨，商量著應當早點籌備慶祝事宜。

4 月 12 日，收到王梅玲教授邀請為中華圖書資訊學教育學會成立三十週年特刊撰文，這是一件可喜可賀的事。三十年來，兩岸交流，一幕一幕，

浮想在眼前，幾天來一直處在甜美的回憶中和深切的感動中。寫著寫著，止不住筆，不免有些冗長。還有 2014 年，中華圖書資訊學教育學會與南開大學合辦的第十二屆海峽兩岸圖書資訊學學術研討會，以及 2017 年 10 月，我第三次赴臺參加臺灣大學胡述兆教授九十嵩壽榮慶餐會等等，都沒有展開來講，希望在明年紀念海峽兩岸圖書資訊學學術研討會三十週年時再補上。

中華文化，歷來贊鋪路修橋，行德善之舉。中華圖書資訊學教育學會建了一個文化與教育的德善之橋，促進兩岸交流，推動學科發展。三十年來，初心不渝，遵循教育規律，堅守圖書資訊學教育使命；三十年來，謀求拓新，不斷進步，使教育更加貼近時代；三十年來，長期支持兩岸交流，不斷增進相互理解，共同發展。歲月如梭，無論氣候變化，任憑風吹雨打，中華圖書資訊學教育學會在圖書資訊學界構建的學科交流之橋、兩岸交流之橋，堅不可摧，暢通無阻，讓人們對未來充滿信心。

轉眼三十年過去了。子曰：三十而立。中華圖書資訊學教育學會正當年輕有為之時，前途無量。

祝願中華圖書資訊學教育學會宏圖再展，在推進學科交流與發展中發揮更大作用。祝願中華圖書資訊學教育學會砥礪前行，讓一代又一代圖書資訊學人將教育精神傳承下去，創造圖書資訊學教育的美好未來。

柯平教授在臺灣故宮博物院

柯平教授在臺北 101

2012 年 7 月，柯平教授參與第十一屆海峽兩岸圖書資訊學學術研討會

柯平教授與肖希明、王梅玲合影

柯平教授參訪政治大學圖書資訊與檔案學研究所

歲月如歌，友誼長存，同繪新篇

陳傳夫教授

武漢大學信息管理學院教授兼研究生院院長

　　欣聞中華圖書資訊學教育學會成立 30 週年，我謹向王梅玲理事長和全體同仁致以最誠摯的祝賀！貴會成立以來，著力組織研究與推廣圖書資訊學教育，研討圖書資訊學學制與課程，促進教育方法與經驗之交流，為推動圖書資訊學教育發展，做出了傑出貢獻！促進了海峽兩岸圖書資訊教育界的交流、共識、合作與發展，厥功至偉！

一、歲月如歌

　　1992 年 5 月，中華圖書資訊學教育學會成立，首任理事長是德高望重的胡述兆教授。在兩岸交流的諸多貢獻中，貴會與大陸圖書情報學院系和圖書館界醞釀和共同發起的「海峽兩岸圖書資訊學學術研討會」是令人稱道的舉措之一。自 1993 年，在上海華東師範大學（1993 年 12 月 12-15 日）首啟，至今已舉辦 14 屆。通過學術研討會，兩岸師生增進了瞭解，建立了友誼，形成了良好的互動交流機制。學術會議也成為新老朋友相聚，共謀圖書資訊學未來的盛會。我有幸參與其中，與同仁合作共事，非常愉快，受益匪淺。歲月漸漸遠去，但情景歷歷在目，現做點滴記錄，共慶學會三十華誕！

　　2008 年 7 月，在武漢大學舉辦的「第九屆海峽兩岸圖書資訊學學術研討會」，由馬費成教授、陳雪華教授與我擔任組織委員會主任委員。成員來自兩岸圖書資訊學教授數人。圖書資訊學教育學會成員包括黃鴻珠、宋雪芳、林信成、林素甘、歐陽崇榮、黃元鶴、林志鳳、莊道明、蔡順慈、葉乃靜、余顯強、陳昭珍、吳美美、謝寶煖、王梅玲、蔡明月、范豪英、張慧銖、羅

思嘉教授，大陸成員包括王余光、范並思、黨躍武、李綱、王學東、柯平、程煥文、曹樹金等多位教授。

2008 年 7 月 4 日，陳傳夫教授參與海峽兩岸
第九屆圖書資訊學學術研討會

　　7 月 4 日，會議在武漢大學如期舉行。來自海峽兩岸資訊管理學院的院長（系主任）、研究所所長、館長等專家學者匯聚一堂。開幕式由理事長陳雪華與我主持，湖北省人民政府郭化夷、武漢大學副校長周創兵等領導出席了開幕式。湖北省圖書館館長萬群華代表湖北圖書館界致賀詞。共安排了七場特邀報告、十六場專題報告、兩場學術論壇、一場研究生論壇。會議特邀六位專家做特邀報告，分別是：胡述兆教授：我對兩岸圖書資訊學術交流的一些看法；彭斐章教授：加強圖書情報高級人才培養能力建設；范豪英教授：公共圖書館疏忽的環節：青少年服務；孟廣均教授：組建資訊資源管理學科體系──做大我們特有的情報學；黃鴻珠教授：數位時代的新版本學；吳慰慈教授：談博士生創新能力的培養。

7月5日，上午舉行了海峽兩岸圖書資訊學院長（系主任）聯席交流會。來自海峽兩岸的50多位院長（系主任）進行了熱烈討論，對兩岸教育界共同關注的熱點問題如圖書資訊學教育的發展定位、圖書資訊學教育環境的改變、圖書資訊學教育和實踐的聯繫、圖書資訊學科設置標準、人才培養規格、課程體系、兩岸進一步合作方式等方面進行了深入的討論，達成了廣泛的共識，發表了《第九屆海峽兩岸圖書資訊研討會關於專業教育若干問題共識備忘錄》。

　　本次研討會被認為是海峽兩岸圖書情報學領域規模大、影響深遠的一次盛會。其中，來自學會所屬單位的專家學者及研究生代表就有59人。本次研討會的召開恰逢海峽兩岸直航包機起航，各位專家興高采烈地暢談海峽兩岸交流的美好未來。

2008年7月4日，海峽兩岸圖書資訊學研究生論壇

　　2012年，第十一屆研討會在淡江大學召開，這是海峽兩岸圖書資訊學學術研討會首次在臺灣召開。我率領大陸60餘位代表參會，受到了邱炯友理事長的熱情款待，深厚情誼，銘記於心。

2012 年 7 月 4 日，陳傳夫教授於海峽兩岸第十一屆
圖書資訊學學術研討會致辭

　　研討會於 7 月 4 日，上午在臺灣淡江大學隆重召開，200 多位學者及在校研究生參加會議。開幕式由邱炯友教授主持，淡江大學校長張家宜教授出席了開幕式並致歡迎辭，我也在開幕式上致辭。世新大學校長賴鼎銘教授作題為「兩岸圖書資訊學教育的未來式」的專題演講。大會接著舉辦了「長青論壇」，邀請了王振鵠教授、胡歐蘭教授、胡述兆教授、馬費成教授、黃世雄教授等專家，就圖書館學的發展歷史，中華文化的傳承，圖書館學的成就、價值，圖書館與社會、經濟發展，現代資訊技術對圖書館的影響以及兩岸圖書資訊界的合作與交流等專題進行演講，暢談了圖書館學的過去、現在和未來。王振鵠教授等老一輩學者對圖書資訊學科一往情深，對青年學子寄予殷切的期望，令我印象深刻。

2012 年 7 月 4 日，陳傳夫教授參與海峽兩岸第十一屆
圖書資訊學學術研討會

　　長青論壇以後，舉辦了系主任座談、專題論壇、青年論壇。其中，系主任座談會由邱炯友教授和我主持，共有 20 位系主任（或曾任過系主任）參加，包括肖希明、林信成、孫建軍、曹樹金、王學東、柯皓仁、蘇小鳳、陳舜德、吳昌合、黃水清、楊勇、劉燦嬌、李月琳、柯平、余顯強、張敏、王梅玲、王蘭香等教授學者。系主任座談形成了四項決議，分別為：由南開大學來舉辦第十二屆「海峽兩岸圖書資訊學學術研討會」；鼓勵兩岸師生短期交流、互訪、進行學生交換或修讀碩博士學位；本會合作為交流搭建平臺；邀請兩岸教授至圖資領域相關院、系、所開設課程、舉辦講座，合作研究。圖資領域能彼此聯繫、交流、結合兩岸以及其他相關系所，進行合作研究，以提高圖資領域之可識度。

二、友誼長存

　　在多年的交流過程中，我與中華圖書資訊學教育學會多位同仁結下了深

厚友誼。學會首任理事長胡述兆先生，為我院客座教授，1999 年，受邀為我院研究生講授「研究方法與論文寫作」課程。彼時我擔任分管研究生教育的副院長，因此責無旁貸地全程接待了胡先生，並聆聽了胡先生的精彩講授。胡先生臨行前將自己搜集的課程資料贈與我，使我接手主講這門課程時有了充足信心。經過我的多年建設，該課程已經成為武漢大學研究生學科通開課，受到了廣泛好評。海峽兩岸學術交流，胡先生發揮重要的引領作用，推動圖書情報事業發展與理論進步。

2007 年 6 月，鑒於我對智慧財產權、目錄學、資訊資源管理研究的興趣，為促進交流，我受時任臺灣大學圖書資訊學系主任黃慕萱教授邀請，第一次訪問臺灣大學等學會單位。訪問期間，先後舉辦了「資訊領域智慧財產權問題之思考」、「圖書館業態變化及其趨勢」、「中國大陸圖書館學教育的現狀與未來」演講。應政治大學圖書資訊與檔案學研究所所長王梅玲教授邀請，訪問政治大學資訊科學系和智慧財產研究所，受到陳雪華理事長、王梅玲所長的熱情接待，愉快交流。我還參觀了臺大圖書館與校史館，博物院、數位典藏等項目。我受到陳達時、黃慕萱伉儷的熱情接待，得到臺大多位教師的幫助。記得我一大早要趕往桃園機場，朱則剛教授專程駕車送我到桃園機場，十分感謝。

2012 年 7 月，我在淡江大學參加海峽兩岸圖書資訊學學術研討會期間，與馬費成教授、肖希明教授一起到胡先生家中拜訪，十分愉快。2019 年 4 月，我院舉辦「彭斐章先生學術思想研討會」。第十三屆理事長莊道明教授和王梅玲教授專程前來祝賀。莊道明教授是兩岸圖書資訊學界交流的參與者、推動者。莊教授將 20 多年來記錄下，反映兩岸圖書資訊學界交流的珍貴影像資料向大陸同仁展示，讓大家重溫了一個個精彩而又溫馨的歷史瞬間。第七屆理事長楊美華教授，於 2008 年 4-5 月，在我院進行訪學，先後開展了10 餘場學術報告和交流活動，為全院師生提供了多場重要學術報告。我與邱炯友理事長共同主持第十一屆研討會，並在此後多次相逢。第十四屆理事長王梅玲教授，多次來我院進行學術交流，大力支持我院的學科發展，我與王教授在課程建設、學術研究等領域也進行過多次的深入探討，王教授的睿智與前瞻讓我受益匪淺。

三、同繪新篇

　　海峽兩岸圖書資訊學界的正式交流至今已有 30 餘年。卅年交流取得累累碩果，展望未來，更需攜手前行。兩岸的圖書資訊學發展都面臨著新技術環境。大資料、人工智慧等技術深刻影響著圖書資訊學科和事業；開放科學、數位素養等等新領域為圖書資訊學的發展提出了新課題。圖書資訊學遇到了新機遇、新挑戰，需要積極回應。

　　海峽兩岸圖書資訊學發展各具特色，交流合作的空間很廣。未來我們需要探索更多樣化的合作交流方式，充分利用新的資訊傳播手段，培養青年學者，集思廣益，智慧交融，為兩岸圖書資訊學交流發展繪製更美的篇章。

　　棠棣之華，同氣連枝。30 年海峽兩岸圖書資訊學前輩們，以極大的勇氣和魄力開創了交流的好局面。當前我們更需要在已經取得的堅實基礎上，不斷創新，勇於嘗試，促進兩岸圖書資訊學界的深度交流，無愧於時代賦予的歷史責任，共繪圖書資訊學教育的美好新篇！

杜鵑花開在海峽兩岸——
慶祝中華圖書資訊學教育學會成立三十週年

程煥文 教授

中山大學信息管理學院

中華圖書資訊學教育學會計畫編輯出版《中華圖書資訊學教育學會三十週年特刊》，主持人臺灣政治大學圖書資訊與檔案學研究所王梅玲教授邀我撰述文字，以襄盛舉。三十年來，在中華圖書資訊學教育學會和大陸圖書館學教育界的共同推動下，海峽兩岸的圖書館學術交流合作從點到面，由表及裡，渾然一體，成就斐然，猶如一花引來萬花開，漫山遍野，映紅海峽兩岸，美不勝收。我腦海裡頓時浮現黃友棣先生在而立之年創作的《杜鵑花》意境，乃以〈杜鵑花開在海峽兩岸〉為標題，略述個人參與海峽兩岸圖書館學術交流與合作的部分經歷、收穫與感想。

一、 永遠的杜鵑花

《杜鵑花》是二十世紀中國音樂史上的不朽之作，黃友棣先生亦因此被譽為「永遠的杜鵑花」。我之所以對《杜鵑花》情有獨鍾，一則是因為《杜鵑花》是國立中山大學師生創作的傑作，一直在海峽兩岸廣為傳唱，經久不衰；二則是因為黃友棣先生有一個近七十年的艱辛還書故事，一直在海峽兩岸廣為傳頌，歷久彌新。這兩者跨越世紀，交相輝映，栩栩如生地展現了海峽兩岸密不可分的中華文化文脈，生動形象地突顯了海峽兩岸親如一家的圖書館界情懷。毫無疑問，這也是中華圖書資訊學教育學會三十年來致力於海峽兩岸圖書館學界交流和業界合作所取得成就的縮影和所產生影響的演繹。

黃友棣（1912年1月14日-2010年7月4日），中國著名音樂家、作曲家、音樂教育家，1912年1月14日，生於廣東省高要縣，1925年，畢業於國立中山大學附屬小學，並入讀國立中山大學附屬中學初中部。1930年，考入國立中山大學教育系，1934年，以優異成績畢業，應聘至廣州南海縣佛山鎮，任教於縣立第一初級中學。1940年，國立中山大學由雲南澄江遷返廣東樂昌縣坪石，黃友棣應聘返中山大學師範院校任教。1940年冬，師範學院的同事陳維祥送給黃友棣先生一首由文學院哲學系四年級學生方健鵬（筆名蕪軍）創作的新詩《杜鵑花》，黃友棣先生將其譜寫成民謠風味的抒情歌，並於1941年春，交廣東省立藝術專科學校音樂專科學生，以無伴奏的合唱形式演唱。從此，黃友棣在抗戰烽火中譜寫的《杜鵑花》傳遍神州南北，成為此後風靡二十世紀抗戰歌曲的不朽之作。在此期間，黃友棣還創作了《歸不得故鄉》、《木蘭辭》、《我家在廣州》和《石榴花頂上的石榴花》等作品，振奮民族精神，激勵全國民眾保家衛國，抗擊日寇。抗戰勝利後，黃友棣先生於1949年，遷居香港，其後再也沒有機會返回大陸。遷居香港後，黃友棣先生先後赴英國皇家音樂學院、義大利曼德藝術學院深造，1963年，回港後，致力於音樂創作、音樂教育及推廣工作。1987年，從香港移居臺灣高雄，2010年7月4日，在高雄逝世，享年100歲。馬英九在《褒獎令》中稱讚：「音樂大師黃友棣，高華軒秀，堅毅澹泊……崢嶸歲月，潛心樂教，揭櫫『傳統音樂現代化、愛國歌曲藝術化』理念，爰以《杜鵑花》、《問鶯燕》、《歸不得故鄉》等佳品，體現抗戰民族意識，抒發流離思鄉情懷，迴腸盪氣，撫慰沾溉；餘響繞梁，天籟悠遠……綜其生平，涵泳中華固有文化神髓，見證國家百年音樂史乘，雅韻簫韶，緒風遐舉；德言芳猷，千古輝耀（黃友棣，2022年9月10日）。」

　　音樂大師黃友棣在抗日的烽火中創作《杜鵑花》等不朽作品的同時，於1944年夏，從轉移到粵北坪石山區的中山大學圖書館借出一套英文版《格羅夫音樂與音樂家辭典》（全5冊，第三版）（ *Grove's Dictionary of Music and Musicians*, edited by H.C. Colles, New York: The Macmillan Company, 1927, 3rd ed.），由此與國立中山大學圖書館結下了曠世的還書情緣。1938年，日寇在廣東惠州登陸後，國立中山大學奉命緊急西遷，以保留文化學術的火

種。10 月 20 日凌晨，在日寇的炮火中，中山大學職員 292 人乘坐 5 條大船和 1 條拖船守護著圖書館的藏書撤離廣州，沿西江西遷，由廣東入廣西，經梧州、南寧，入龍州，再由龍川入雲南，於 1939 年 2 月 18 日除夕夜，到達澄江，凡 115 天，停留 18 站，行程 11970 餘里。1940 年 7 月，因日寇進逼越南（安南），危及滇境，中山大學奉命由雲南澄江遷返粵北山區樂昌縣坪石鎮。9 月 22 日，杜定友館長與圖書館員工從澄江啟程回坪石，經歸化、昆明、曲靖、平儀、盤縣、安順、貴陽、黃果樹、貴定、獨山、六寨、南丹、河池、宜州、柳州、桂林、衡陽，於 10 月 13 日，抵達曲江，16 日，折回坪石鎮，橫跨滇、黔、桂、湘、粵五省，縱橫數千里。到達坪石後，因為各學院分散在各村寨辦學，崇山峻嶺，相距遙遠，杜定友館長乃將圖書館的藏書分散存放在各學院，每個學院設立一個分館，由總館統一管理，師生借出的圖書不必及時歸還，各自隨身攜帶，以便日機轟炸及時躲避疏散。1945 年 8 月，抗戰勝利，9 月，中山大學圖書館復員廣州，西遷時的 49 位館員僅返回 9 人，既無館舍，又無辦公處所，自然無法接收任何歸還藏書。因此，黃友棣先生像「歸不得故鄉」一樣一直歸還不了《格羅夫音樂與音樂家辭典》，不得不攜帶到香港、歐洲，最終攜至臺灣。最後，黃友棣先生在不得已將《格羅夫音樂與音樂家辭典》歸還給高雄中山大學圖書館時，曾在扉頁上寫下如下文字：

> 1944 年夏，我借了此五冊，適值中山大學師範學院奉令疏散，我還書給圖書館時，他們說已裝了箱，不肯收書。害得我把這五冊書放在包袱內，背著逃難，疏散路程由連縣、連山、八步、羅定、茂名，藏身湛江培才中學。1945 年底，抗戰結束，又把此五冊提著走路返廣州，送回中大圖書館，職員皆不肯收。他們寧願當作疏散時失掉，以免麻煩云云。

2010 年 7 月 29 日，臺灣大學校長李嗣涔教授和夫人前來廣州中山大學訪問，隨行的臺灣大學國際事務處處長、音樂系教授沈冬在百忙之中專門到圖書館來向我諮詢有關黃友棣先生的研究資訊。在兩個多小時的交談中我得

知：早在 1998 年，黃友棣先生已將《格羅夫音樂與音樂家辭典》歸還給高雄中山大學圖書館。查閱網站：在黃友棣先生仙逝的第二天，記者徐如宜在 2010 年 7 月 5 日，於《聯合報》上發表有〈黃友棣扛書逃難 只為一個「信」字〉一文。徐如宜寫道：「黃友棣來到臺灣，最後將這套書捐給了高雄西子灣的中山大學圖書館。他說，總都是『中山大學』，在他的心中，『勉強也算是書歸原主吧』。」為了這句「只為一個『信』字」，我用了三年多的時間去努力完成黃友棣先生生前「書歸原主」的誠信願望。

2010 年 8 月 4 日，我致函高雄中山大學校長楊弘敦教授，請求代為歸還《格羅夫音樂與音樂家辭典》。

2010 年 11 月，我赴臺北參加「第八次中文文獻資源共建共用合作會議」，會間與高雄中山大學圖書與資訊處處長楊昌彪教授面商歸還之事。

2011 年夏，高雄中山大學校長楊弘敦教授和臺灣大學校長李嗣涔教授來校訪問，學校安排我一人接待兩位校長參觀校園，講解校史。我們三人漫步校園，談笑風生，我自然而然地向楊弘敦校長再次提出希望移交黃友棣先生歸還的《格羅夫音樂與音樂家辭典》一事。沒想到兩位校長不假思索、異口同聲地說這是一件好事，應該共同成就這段誠信和友情的佳話，令我感動萬分。

2012 年，李錫智教授出任高雄中山大學圖書與資訊處處長後，專程來廣州中山大學訪問，我們一見如故，其後一直在商量移交《格羅夫音樂與音樂家辭典》的適合時機。

2013 年 5 月，我應邀率廣州中山大學圖書館同仁訪問高雄中山大學圖書館，開展學術交流，楊弘敦校長親自出席歡迎儀式，發表熱情洋溢的歡迎詞，並告訴我可以選擇兩地中山大學校長互訪的時機舉行移交儀式。

2013 年 10 月底，高雄中山大學圖書館先期將《格羅夫音樂與音樂家辭典》共 5 冊寄達廣州中山大學圖書館，圖書館的黃貴瑛秘書來電告知：「楊弘敦校長希望在赴廣州中山大學參加『山海論壇』期間舉行移交儀式。」一段音樂大師黃友棣的故事和兩岸中山大學的佳話開始在美麗的廣州康樂園續寫新的樂章。

2013 年 11 月 21 日，「高雄中山大學・廣州中山大學校友黃友棣先生歸還《格羅夫音樂與音樂家辭典》移交儀式」在廣州中山大學圖書館聚賢廳隆

重舉行，楊弘敦校長親手將黃友棣先生借出長達 69 年的《格羅夫音樂與音樂家辭典》移交中山大學圖書館，共同完成黃友棣先生生前的還書遺願，弘揚黃友棣先生高尚的誠信品德。我的好友、高雄收藏家許伯夷先生和黃楊婷博士慷慨襄助，將多年來精心收藏、悉心呵護的黃友棣樂譜手稿全部捐贈給中山大學圖書館。在移交儀式上，中山大學學生合唱團深情演唱《杜鵑花》，廣州中山大學鄭德濤書記和高雄中山大學楊弘敦校長發表熱情洋溢的講話，我在講話中藉《杜鵑花》歌詞作結語，歌頌黃友棣先生的誠信美德和海峽兩岸中山大學的深厚情誼：「杜鵑花開在山坡上，杜鵑花開在小溪畔，杜鵑花開在海峽兩岸，杜鵑花開在我們心田，多麼美麗，多麼燦爛，周而復始，生生不息。」

二、 永恆的文華精神

同為中大人，黃友棣先生在而立之年創作了《杜鵑花》等不朽傑作，而我在而立之年一無所成，實乃天壤之別。不過值得慶幸的是，在而立之年，我有緣結識在臺灣享有「圖書館學巨擘」之譽的沈寶環教授，並由此邁上了參與海峽兩岸圖書館學術交流合作之路。

沈寶環教授（1919 年 6 月 17 日—2004 年 9 月 9 日）是中國圖書館學教育之父——沈祖榮先生之子，從小生活在位於武昌曇華林的私立武昌文華圖書館學專科學校。那時，文華圖書館學專科學校聚集著中國現代圖書館運動之皇后——韋棣華女士，中國最早赴美攻讀圖書館學歸國的沈祖榮先生與胡慶生先生，是二十世紀中國新圖書館運動的搖籃和策源地。在這樣的圖書館學環境中，沈寶環教授耳濡目染，從小就受到圖書館和圖書館學的薰陶，對圖書館充滿熱愛。1925 年，中華圖書館協會成立後，沈祖榮先生時常帶領全家參加中華圖書館協會的活動，自然沈寶環教授在年輕時就加入了中華圖書館協會，與袁同禮、蔣復璁等前輩頗為稔熟。抗戰時期，文華圖書館學專科學校西遷重慶，沈寶環教授於 1940 年 9 月至 1942 年 7 月，入文華圖書館學專科學校攻讀圖書館學，1945 年，轉職文華圖書館學專科學校，擔任總務主任兼任教席。抗戰勝利後，因為文華圖書館學專科學校經費拮据，遵照父親

沈祖榮先生的安排，沈寶環教授於 1948 年，赴美丹佛大學攻讀圖書館學，一邊設法將美國韋棣華基金會的基金定期匯回中國，以解燃眉之急，一邊說服美國圖書館協會國際關係委員會繼續支持文華圖書館學專科學校的發展。1955 年，沈寶環教授獲得丹佛大學教育學博士學位，其時中美關係惡化，無法返回大陸，不得已聯繫臺灣中央圖書館館長蔣復璁先生，回到臺北擔任中央圖書館閱覽部主任，從此被海峽阻隔，無法與父母和家人團聚。儘管如此，沈寶環先生遵從父親沈祖榮先生的囑託，秉承「智慧與服務」的文華精神，自二十世紀五十年代起，先後在臺灣東海大學、中山大學、臺灣大學從事圖書館管理和圖書館學教學工作，在臺灣開闢了圖書館事業的新天地，成為臺灣的「圖書館學巨擘」。

1990 年 9 月 2-20 日，在王振鵠教授的率領下，臺灣圖書館界「大陸圖書館訪問團」沈寶環、胡述兆、盧荷生、李德竹等一行 14 人，在海峽兩岸隔絕 41 年之後，第一次正式大規模地訪問大陸圖書館事業，並尋根訪友。代表團先後訪問了北京、天津、武漢、上海、杭州五個城市，正式拉開海峽兩岸圖書館界交流合作的序幕。在這次破冰之旅中，臺灣圖書館訪問團沒有安排到廣州訪問的日程，我自然無緣得見臺灣圖書館界的前輩。幸運的是，在代表團的正式訪問日程結束後，沈寶環教授獨自來到了廣州，專程探望他自1948 年，赴美後 42 年未見的妹妹沈寶媛女士。於是，我有機會第一次拜見沈寶環教授。

1990 年 9 月 22 日上午，廣東圖書館界的前輩周連寬、商志馥、譚祥金、黃俊貴等在廣東省立中山圖書館貴賓室接待沈寶環教授。那時我撰寫的長篇論文〈一代宗師 千秋彪炳——記中國圖書館學教育之父沈祖榮先生〉正在《圖書館》雜誌上分期連載，因此我有幸作為唯一的年輕人忝列與會名單。初次見面，沈寶環教授偉岸英俊的相貌和儒雅瀟灑的氣度已經令人折服不已，他那滿口地道的武漢話，讓人腦海裡頓時閃現「少小離家老大回，鄉音無改鬢毛衰」的情景，倍感親切。在座談中，當沈寶媛女士特別介紹我正在研究中國圖書館學教育之父沈祖榮時，沈寶環教授一邊點頭一邊說「沒想到你這麼年輕，很有前途」，對我鼓勵有加。下午，沈寶環教授應邀參觀中山大學，我們又有了更加深刻的暸解。記得在參觀中山大學信息管理系資料

室時，沈寶環教授看到我們有不少臺灣出版的圖書館學著作，感到很驚喜。我順手從書架上抽出《圖書·圖書館·圖書館學——沈寶環教授圖書館學論文選集》，告訴他：「你的論文選集中有一篇 1963 年，發表的《共產主義控制下圖書館事業所受到的摧殘》，我們也沒有避諱。」沈寶環教授笑了笑說：「那時不懂事，慚愧啊。」一句話引得我們一陣大笑，正是「白髮漁樵江渚上，慣看秋月春風。一壺濁酒喜相逢。古今多少事，都付笑談中。」

　　返回臺北後，沈寶環教授發表〈本是同根生——我看大陸圖書館事業〉一文，闡述此次破冰之旅的所見所聞和感想，發自肺腑地表達了海峽兩岸圖書館界同仁祈盼交流合作的共同心聲。拜讀此文，我深感海峽兩岸圖書館界交流合作的時代已經來臨，於是徵得沈寶環教授同意，在湖南圖書館學會主辦的《圖書館》雜誌 1991 年，第 2 期全文予以轉載，是為海峽兩岸隔絕 40 多年後臺灣圖書館學家最早在大陸發表的論文（程煥文，1999a）。

　　自臺灣圖書館界同仁第一次大規模訪問大陸圖書館事業之後，為便於海峽兩岸圖書館界的交流合作，在臺灣大學李德竹教授的召集下，經王振鵠、沈寶環、胡述兆、胡歐蘭、張鼎鍾、朱則剛、吳明德、高錦雪等教授的共同籌備，中華圖書資訊學教育學會於 1992 年 5 月 30 日，在臺北正式成立，由此開闢了海峽兩岸圖書館界交流合作常態化的發展道路。

　　1994 年 7 月，我出任中山大學信息管理系副主任。為進一步促進海峽兩岸圖書館界的交流合作，我向系主任譚祥金教授提出聘請沈寶環教授擔任廣東圖書館學會名譽理事的建議，得到了譚祥金主任和廣東圖書館學會常務副理事長黃俊貴的一致支持。

　　1995 年 11 月，沈寶環教授應中山大學的邀請前來廣州學術訪問，於是我有機會第二次拜見沈寶環教授。11 月 15 日上午，廣東圖書館學會在廣東省立中山圖書館舉行「沈寶環先生名譽理事聘任儀式暨學術報告會」，使海峽兩岸圖書館界的交流邁出了新的一步（彭斐章等，1994）。下午，沈寶環教授應邀到中山大學作題為「圖書館學理論的演進與發展趨勢」的學術報告。那時，沈寶環教授大病初癒，看到那麼多勤學好問的學生，深受感動。在報告結束後，沈寶環教授告訴譚祥金主任和我：「這裡有這麼多聰明的學生，將來一定大有出息。我很想為他們做點什麼，但是，我已退休多年，個人的

能力有限，做不了多少事，我身上帶著三千港幣，現在悉數贈送給貴系，聊表心意，請予接納。」為了感謝沈寶環教授對我們學生的獎勵，從第二年開始，我們決定以沈寶環教授的捐款為基礎進一步籌措經費，每年舉辦一次全系研究生和本科生參加的「圖書館學、資訊學、檔案學『五四』青年學術研討會」，評選優秀論文，獎勵獲獎學生。到 2005 年，我們設立沈祖榮沈寶環紀念獎學金時，該青年學術研討會已舉辦十屆。

　　1995 年初，我準備著手撰寫《沈祖榮評傳》，大綱擬定後聯繫大陸多間出版社均未獲接納，不得已轉投臺灣學生書局，沒想到很快獲得認可。沈寶環教授得知我的寫作計畫以後一直多方鼓勵。1996 年 9 月，譚祥金教授赴臺灣，開展為期一個月的學術訪問，我請譚祥金教授幫我將書稿帶到臺北，轉交學生書局。1997 年春，學生書局給我寄來《沈祖榮評傳》的一校清樣，從來信中我得知，沈寶環教授為了幫我撰寫序言，專程從美國返回臺北校閱書稿，補充照片，並請王梅玲編輯〈沈祖榮研究書目〉，幫我完善附錄，為我的著作增色不少。1997 年 8 月，《中國圖書館學教育之父──沈祖榮評傳》由臺灣學生書局精裝出版，受到臺灣圖書館學人的一致好評。在此之前，我與學生書局簽訂了出版合同，合同中未提及任何出版費用，在其後的很長時間內，我一直以為臺灣出版圖書是不需要出版補貼的。直到沈寶環教授仙逝以後多年，我到臺灣訪問偶遇學生書局的同仁時說到此事，他們才告訴我：「沈寶環教授幫我支付了出版費用，而且叮囑學生書局秘而不宣。」得知此事，我為沈寶環教授對我的厚愛和獎掖深深感動。

　　沈寶環教授退休以後，大多時間旅居美國，享受與女兒一家團聚的天倫之樂。但是，世新大學仍然聘請沈寶環教授擔任學校顧問，因此，沈寶環教授每年還不定期從美國返回臺北。為了進一步推動海峽兩岸的圖書館學交流，自 1998 年起，沈寶環教授在聘請賴鼎銘教授擔任《資訊傳播與圖書館學》主編的同時，還特別組建了新的期刊編輯顧問委員會，分別聘請美國的蘭開斯特（F. W. Lancaster）、陳欽智、周甯生、李華偉、李志鍾，臺灣的王振鵠、李德竹、胡述兆、張鼎鍾、盧荷生，內地的孟廣均教授（中國科學院文獻資訊中心）等圖書館學及資訊學專家擔任顧問。我也有幸忝列，成為來自內地的兩位顧問之一。實話說，我既倍感榮耀，又倍感誠惶誠恐，因為除

了我這個年輕人以外，所有其他顧問委員都是享譽海內外的圖書館學前輩。沈寶環教授之所以對我如此抬愛獎掖，是因為他對我等年輕人寄予殷切希望。沈寶環教授在信中多次鼓勵我：「現在是賴鼎銘和我這樣的中生代出頭接棒的時候，一定要把海峽兩岸的圖書館交流合作接力傳下去。」

2004 年 9 月 9 日凌晨 3 時（美國西部時間），沈寶環教授因病醫治無效在美國仙逝，哲人其萎，海內外圖書館界無不為之哀慟。在其後的一段時間內，沈寶環教授的夫人賀湘雲女士，女兒沈梅，以及華美圖書館員協會執行理事長曾程雙修女士，一直與我保持著頻繁的越洋電話聯繫和電子郵件交往。為了紀念沈祖榮宗師和沈寶環教授父子，我們和曾程雙修女士商定：一、在中國大陸設立「沈祖榮沈寶環紀念獎學金」；二、利用頒發「沈祖榮沈寶環紀念獎學金」的機會，邀請賀湘雲女士回國，共赴廬山，完成沈寶環教授赴廬山祭奠沈祖榮先生的未了心願。

2005 年 3 月，我再次出任中山大學信息管理系主任，在李華偉（美國國會圖書館亞洲部主任）、曾程雙修（美國華美圖書館協會常務理事長）、陳劉欽智（美國西蒙斯大學教授）等海內外知名人士和沈寶媛、賀湘雲、沈寶環的女兒沈梅、女婿 David Yong 等親人的慷慨捐贈支持下，我迅速建立了「沈祖榮沈寶環紀念獎學金基金」。於是，我特地邀請沈寶環教授的夫人賀湘雲女士和她在臺北的妹妹賀聿珠女士一起前來廣州訪問。

2005 年 10 月 12 日，在沈寶環教授的妹妹沈寶媛女士及其家人和我的陪同下，賀湘雲女士和賀聿珠女士乘坐京九列車，自廣州前往江西廬山。10 月 13 日上午，我們一行安抵廬山沈祖榮故居。14 日上午，我們一同去位於廬山土壩嶺之巔的沈祖榮姚翠卿合墓前，焚香叩拜，祭奠宗師。沈寶環教授生前期望我們帶賀湘雲女士一起赴廬山祭拜宗師沈祖榮先生的遺願終於實現（程煥文，2007）。

2005 年 10 月 16 日下午，「沈祖榮沈寶環紀念獎學金頒獎儀式」在中山大學圖書館聚賢廳隆重舉行，300 餘人參加頒獎儀式，共有 13 名碩士生和 24 名本科生獲得「沈氏獎學金」，是為中國大陸首次頒發「沈祖榮沈寶環紀念獎學金」。在頒獎儀式上，沈寶媛女士和賀湘雲女士分別發表熱情洋溢的講話，緬懷沈祖榮宗師和沈寶環教授的豐功偉績，鼓勵莘莘學子為振興中華而

努力學習。獲獎學生紛紛誓言發揚光大「智慧與服務」之精神，服務社群，造福民眾。一代宗師的圖書館精神薪火相傳，綿延不絕（程煥文，2005）。自2005年迄今，作為「沈祖榮沈寶環紀念獎學金基金」的負責人，我一直在負責基金的募集工作，每年頒發一次「沈祖榮沈寶環紀念獎學金」，18年來未曾間斷。

自2013年起，我開始籌畫編輯出版《沈寶環文集》，四處收集有關沈寶環教授的資料。在此過程中，臺灣圖書館學界同仁給與了我極大的支持。

2013年12月，已經出任臺灣世新大學校長的賴鼎銘教授，率領世新大學師生來廣州訪問。我邀請賴鼎銘校長前來中山大學，在懷士堂作學術報告。賴鼎銘校長在報告會上將沈寶環教授與他之間的往來信函全部轉贈給我，令我驚喜不已，感激不盡。

2014年7月16日，我到臺北開會時，世新大學莊道明教授將應我的請求收集整理的沈寶環教授論文目錄和全文電子版交給我，給予我極大的支持和幫助。後來，我在此基礎上，又補充了一百多篇文獻，初步完成了《沈寶環文集》的編輯工作。

2016年8月13-19日，第82屆國際圖書館協會聯合會大會在美國俄亥俄州哥倫布市舉行。藉與會之機，我在回國途中繞道加州爾灣，專程去拜訪沈寶環教授的夫人賀湘雲女士，從她家中取回兩箱沈寶環教授的文稿、書信和照片。

如今多年過去了，《沈寶環文集》依舊未能出版，非我等無能，實乃客觀因素不可抗拒。

2019年6月14-17日，我在中山大學組織召開「沈祖榮沈寶環學術思想研討會」，紀念沈寶環教授百年誕辰。臺灣圖書館學界的陳雪華、宋建成、彭慰、林志鳳、莊道明、王梅玲、楊美華、毛慶楨、吳美美等教授、專家和學者應邀前來參加研討會，海峽兩岸圖書館學人共同緬懷沈祖榮宗師和沈寶環教授的事業貢獻、學術成就和專業精神，莊道明教授在研討會上播放沈寶環先生榮退會的珍貴影像資料，令與會者無比深切懷念（李雨蒙、鄭煒楠，2019）。

哲人其萎，精神永存。文華精神已經成為賡續海峽兩岸圖書館界交流合作的永恆源泉，取之不盡，用之不竭。

三、 永續的學術交流

　　回顧海峽兩岸圖書館界交流合作的歷史，海峽兩岸圖書館界同仁篳路藍縷，共同鑄就了三座具有劃時代意義的里程碑。

　　第一座里程碑是，1990 年 9 月 2-20 日，王振鵠教授率臺灣圖書館界訪問團在隔絕 41 年之後，首次訪問大陸圖書館事業，正式拉開海峽兩岸圖書館交流合作的序幕。

　　第二座里程碑是，1993 年 2 月 19 日至 3 月 4 日，應臺灣大學的邀請，內地圖書館學教育界彭斐章、周文駿、陳譽、莊守經、史鑒、王振鳴 6 人展開了為期 14 天的臺灣圖書館事業回訪，拉開了大陸圖書館界大規模訪問臺灣圖書館事業的序幕。

　　第三座里程碑則是，1992 年 5 月 30 日，在臺灣大學李德竹教授的召集下，中華圖書資訊學教育學會在臺北正式成立，由此開闢了海峽兩岸圖書館界交流合作常態化的道路。

　　自 1992 年成立以來，中華圖書資訊學教育學會經歷了 15 屆理事會的更迭。胡述兆、李德竹（二屆、三屆）、莊道明（四屆、十三屆）、薛理桂、詹麗萍、楊美華、陳雪華、朱則剛、邱炯友、柯皓仁、黃元鶴、王梅玲、陳志銘 13 任理事長均與我有著深厚的學術友誼，或為忘年之交的師長，或為志同道合的朋友。30 年間，中華圖書資訊學教育學會與內地圖書館學教育界精誠合作，先後舉行了 14 屆海峽兩岸圖書資訊學學術研討會，包括：第一屆（1993 年，華東師範大學，上海）、第二屆（1994 年，北京大學）、第三屆（1997 年，武漢大學）、第四屆（1998 年，中山大學，廣州）、第五屆（2000 年，中科院文獻資訊中心，四川都江堰）、第六屆（2002 年，黑龍江圖書館學會，哈爾濱）、第七屆（2004 年，大連理工大學）、第八屆（2006 年，中山大學，廣州）、第九屆（2008 年，武漢大學）、第十屆（2010 年，南京大學）、第十一屆（2012 年，淡江大學）、第十二屆（2014 年，南開大學，天津）、第十三屆（2016 年，華中師範大學，武漢）、第十四屆（2018 年，南京理工大學）。因為新冠疫情原因，第十五屆（武漢大學）一直未能舉行。我有幸參加了十幾屆海峽兩岸圖書資訊學學術研討會，收穫頗豐，值得記憶的事

情也特別多。這裡謹略述數端，從幾個側面說明中華圖書資訊學教育學會對於海峽兩岸圖書館界交流合作廣泛而深遠的影響。

（一）世紀之交的殷切囑託

繼中華圖書資訊學教育學會聯合內地大學於 1993 年，在華東師範大學、1994 年，在北京大學和 1997 年 3 月，在武漢大學相繼舉辦第一屆、第二屆和第三屆海峽兩岸圖書資訊學學術研討會之後，為了更加廣泛地推動海峽兩岸圖書館界的交流合作，在臺灣大學胡述兆教授的精心籌畫下，「海峽兩岸圖書館事業研討會」於 1997 年 5 月 25-30 日，在臺北召開（程煥文，1997a）。這是一次在海峽兩岸圖書館界交流合作史冊上濃墨重彩的重要會議。胡述兆教授在遴選內地與會代表中採用了代表性、地域性、全面性和排除性的「四項基本原則」，遴選邀請此前尚未訪問過臺灣的內地圖書館界和圖書館學教育界的 31 位代表參加會議。這不僅是海峽兩岸開放之後最大的「大陸圖書館界學人」赴臺訪問團，而且也是最大的「大陸學界學人」赴臺訪問團。為此，胡述兆教授以個人的巨大影響力，籌措了迄今尚無人可以企及的充足經費（多年後我得知高達 470 萬新臺幣），全額承擔內地全體代表赴臺的全程與會費用。行程安排無微不至，自廣州中山大學乘車出發起，臺北的旅行社就全程負責交通安排，直到返回廣州。5 月 24 日，內地代表陸續到達廣州，在中山大學會合後，我作為廣州的地主，藉晚宴的機會，向赴臺訪問的各位代表報告全部行程安排，為確保此次訪問圓滿成功，大家公推孫蓓欣（中國國家圖書館副館長）、劉桂林（清華大學圖書館館長）和我（中山大學信息管理系主任）組成代表團三人領導小組，負責內地代表訪問的各項具體事宜。

5 月 25 日，我們一行 31 人自廣州出發，經香港到達臺北，王振鵠、胡述兆、盧荷生、李德竹、胡歐蘭、汪雁秋、林呈潢等臺灣圖書館界老中青三代人專程在中正機場迎接，令人無限感佩。

5 月 26-28 日，海峽兩岸圖書館事業研討會在臺灣中央圖書館隆重舉行，曾紀群館長對會場做了精心安排，兩百多位與會者濟濟一堂，討論十分熱烈。在會議期間，臺灣各相關機構高度關注，各大媒體一直跟蹤報導，盛讚

此次會議為隔絕 40 多年後，臺灣最大規模的海峽兩岸學術交流，以致引來臺北武漢大學校友會等前來訪朋問友（程煥文，1997b）。

5 月 30 日，在我們啟程返回廣州時，王振鵠、胡述兆、盧荷生、李德竹、胡歐蘭、汪雁秋等專程到我們下榻的酒店送行。在我與他們一一握別時，王振鵠教授、胡述兆教授和盧荷生教授圍著我語重心長地說：「你在代表團中最年輕，今後海峽兩岸圖書館界的交流合作就靠你們年輕人了，一定要把海峽兩岸圖書館界的交流合作進行下去。」這是我第一次訪問臺灣得到的最為殷切的囑託，倍感責任重大，使命光榮。這也是我後來一直努力開展海峽兩岸圖書館界交流合作的重要原因之一。25 年過去了，31 位代表或者退休，或者仙逝，僅我一人還在職，回想起當年的場景，我對臺灣圖書館學前輩的囑託又有了進一步深刻的領悟。

（二）承前啟後的合作拓展

返回廣州以後，我立即著手籌備第四屆海峽兩岸圖書資訊學學術研討會。鑑於 1997 年 7 月 1 日，香港已經回歸祖國，1999 年 12 月，澳門亦將回歸，我向中華圖書資訊學教育學會理事長李德竹教授提出：「是否可以將海峽兩岸圖書資訊學學術會議的與會代表從臺灣和大陸兩地拓展為大陸、臺灣、香港、澳門四地。」李德竹教授認為海峽兩岸圖書資訊學學術會議是海峽兩岸圖書館界交流的重要機制和管道，應保持其獨特性，同時支援我另行組織四地的學術交流合作會議。有鑑於此，自 1997 年起，我一方面與李德竹教授一起籌備第四屆海峽兩岸圖書資訊學學術研討會，另一方面又與香港嶺南大學圖書館館長冼麗環一起籌備兩岸四地代表參加的海峽兩岸圖書館與資訊服務研討會。

1998 年 3 月 29 日至 4 月 2 日，第四屆海峽兩岸圖書資訊學學術研討會在廣州中山大學召開，主題為「圖書館自動化與網路：先轉、趨勢與策略」。大陸代表 70 人，臺灣代表 28 人，香港特別行政區 5 人，澳門 6 人。王振鵠、胡述兆、盧荷生、李德竹、胡歐蘭、汪雁秋等臺灣圖書館界前輩前來與會，會議圓滿成功。

1998 年 6 月 17-18 日，中山大學信息管理系與香港嶺南大學圖書館聯合

主辦的「區域合作新紀元——海峽兩岸圖書館與資訊服務研討會」，在香港嶺南大學舉行，來自中國內地、臺灣、香港、澳門和美國、新加坡等其他國家的 193 人參加會議，是為有史以來最大規模的兩岸四地圖書館學術會議。此次會議最重要的成果是成立了「華文文獻資源分享聯絡小組」。在會議期間，不少代表提出與其坐而論道，不如起而行之，希望建立兩岸四地圖書館的合作機制，共同開展業務合作。為此，我與冼麗環館長商定：利用 6 月 18 日，午餐的機會召集兩岸四地的主要代表，召開一個「非正式午餐會議」，討論相關事宜。在午餐會上，應邀出席的代表討論十分熱烈，且一致贊同成立「華文文獻資源分享聯絡小組」，以便進一步推動兩岸四地圖書館界的交流合作。18 日下午，冼麗環、張鼎鍾和我共同主持綜合座談和閉幕式。經會議討論，大家形成了一致看法，最後由我宣布「華文文獻資源分享聯絡小組」正式成立，並公布聯絡小組成員名單及相關事宜。聯絡小組由孫蓓欣（中國國家圖書館副館長）、譚祥金（中國圖書館學會副理事長）、徐引篪（中國圖書館學會常務理事），顧敏（臺灣中國圖書館學會館際合作委員會主任委員）、鄭恒雄（臺灣中國圖書館學會標準委員會主任委員）、汪雁秋（臺灣中國圖書館學會秘書長）、冼麗環（香港嶺南大學圖書館館長）、譚惠康（香港大學圖書館副館長）和王國強（澳門大學圖書館暨資訊管理學會理事長）九人組成，九位成員分年度輪值擔任組長，首次輪值組長為冼麗環，常設聯絡地點為廣州中山大學（程煥文，1999b）。「華文文獻資源分享聯絡小組」的成立在海峽兩岸圖書資訊學學術研討會的基礎上開闢了兩岸四地圖書館交流合作的新天地，具有里程碑性的重大意義。

1999 年 11 月 4-5 日，哈佛大學哈佛燕京圖書館館長鄭炯文先生藉香港中文大學新亞書院五十週年紀念之機在香港舉辦「二十一世紀中文圖書館學術會議」，來自海內外的一百多位圖書館專家學者與會。在我告知有關「華文文獻資源分享聯絡小組」事宜後，鄭炯文館長召集周和平（中國圖書館學會常務副理事長）、孫蓓欣（中國圖書館學會副理事長）、譚祥金（中國圖書館學會副理事長）、戴龍基（北京大學圖書館館長）、莊芳榮（臺灣漢學研究中心主任）、張鼎鍾（臺灣中國圖書館學會理事長）、黎民頌（香港中文大學圖書館館長）、冼麗環（香港嶺南大學圖書館館長）和我召開了一個非正式的小

型會議。與會者認為有必要進一步拓展「華文文獻資源分享聯絡小組」的職能，在此基礎上成立「華文文獻資源合作發展協調委員會」，共同舉辦「華文文獻資源共建共用合作會議」。於是，文獻資源共建共用的合作從海峽兩岸進一步拓展到了全球範圍。

2000 年 6 月 7-9 日，由中國國家圖書館主辦的「中文文獻資源共建共用合作會議」在北京杏林山莊召開，來自中國兩岸四地和美國、荷蘭、新加坡的 42 個重要中文文獻收藏單位的 62 位代表參加會議。6 月 6 日晚，主辦單位組織召開「中文文獻資源合作發展協調委員會」籌備委員會議，確定了由內地的周和平、孫蓓欣、吳建中、徐引褆、譚祥金、戴龍基，臺灣的莊芳榮、吳明德、吳哲夫、黃寬重、胡歐蘭，香港的馬泰來、冼麗環、黎民頌，澳門的鄧美蓮、王國強，美國的鄭炯文、周原、周欣平，荷蘭的吳榮子，新加坡的黃友江共 21 人組成「中文文獻資源合作發展協調委員會」執行小組，周和平被推選為本屆會議執行小組主席。8 日晚，執行小組開會討論，決定將「中文文獻資源合作發展協調委員會」改名為「中文文獻資源共建共用合作會議執行小組」，並將本次會議定名為「中文文獻資源共建共用合作會議第一次會議」。在本次會議上，經過廣泛討論，與會代表確定了以下八個合作專案和主持人：（1）古籍聯合目錄資料庫（盧錦堂），（2）中文名稱規範資料庫（冼麗環），（3）孫中山數字圖書館（趙燕群），（4）中國拓片資料庫（黃潤華、黃寬重），（5）圖書館學情報學術語規範資料庫（徐引褆），（6）中國家譜總目（王鶴鳴），（7）中國版印圖錄（李致忠），（8）中國科技數字圖書館（劉桂林）。會議還確定由中國國家圖書館牽頭，兩岸四地和美國共同參加成立「中文 Metadata 標準格式工作小組」，推動中文 Metadata 的發展。會議決定，秘書處設在中國國家圖書館，每年召開一次會議，第二次和第三次會議分別在臺北和澳門舉行（程煥文，2000）。

第一次中文文獻資源共建共用合作會議開啟了全球中文文獻資源共建共用的新時代。其後相繼舉行了第二次（2001 年，臺北）、第三次（2002 年，澳門）、第四次（2004 年，南京）、第五次（2005 年，香港）、第六次（2006 年，敦煌）、第七次（2008 年，澳門）、第八次（2010 年，臺北）、第九次（2012 年，蘭州）、第十次（2014 年，香港）、第十一次（2016 年，澳門）、

第十二次（2018年，北京）會議。時過境遷，長江後浪推前浪，經歷了兩代人的更迭，許多前輩早已退休，即使是我這樣的當年最年輕的人現在也年逾花甲。記得2010年11月，第八次中文文獻資源共建共用合作會議在臺北中央圖書館舉行時，我沒有報告任務，一直坐在後排不起眼的地方聆聽與會者的高見。在閉幕式前的綜合討論中，臺灣中國圖書館學會前任秘書長汪雁秋舉手發問：「中山大學程煥文教授是否在會場？」我只好舉手示意自己在場，於是汪雁秋秘書長說：「中文文獻資源共建共用合作會議能夠開到第八屆，大家不應該忘記發起人程煥文教授。」並提議全場鼓掌向我致意，這令我非常感動。

繼1998年，承辦第四屆海峽兩岸圖書資訊學學術研討會之後，2006年6月16-21日，我又在廣州中山大學承辦了第八屆海峽兩岸圖書資訊學學術研討會，主題為「數位時代的圖書資訊服務與教育」，出席會議120人，臺灣40人，內地80人。胡述兆、李德竹、顧敏、盧秀菊、范豪英、王受榮、彭斐章、周文駿、吳慰慈、孟廣均、謝灼華、倪波、孫蓓欣等參加會議，同時專門舉行博碩士生論壇，堪稱是一次「四代同堂」的盛會。

因為海峽兩岸圖書資訊學學術研討會的緣故，中山大學信息學管理系與臺灣圖書資訊學教育界建立了長期的合作關係，先後與世新大學資訊傳播學系、政治大學圖書資訊與檔案學研究所等簽訂了交流合作協定，王梅玲教授、蔡明月教授、薛理桂教授、楊美華教授、林志鳳教授等先後前來中山大學訪問，或開展學術研究，或者開展學術交流。我們幾個學校的學生之間亦有許多互動。

（三）繼往開來的學術傳承

2009年，為慶祝譚祥金、趙燕群兩位老師70華誕，我策畫、組織出版了《譚祥金趙燕群文集》（上下卷，中山大學出版社），在學界產生了頗為廣泛的積極影響。有感於此，在2011年2月初，我動議策畫編輯出版《圖書館學家文庫》叢書，以充分展現二十世紀中國圖書館學家的學術成就，得到了內地圖書館界的廣泛支持。於是，我聘請中國國家圖書館周和平館長擔任顧問，譚祥金教授擔任主編，自任副主編全面負責資金籌措和編輯出版事宜，

開始了《圖書館學家文庫》叢書的編輯出版工作。

2011 年 11 月 17 日，深圳公共圖書館研究院、中山大學圖書館、廣東省立中山圖書館和深圳圖書館在深圳聯合舉辦李華偉博士圖書館學術思想研討會。在會議開幕式上專門舉行了《李華偉文集》（上下冊，中山大學出版社，2011 年 11 月）和《譚祥金趙燕群文集》（上下冊，中山大學出版，2011 年 10 月）首發式，《圖書館學家文庫》正式問世。其後，我們又陸續編輯出版了《杜定友文集》（22 冊，廣東人民出版社，2012 年 10 月）、《謝灼華文集》（上下冊，中山大學出版社，2013 年 12 月）、《周和平文集》（三冊，中山大學出版社，2014 年）等內地圖書館學家文集。

與此同時，我們又積極開展臺灣圖書館學家文庫的編輯出版工作，先後完成了《李德竹文集》（中山大學出版社，2013 年 10 月）和《胡述兆文集》（上下冊，中山大學出版社，2013 年 12 月）的編輯出版工作。

2014 年 1 月，我與譚祥金教授、趙燕群教授和中山大學出版社同仁一起赴臺北參加《胡述兆文集》和《李德竹文集》首發式。

2014 年 1 月 14 日上午，胡述兆教授學術思想研討會暨《胡述兆文集》首發式在臺灣大學圖書館 B1 國際會議廳舉行，胡述兆教授和臺灣圖書館界的一百多位學人參加首發式。我在致辭中特別強調：「《圖書館學家文庫》的編輯出版任重道遠，每一種文集都是中國圖書館學的一座豐碑，滿載著圖書館學術研究的成果，也是圖書館學發展的一個里程碑，指引著圖書館學研究的前進方向。《胡述兆文集》正是這樣的一座豐碑和一個里程碑。」

2014 年 1 月 14 日下午，李德竹教授學術思想研討會暨《李德竹文集》首發式在臺灣大學圖書館 B1 國際會議廳舉行。《李德竹文集》的編輯起於 2010 年 12 月，那時我公務繁忙，乃拜託譚祥金教授和趙燕群教授負責臺灣方面的聯絡事宜，很快得到了李德竹教授的熱情回應和大力支持。兩個月後，謝寶煖教授傳來噩耗：李德竹教授於 2011 年 2 月 13 日安息主懷，我們感到十分震驚和悲痛，編輯工作亦不知如何繼續進行。2011 年 4 月，政治大學王梅玲教授和蔡明月教授相繼訪問中山大學，我拜託兩位教授無論如何幫我們聯絡臺灣圖書館學界的同仁，幫助我們共同完成李德竹教授的遺願。在王梅玲教授和蔡明月教授的幫助下，從 2011 年 6 月起，世新大學資訊傳播

學系主任莊道明教授和中央圖書館曾淑賢館長開始全力參與《李德竹文集》的編輯。曾淑賢館長不斷與李德竹教授的弟弟李德武先生聯繫，四處收集李德竹教授的文章、報告、講義、照片等材料，並對文集的編輯提出了寶貴的建議，情真意切，貢獻良多。莊道明教授不辭辛苦，默默付出，兢兢業業，周詳細緻、令人感動。正是因為臺灣圖書館界同仁與我們同心同德，齊心協力，《李德竹文集》才得以編輯出版。誠如我在《李德竹文集》首發式致辭中所言：「李德竹教授已經駕鶴西去，然而音容宛在。」「《李德竹文集》的編輯出版既是海峽兩岸圖書資訊學交流與合作的見證，也是對李德竹教授一直致力於海峽兩岸圖書資訊學交流與合作的告慰。」

2014 年 7 月 16-19 日，臺灣師範大學舉辦「王振鵠教授九秩華誕慶典暨學術思想研討會」，應臺灣師範大學圖書館館長柯皓仁教授的邀請，我作為大陸的兩個代表之一應邀出席。我於 7 月 16 日上午，到達臺北，下午，政治大學榮譽教授胡歐蘭特地邀請從美國前來的李華偉教授和我與臺灣圖書館學會的三任秘書長汪雁秋、彭慰、葉乃靜，以及林呈潢、陳淑芬等老友，坐纜車到貓空遊覽，其後在阿義師大壺茶晚宴，享用臺北農家菜。在遊覽中，我請李華偉教授幫我說服王振鵠教授應承我們編輯出版《王振鵠文集》，李華偉教授欣然答應。在慶祝王振鵠教授九秩華誕會議期間，我亦當面向王振鵠教授請示，王振鵠教授表示可以考慮，但是仍然有所顧慮。待我返回廣州以後，王振鵠教授來信正式確認將《王振鵠文集》交給我編輯出版，並請臺北大學歷史系顧力仁教授全力襄助。這令我感激萬分。

自 2015 年起，顧力仁教授先後給我發來他整理的王振鵠教授著述目錄和著述原件。在此基礎上，我請門下的博碩士生進一步收集補充文獻，並完成了王振鵠教授著述的全部文字錄入和編排。令人無法言語的遺憾是，時過境遷，出版《王振鵠文集》面臨諸多不可抗拒的困難，一直未能出版。我相信顧力仁教授對我已經失去了耐心，因為多年來，他一直在催促出版事宜，我始終無法給他正面回答。

2019 年 6 月 9 日午時，王振鵠教授在睡夢中辭世，安息主懷，享年 95 歲。一個月後，莊道明教授來信，轉交給我王振鵠教授給我的一封尚未發出信件。這封信是王振鵠教授駕鶴西去後在他的書桌上發現的，內容是詢問

《王振鵠文集》出版的進展，文字簡短，語氣平和。拜讀此信，我心中的愧疚無以言狀。

　　為了完成王振鵠教授的遺願，我聯繫莊道明教授，請求他予以全力協助。經商議，我們議定採用統一的出版樣式，將《王振鵠文集》分為兩部分分別在內地和臺灣出版，以確保忠實原著，並在王振鵠教授百年華誕時正式出版，以紀念王振鵠教授。儘管如此，《王振鵠文集》的出版仍然存在難以克服的程式障礙和技術問題。不得已，我只好再聯繫我的老友、臺灣飛資得董事長劉淑德女士，請她大力協助。劉淑德毫不猶豫地答應：一定高品質地免費出版。真是「山窮水盡疑無路，柳暗花明又一村」，劉淑德的賢淑美德令我敬仰萬分，感激萬分！

四、 結語

　　回顧中華圖書資訊學教育學會三十年的發展歷史，其成果是豐碩的，其成就是斐然的，其影響是深遠的，足以彪炳海峽兩岸圖書館交流合作的史冊。

　　我感受最深的是，中華圖書資訊學教育學會從創辦到發展，走過了一條輝煌的道路，經歷了三代人的接力，薪火相傳，生生不息。在創辦之初，王振鵠、胡述兆、李德竹、沈寶環、盧荷生、胡歐蘭等臺灣圖書館學界前輩年齡均在花甲與古稀之間。三十年過去了，盧荷生、沈寶環、李德竹、王振鵠四位教授已相繼駕鶴西去，當年的年輕人王梅玲、莊道明、薛理桂、楊美華、陳雪華、陳昭珍等平穩地接過接力棒，繼續前行，完美地實現了第一代人與第二代人的更迭。如今第二代人亦年在花甲上下，頗似第一代創辦者的年齡情形。可喜的是，第三代學人正在茁壯成長，現在又到交接接力棒的時刻。我相信第三代學人一定能夠秉承前人的圖書館精神，承前啟後，繼往開來，為海峽兩岸的圖書館交流合作創造更加美好輝煌的明天。

參考文獻

李雨蒙、鄭煒楠（2019）。海峽兩岸圖書館學家的事業貢獻與學術影響——「沈祖榮・沈寶環學術思想研討會」綜述。**圖書館論壇，39**（10），60-66。

彭斐章、閻立中、譚祥金、黃俊貴（1994）。兩岸圖書館界交流邁出新的一步——為沈寶環先生被聘為廣東圖書館學會名譽理事感言。**圖書館論壇，5**，10。

程煥文（1997a）。在水一方——參加海峽兩岸圖書館事業研討會雜感。臺北：**中國圖書館學會會訊，3**，7-9。

程煥文（1997b）。他鄉有「珞珈」——訪臺北武大校友會有感。臺北：**珞珈，10**（133），103-105。

程煥文（1999a）。兩代巨擘 世紀絕唱——我所敬慕的沈寶環先生。**資訊傳播與圖書館學，6**（2），87-97。

程煥文（1999b）。區域合作新紀元——海峽兩岸圖書館與資訊服務研討會綜述，**高校文獻資訊研究，2**，3-9。

程煥文（2000）。全球合作的大構想 資源分享的大手筆——中文文獻資源共建共用合作會議第一次會議綜述。**江蘇圖書館學報，5**，10-13。

程煥文（2005）。沈祖榮沈寶環紀念獎學金頒獎儀式在中山大學舉行。**圖書館建設，6**，122。

程煥文（2007）。沈祖榮故居巡禮。**圖書情報知識，6**，104-107、113。

黃友棣（2022 年 7 月 10 日）。**黃友棣**。百度百科。https://baike.baidu.com/item/ 黃友棣 /2624094?fr=aladdin

論著篇

- 中華圖書資訊學教育學會理監事會暨委員會三十年發展／王梅玲、張曉琪

- 海峽兩岸圖書資訊學學術研討會論文集目次與計量分析／王梅玲、張曉琪

- 中華圖書資訊學教育學會會訊目次與統計分析／王梅玲、張曉琪

中華圖書資訊學教育學會
理監事會暨委員會三十年發展

王梅玲、張曉琪

　　學會的動力來自成員的參與，在這三十年中，中華圖書資訊學教育學會會務推動，仰賴兩支巨柱：理監事會與五個委員會。本文記錄他們這三十年來為學會的貢獻與發展，包括成員的姓名、系所單位以及參與三十年學會活動的角色與軌跡。

　　中華圖書資訊學教育學會從 1992 年至今，歷經十五屆理事會、監事會、及五類委員會。理事會由會員大會選舉理事九人，置常務理事三人，由理事互選之，並由理事就常務理事中選舉一人為理事長。理事長對內綜理督導會務，對外代表本會，並擔任會員大會、理事會主席。監事會亦由會員大會選舉監事三人，監事會置常務監事一人，由監事互選之，監察日常事務，並擔任監事會主席。學會每屆設有四至五個委員會：課程規劃委員會、研究發展委員會、學術交流委員會、系所主任委員會、與會員發展委員會，各委員會設有一至兩位主任委員。每屆理事會、監事會、與委員會任期兩年。

　　歷屆理監事與委員會名錄羅列如後，並將歷屆理事、監事與委員會主任委員所屬院校或服務單位進行統計分析。

一、理事與監事名錄

　　學會十五屆的理事長、常務理事、理事、常務監事、監事的名錄，參見表 6。其中李德竹教授與莊道明副教授擔任兩屆理事長。

表 6 歷年理事與監事名錄

屆數	理事長	常務理事	理事	常務監事	監事
第一屆	胡述兆	王振鵠 張鼎鍾	李德竹、朱則剛、高錦雪 胡歐蘭、吳明德、賴鼎銘	沈寶環	曾濟群 薛理桂
第二屆	李德竹	胡述兆 王振鵠	吳明德、胡歐蘭、盧荷生 高錦雪、沈寶環、張鼎鍾	鄭雪玫	陳雪華 薛理桂
第三屆	李德竹	王振鵠 胡歐蘭	胡述兆、賴鼎銘、薛理桂 吳明德、盧荷生、吳美美	高錦雪	蔡明月 鄭雪玫
第四屆	莊道明	胡歐蘭 薛理桂	王振鵠、王梅玲、張鼎鍾 張淳淳、曾淑賢、盧秀菊	盧荷生	陳昭珍 陳雪華
第五屆	薛理桂	王梅玲 莊道明	林呈潢、劉淑德、陳昭珍 嚴鼎忠、張慧銖、詹麗萍	范豪英	曾淑賢 楊美華
第六屆	詹麗萍	吳美美 黃慕萱	王梅玲、林呈潢、莊道明 陳昭珍、劉淑德、賴鼎銘	宋建成	薛理桂 黃鴻珠
第七屆	楊美華	王梅玲 吳美美	林呈潢、陳昭珍、莊道明 宋雪芳、張慧銖、劉淑德	范豪英	詹麗萍 薛理桂
第八屆	陳雪華	王梅玲 卜小蝶	宋雪芳、吳美美、邱炯友 詹麗萍、張慧銖、薛理桂	宋建成	盧秀菊 曾堃賢
第九屆	朱則剛	王梅玲 林志鳳	卜小蝶、吳美美、林呈潢 曾淑賢、羅思嘉、顧敏	黃鴻珠	陳昭珍 賴鼎銘
第十屆	邱炯友	林志鳳 林信成	卜小蝶、王梅玲、吳英美 宋雪芳、林呈潢、蔡明月	黃鴻珠	盧秀菊 薛理桂
第十一屆	柯皓仁	王梅玲 林珊如	王美玉、林信成、張慧銖 陳舜德、林麗娟、蔡明月	邱炯友	朱則剛 陳雪華
第十二屆	黃元鶴	宋雪芳 吳美美	阮明淑、林珊如、陳書梅 葉乃靜、蔡明月、蘇小鳳	王梅玲	林呈潢 陳昭珍

（續）

表 6 歷年理事與監事名錄（續）

屆數	理事長	常務理事	理事	常務監事	監事
第十三屆	莊道明	歐陽崇榮 邱子恒	宋雪芳、林奇秀、邱炯友 葉乃靜、羅思嘉、蘇小鳳	王梅玲	柯皓仁 蔡明月
第十四屆	王梅玲	曾元顯 歐陽崇榮	李正吉、邱子恒、邱炯友 吳美美、黃元鶴、宋慧筠	宋雪芳	陳昭珍 柯皓仁
第十五屆	陳志銘	林雯瑤 宋慧筠	柯皓仁、陳昭珍、陳光華 林信成、曾元顯、邱炯友	王梅玲	宋雪芳 黃元鶴

二、委員會主任委員名錄

學會十五屆的五類委員會主任委員姓名名錄羅列如後，自第八屆開始設置系所主任委員會，以發揮聯繫七所圖書資訊學系所的功能，參見表 7。

表 7 歷年委員會主任委員名錄

屆數	委員會主任委員	
第一屆	課程發展委員會：盧荷生 教學研究委員會：吳明德 學術發展委員會：賴鼎銘	學術交流委員會：薛理桂 會員委員會：陳昭珍
第二屆	課程與教學研究委員會：盧荷生 學術研究與發展委員會：黃世雄	學術交流委員會：盧秀菊 會員委員會：彭慰
第三屆	課程與教學發展委員會：蔡明月 學術研究與發展委員會：吳美美	學術交流委員會：盧秀菊 會員委員會：薛理桂
第四屆	課程與教學發展委員會：邱炯友 研究發展委員會：高錦雪	學術交流委員會：王梅玲 會員委員會：劉淑德
第五屆	課程與教學委員會：王梅玲 研究發展委員會：陳麗鳳	學術交流委員會：林志鳳 會員委員會：吳英美

（續）

表 7 歷年委員會主任委員名錄（續）

屆數	委員會主任委員	
第六屆	課程發展委員會：吳美美 研究發展委員會：賴苑玲	學術交流委員會：景祥祜 會員委員會：姜義臺
第七屆	課程規劃委員會：張慧銖 研究發展委員會：黃慕萱	學術交流委員會：宋雪芳 會員委員會：劉淑德
第八屆	課程規劃委員會：王梅玲 研究發展委員會：卜小蝶 學術交流委員會：邱炯友	系所主任委員會：宋雪芳 會員發展委員會：劉淑德
第九屆	課程規劃委員會：王梅玲 研究發展委員會：林珊如 學術交流委員會：林志鳳	系所主任委員會：羅思嘉 會員發展委員會：卜小蝶
第十屆	課程規劃委員會：蘇小鳳 研究發展委員會：柯皓仁 學術交流委員會：林信成	系所主任委員會：陳舜德 會員發展委員會：林奇秀
第十一屆	課程規劃委員會：阮明淑 研究發展委員會：葉乃靜 學術交流委員會：蘇小鳳	系所主任委員會：王美玉 會員發展委員會：林維真
第十二屆	課程規劃委員會：阮明淑 研究發展委員會：葉乃靜 學術交流委員會：邱子恒	系所主任委員會：羅思嘉 會員發展委員會：曾苓莉
第十三屆	課程規劃委員會：羅思嘉 研究發展委員會：王梅玲 學術交流委員會：黃元鶴	系所主任委員會：邱炯友 會員發展委員會：邱子恒
第十四屆	課程規劃委員會：吳美美 研究發展委員會：黃元鶴 學術交流委員會：宋慧筠、莊道明	系所主任委員會：歐陽崇榮 會員發展委員會：邱子恒
第十五屆	課程規劃委員會：李正吉 研究發展委員會：宋慧筠 學術交流委員會：李沛錞	系所主任委員會：林巧敏 會員發展委員會：林雯瑤

三、歷年理事、監事、委員會主任委員統計

　　中華圖書資訊學教育學會自 1992 年至今，共有十五屆理監事會及委員會，參見表 8，歷年理監事會及委員會主任委員由 71 位圖書資訊教育學界教師組成，共 250 人次。按各人歷年擔任理事、監事、委員會主任委員次數統計，最多擔任次數的 6 位，十五屆以來擔任次數超過 9 次，對學會貢獻高。依擔任理事、監事及委員會主任委員次數由多至少排序，分別為：（1）王梅玲：17 次、（2）薛理桂：11 次，（3）吳美美：10 次，（4）陳昭珍、邱炯友、宋雪芳：9 次，三位並列。

表 8 歷年理事、監事、委員會主任委員統計

姓名 \ 屆數 年度	一 1992	二 1995	三 1997	四 1999	五 2001	六 2003	七 2005	八 2007	九 2009	十 2011	十一 2014	十二 2016	十三 2018	十四 2020	十五 2022	小計
1. 王梅玲				2	2	1	1	2	2	1	1	1	2	1	1	17
2. 薛理桂	2	1	2	1	1	1	1	1		1						11
3. 吳美美			2			2	1	1	1			1		2		10
4. 陳昭珍	1			1	1	1		1		1		1		1	1	9
5. 邱炯友				1				2		1	1		2	1	1	9
6. 宋雪芳							2	2		1		1	1	1	1	9
7. 蔡明月			2							1	1	1	1			6
8. 莊道明				1	1	1	1						1	1		6
9. 劉淑德				1	1	1	2	1								6
10. 林呈潢					1	1			1	1		1				6
11. 賴鼎銘	2		1			1			1							5
12. 盧荷生	1	2	1	1												5

（續）

表 8 歷年理事、監事、委員會主任委員統計（續）

姓名\年度	一 1992	二 1995	三 1997	四 1999	五 2001	六 2003	七 2005	八 2007	九 2009	十 2011	十一 2014	十二 2016	十三 2018	十四 2020	十五 2022	小計
13. 盧秀菊		1	1	1				1		1						5
14. 張慧銖					1		2	1			1					5
15. 卜小蝶								2	2	1						5
16. 羅思嘉									2			1	2			5
17. 柯皓仁										1	1		1	1	1	5
18. 黃元鶴												1	1	2	1	5
19. 邱子恒												1	2	2		5
20. 王振鵠	1	1	1	1												4
21. 高錦雪	1	1	1	1												4
22. 胡歐蘭	1	1	1	1												4
23. 吳明德	2	1	1													4
24. 陳雪華		1		1				1			1					4
25. 詹麗萍					1	1	1	1								4
26. 林志鳳					1				2	1						4
27. 林信成									2	1					1	4
28. 蘇小鳳										1	1	1	1			4
29. 葉乃靜											1	2	1			4
30. 宋慧筠														2	2	4
31. 胡述兆	1	1	1													3
32. 張鼎鍾	1	1		1												3

（續）

表 8 歷年理事、監事、委員會主任委員統計（續）

姓名	一 1992	二 1995	三 1997	四 1999	五 2001	六 2003	七 2005	八 2007	九 2009	十 2011	十一 2014	十二 2016	十三 2018	十四 2020	十五 2022	小計
33. 李德竹	1	1	1													3
34. 朱則剛	1								1		1					3
35. 曾淑賢				1	1				1							3
36. 黃鴻珠						1			1	1						3
37. 林珊如									1		1	1				3
38. 阮明淑											1	2				3
39. 歐陽崇榮													1	2		3
40. 沈寶環	1	1														2
41. 鄭雪玫		1	1													2
42. 范豪英					1		1									2
43. 楊美華					1		1									2
44. 吳英美					1				1							2
45. 黃慕萱						1	1									2
46. 宋建成						1		1								2
47. 陳舜德									1	1						2
48. 林奇秀									1			1				2
49. 王美玉											2					2
50. 曾元顯														1	1	2
51. 李正吉														1	1	2
52. 林雯瑤															2	2

（續）

表 8 歷年理事、監事、委員會主任委員統計（續）

姓名＼屆數（年度）	一 1992	二 1995	三 1997	四 1999	五 2001	六 2003	七 2005	八 2007	九 2009	十 2011	十一 2014	十二 2016	十三 2018	十四 2020	十五 2022	小計
53. 曾濟群	1															1
54. 黃世雄		1														1
55. 彭慰		1														1
56. 張淳淳				1												1
57. 嚴鼎忠					1											1
58. 陳麗鳳					1											1
59. 賴苑玲						1										1
60. 景祥祜						1										1
61. 姜義臺						1										1
62. 曾堃賢								1								1
63. 顧敏									1							1
64. 林麗娟											1					1
65. 林維真											1					1
66. 陳書梅												1				1
67. 曾苓莉												1				1
68. 陳志銘															1	1
69. 陳光華															1	1
70. 李沛錞															1	1
71. 林巧敏															1	1
總計	17	16	16	16	16	16	16	17	17	17	17	17	17	18	17	250

歷年理事、監事與委員會主任委員分別來自 17 所學校與機構，參見表 9，學會歷年最多人次擔任理事、監事及委員會主任委員的 7 所學校或機構，為 7 所圖書資訊學系所，依擔任人次由多至少排序為：（1）國立政治大學圖書資訊與檔案學研究所：45 人次，（2）國立臺灣大學圖書資訊學系：40 人次，（3）國立臺灣師範大學圖書資訊學研究所：34 人次，（4）淡江大學資訊與圖書館學系：33 人次，（5）輔仁大學圖書資訊學系：26 人次，（6）國立中興大學圖書資訊學研究所：21 人次，及（7）世新大學資訊傳播學系：20 人次。其他 10 所學校或機構為：國家圖書館、文華圖書館管理資訊股份有限公司、臺北醫學大學圖書館、考試院、國立空中大學、玄奘大學、國立臺中教育大學圖書館、逢甲大學圖書館、臺北市立師範學院圖書館、以及靜宜大學圖書館。

表 9 各學校／機構每年擔任理監事會成員、委員會主任委員人數統計

學校／機構 (屆數／年度)	一 1992	二 1995	三 1997	四 1999	五 2001	六 2003	七 2005	八 2007	九 2009	十 2011	十一 2014	十二 2016	十三 2018	十四 2020	十五 2022	小計
1. 國立政治大學	1	1	3	2	5	3	4	3	2	3	3	3	5	2	5	45
2. 國立臺灣大學	6	8	5	2	1	1	1	2	2	2	4	2	3		1	40
3. 國立臺灣師範大學	1	1	3	2	1		2	3	4	2	1	2	1	5	3	34
4. 淡江大學	3	1	2	1		1	2	4	1	5	3	1	2	3	4	33
5. 輔仁大學	2	3	2	4	1				2	2	2	2	1	3	2	26
6. 國立中興大學				2	1	4	2	2	1	2	2	1	2	2		21
7. 世新大學			1	1	2	2	1		3	1	2	4	2	1		20
8. 國家圖書館	1				2	1		2	1	1						8
9. 文華圖書館管理資訊			1	1	1	2	1									6

（續）

表 9 各學校／機構每年擔任理監事會成員、委員會主任委員人數統計（續）

學校／機構	一 1992	二 1995	三 1997	四 1999	五 2001	六 2003	七 2005	八 2007	九 2009	十 2011	十一 2014	十二 2016	十三 2018	十四 2020	十五 2022	小計
10. 臺北醫學大學												1	2	2		5
11. 考試院	1	1		1												3
12. 國立空中大學	2	1														3
13. 玄奘大學					2											2
14. 國立臺中教育大學						1										1
15. 逢甲大學						1										1
16. 臺北市立師範學院					1											1
17. 靜宜大學						1										1
總計	17	16	16	16	16	16	16	17	17	17	17	17	17	18	17	250

　　中華圖書資訊學教育學會理監事會、委員會已經歷十五屆發展。學會順利營運，幸賴理監事會、委員會成員、各工作人員及會員的付出。歷年學會理監事會及委員會主任委員來自 17 所學校與機構，最大貢獻來自國內 7 所圖書資訊學系之學校：（1）國立政治大學、（2）國立臺灣大學、（3）國立臺灣師範大學、（4）淡江大學、（5）輔仁大學、（6）國立中興大學、與（7）世新大學，多年來匯聚全國圖書資訊學教育翹楚，為研究與推廣圖書資訊學教育協力同心，同時促進了圖書資訊學教育界交流與合作。

海峽兩岸圖書資訊學學術研討會論文集目次與計量分析

王梅玲、張曉琪

　　這三十年來，臺灣與大陸兩岸圖書館事業積極交流合作。1993 年，是海峽兩岸圖書資訊學學術合作破冰的關鍵，12 月 12 日至 15 日，在上海由華東師範大學與中華圖書資訊學教育學會聯合舉辦第一屆海峽兩岸圖書資訊學學術研討會。至 2018 年，共成功舉行十四屆會議，此為兩岸圖書資訊學學術合作最大的成功。

　　中華圖書資訊學教育學會從 1993 年至 2018 年間，以每年或隔年方式，定期與中國大陸圖書資訊學系或圖書館合辦共十四屆海峽兩岸圖書資訊學學術研討會，開啟臺灣學者與中國大陸學者接觸機會，也為兩岸圖書資訊學系所的教育與學術交流奠定基礎。本文資料蒐集自 1993 年至 2018 年間，十四屆海峽兩岸圖書資訊學學術研討會論文集，書目資料詳見本特刊〈中華圖書資訊學教育學會出版品書目〉，歷屆研討會論文集由臺灣及大陸各自分開編印 A 輯與 B 輯。本文參考王梅玲、張譯文（2018）的研究，針對海峽兩岸圖書資訊學學術研討會論文集進行計量分析，以書目計量研究 1993-2018 年海峽兩岸圖書資訊學學術合作發表論文與主題、機構參與及作者學術生產力，並且編製歷年海峽兩岸圖書資訊學學術研討會論文集摘要與目次於後。本文分三部分：十四屆研討會論文集計量分析、十四屆研討會論文集摘要、與十四屆研討會論文集目次。

一、十四屆研討會論文集計量分析

　　針對十四屆學術研討會論文集，本文進行下列計量分析：（1）探討1993-2018年臺灣與大陸圖書資訊學會議論文特性，包括論文數量、成長及模式。（2）探討1993-2018年臺灣與大陸圖書資訊學會議論文的主題領域與變化。（3）探討臺灣與大陸圖書資訊學學術研討會作者與參與機構的生產力、合作模式與地理分布。從十四屆的28冊會議論文集計量分析，可以瞭解三十年來兩岸圖書資訊學學術研究的演進，從主題、作者、機構、地理深入分析。

　　中華圖書資訊學教育學會從1993年至2018年，促成十四次海峽兩岸圖書資訊學學術研討會最具成效，各屆舉行地點、舉辦單位與會議主題參見表10。這十四屆研討會橫跨1990年代（4屆），2000年代（5屆），2010年代（5屆），代表著近三十年臺灣與中國圖書資訊學學術樣貌。

　　1993年，臺灣中華圖書資訊學教育學會與大陸華東師範大學圖書館情報學系合作舉辦第一屆會議。1994年，與北京大學信息管理系合辦第二屆會議。1997年，第三屆海峽兩岸圖書資訊學學術研討會在武漢大學舉行，以「圖書資訊學核心課程」為主題，1998年，第四屆海峽兩岸圖書資訊學學術研討會在廣州中山大學舉行，以「圖書館自動化與網路」為主題。前四屆奠定良好基石，其後十屆研討會是圖書資訊學合作的形成階段，兩岸研討會為實踐任務而努力。

　　十四屆會議當中，13屆由許多大陸的大學舉辦，1屆由臺灣的大學舉辦，大陸方面：武漢大學舉辦2次（1997年、2008年）、中山大學2次（1998年、2006年），其餘分別由華東師範大學圖書館情報學系、北京大學信息管理系、中國科學院文獻情報中心、黑龍江省圖書館學會、大連理工大學圖書館、南京大學信息管理學院、南開大學商學院信息資源管理系、華中師範大學信息管理學院以及南京理工大學經濟管理學院舉辦；臺灣方面，淡江大學資訊與圖書館學系舉辦1次。研討會13屆地點在中國大陸，1屆在臺灣臺北，武漢3次，南京2次，廣州2次，上海、成都、黑龍江、大連、天津與北京各1次。

表 10 海峽兩岸圖書資訊學 14 屆學術研討會一覽表

年份 （屆）	地點	大陸主辦單位	臺灣主辦單位	會議主題
1993 （1）	上海	華東師範大學圖書館情報學系	中華圖書資訊學教育學會	海峽兩岸圖書資訊學術研討
1994 （2）	北京	北京大學信息管理系	中華圖書資訊學教育學會	海峽兩岸圖書資訊學術研討
1997 （3）	武漢	武漢大學圖書情報學院	中華圖書資訊學教育學會	圖書情報（資訊）學核心課程
1998 （4）	廣州	中山大學信息管理系	中華圖書資訊學教育學會	圖書館自動化與網路
2000 （5）	成都	中國科學院文獻情報中心	中華圖書資訊學教育學會	圖書資訊交流標準化
2002 （6）	黑龍江	黑龍江省圖書館學會	中華圖書資訊學教育學會	海峽兩岸資訊服務與教育新方向研討會
2004 （7）	大連	大連理工大學圖書館	中華圖書資訊學教育學會	圖書資訊學暨教育發展
2006 （8）	廣州	中山大學資訊管理學院	中華圖書資訊學教育學會	數位時代的圖書資訊服務與教育
2008 （9）	武漢	武漢大學信息管理學院	中華圖書資訊學教育學會	數字時代圖書信息學之變革與發展
2010 （10）	南京	南京大學信息管理學院	中華圖書資訊學教育學會	回顧與展望：知識時代圖書資訊學的變革與發展
2012 （11）	新北市	淡江大學資訊與圖書館學系	中華圖書資訊學教育學會	開創兩岸圖書資訊學與圖書館事業新紀元
2014 （12）	天津	南開大學商學院信息資源管理系	中華圖書資訊學教育學會	大數據與雲端環境下的多維圖書資訊學

（續）

表 10 海峽兩岸圖書資訊學 14 屆學術研討會一覽表（續）

年份（屆）	地點	大陸主辦單位	臺灣主辦單位	會議主題
2016（13）	武漢	華中師範大學信息管理學院	中華圖書資訊學教育學會、輔仁大學圖書資訊學系	資料驅動的圖書資訊學創新與發展
2018（14）	南京	南京理工大學經濟管理學院	中華圖書資訊學教育學會、世新大學資訊傳播學系	數據科學驅動的圖書資訊學變革與轉型

　　本文的資料蒐集來自 1993 年至 2018 年間，十四屆海峽兩岸圖書資訊學學術研討會論文集，依據一至十四屆的 26 種論文集，共建檔 893 筆會議文獻書目記錄。歷屆研討會論文集由臺灣和大陸各自分開編印，因此研究者無法取得 2002 年第六屆與 2004 年第七屆大陸兩種論文集，另依據會議議程建檔。本研究對歷屆會議經由研討主題進行論文主題分類，但 1997 年第三屆、2002 年第六屆、2006 年第八屆以及 2016 年第十三屆，大會未設定研討主題，研究者依本研究訂定的論文主題表進行分類。

　　本文對研討會論文進行主題分類，參考歷屆研討主題與發表論文主題進行歸納整理，而訂定「兩岸圖書資訊學學術研討會論文主題分類表」，大分 19 類，包括：圖書資訊學教育、資訊服務、資訊資源與數位圖書館、圖書館經營與管理、使用者資訊行為、圖書館自動化與網路、圖書資訊學新技術、資訊計量、資訊組織、出版與閱讀、資訊檢索與系統、圖書資訊學理論、圖書資訊事業、圖書資訊學標準、資訊素養與教育、健康資訊學、圖書資訊學歷史、檔案學與管理，以及社群媒體與網站。

　　以下分六方面進行計量分析：研討會論文發表、論文地理分布、論文類型、論文主題分布、作者生產力、作者服務機構生產力。

（一）兩岸圖書資訊學學術研討會論文發表

本文以 1993 年 2018 年間，中華圖書資訊學教育學會與大陸合作舉辦十四屆研討會論文集及專題演講為研究對象。本文建檔文獻資料共計 893 筆，臺灣 347 筆，大陸 538 筆，香港 4 筆，澳門 3 筆，以及哥本哈根 1 筆。本文採用書目計量學方法，分析其文獻成長情形，包括出版國家、文獻類型、主題領域，以及作者生產力等項目，參見表 11、12。

海峽兩岸圖書資訊學學術研討會 1993 年，在上海舉行第一屆，起初未訂定研討主題，直到 1997 年，武漢第三屆研討會開始，每屆訂定不同的主題，促進兩岸圖書資訊學界的溝通、合作與分享。本文將 893 筆論文進行歷屆與累積論文之數量統計，觀察這十四屆研討會二十五年來的文獻成長情形。參見表 11，自 1993 年，第一屆研討會開始有 25 篇，每屆的論文數量成長，因 2006 年以後，每屆論文發表均超過 70 篇以上。2012 年第十一屆，由淡江大學資訊與圖書館學系主辦之「開創兩岸圖書資訊學與圖書館事業新紀元」，是首屆舉行在臺灣的會議，發表文獻篇數最多，共 114 篇（12.8%），第二是 2010 年第十屆，南京大學經濟管理學院合辦，發表 107 篇（12%），第三是武漢大學信息管理學院合辦 2008 年第九屆，92 篇（10.3%），2018 年第十四屆，也發表 91 篇（10.2%）論文。

表 11 海峽兩岸圖書資訊學學術研討會論文發表總計

年代（屆）	地點	研討會主題	篇數	%	累積篇數
1993（1）	上海	海峽兩岸圖書資訊學術研討	25	2.8	25
1994（2）	北京	海峽兩岸圖書資訊學術研討	32	3.6	57
1997（3）	武漢	圖書情報（資訊）學核心課程	37	4.1	94
1998（4）	廣州	圖書館自動化與網路	52	5.8	146
2000（5）	成都	圖書資訊交流標準化	58	6.5	204

（續）

表 11 海峽兩岸圖書資訊學學術研討會論文發表總計（續）

年代（屆）	地點	研討會主題	篇數	%	累積篇數
2002（6）*	黑龍江	海峽兩岸資訊服務與教育新方向研討會	22	2.5	226
2004（7）*	大連	圖書資訊學暨教育發展	18	2	244
2006（8）	廣州	數位時代的圖書資訊服務與教育	72	8.1	316
2008（9）	武漢	數字時代圖書信息學之變革與發展	92	10.3	408
2010（10）	南京	回顧與展望：知識時代圖書資訊學的變革與發展	107	12	515
2012（11）	新北市	開創兩岸圖書資訊學與圖書館事業新紀元	114	12.8	629
2014（12）	天津	大數據與雲端環境下的多維圖書資訊學	88	9.9	717
2016（13）	武漢	資料驅動的圖書資訊學創新與發展	85	9.5	802
2018（14）	南京	數據科學驅動的圖書資訊學變革與轉型	91	10.2	893
總計			893		

* 缺少大陸論文集

　　參見圖 4，海峽兩岸圖書資訊學學術研討會二十五年中論文呈現上升的趨勢，自 2006 年第八屆開始論文篇數明顯成長，2010 年第十屆和 2012 年第十一屆數量皆突破一百篇，達到歷屆高峰期，隨後 2014 年第十二屆至 2018 年第十四屆又下降至一百篇以內。

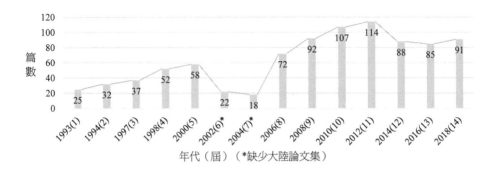

圖 4 海峽兩岸圖書資訊學學術研討會論文分布圖

（二）論文地理分布

藉由論文發表地區分析，可瞭解各地對於海峽兩岸圖書資訊學學術研討會之參與程度。參見表 12，大陸發表 538 篇（60.2%）最多，第二為臺灣 347 篇（38.9%），其餘為香港的 4 篇（0.4%），澳門 3 篇（0.3%）以及 Diane H. Sonnenwald 專題演講 1 篇（0.1%）。就臺灣學者歷屆發表論文篇數而言，2010 年第十屆最多，有 59 篇（17%），是第一次發表篇數多於大陸 48 篇（8.9%），第二多為 2008 年第九屆 40 篇（11.5%），第三為 2012 年第十一屆 37 篇（10.7%），2014 年第十二屆也有 36 篇（10.4%）發表。然而，就大陸歷屆發表論文篇數來看，最多是 2012 年第十一屆 73 篇（13.6%），第二為 2018 年第十四屆 68 篇（12.6%），第三為 2016 年第十三屆 57 篇（10.6%）。

表 12 海峽兩岸圖書資訊學學術研討會論文地理分布

N=893

地區	臺灣		大陸		香港		澳門		哥本哈根	
年代（屆）	篇數	%	篇數	%	篇數	%	篇數	%	篇數	%
1993（1）	9	2.6	16	3	0	0	0	0	0	0
1994（2）	12	3.5	20	3.7	0	0	0	0	0	0
1997（3）	12	3.5	25	4.6	0	0	0	0	0	0

（續）

表 12 海峽兩岸圖書資訊學學術研討會論文地理分布（續）

N=893

地區 年代（屆）	臺灣		大陸		香港		澳門		哥本哈根	
	篇數	%	篇數	%	篇數	%	篇數	%	篇數	%
1998（4）	16	4.6	35	6.5	1	25	0	0	0	0
2000（5）	18	5.2	39	7.2	0	0	1	33.3	0	0
2002（6）*	19	5.5	3	0.6	0	0	0	0	0	0
2004（7）*	16	4.6	2	0.4	0	0	0	0	0	0
2006（8）	23	6.6	49	9.1	0	0	0	0	0	0
2008（9）	40	11.5	52	9.7	0	0	0	0	0	0
2010（10）	59	17	48	8.9	0	0	0	0	0	0
2012（11）	37	10.7	73	13.6	3	75	1	33.3	0	0
2014（12）	36	10.4	51	9.5	0	0	0	0	1	100
2016（13）	28	8.1	57	10.6	0	0	0	0	0	0
2018（14）	22	6.3	68	12.6	0	0	1	33.3	0	0
總計	347	38.9	538	60.2	4	0.4	3	0.3	1	0.1

* 缺少大陸論文集

　　將發表論文的國家與地區分布繪製歷屆成長圖，如圖 5。整體而言，大陸發表論文最多，僅有 2010 年第十屆臺灣發表篇數最多。然而，大陸發表篇數起伏跌宕並非每屆增加，於 2012 年第十一屆達高峰，至 2014 年第十二屆大幅下跌後，近年則穩定成長。臺灣自 1993 年第一屆開始到 2004 年第七屆期間，發表篇數平穩發展，2006 年第八屆到 2010 年第十屆期間發表篇數快速成長，且於 2010 年第十屆達到高峰期後，2012 年到 2018 年近四屆開始逐年下跌，其中 2018 年第十四屆是兩岸發表篇數差距最大的一屆，大陸 68 篇，臺灣 22 篇，相差 46 篇。

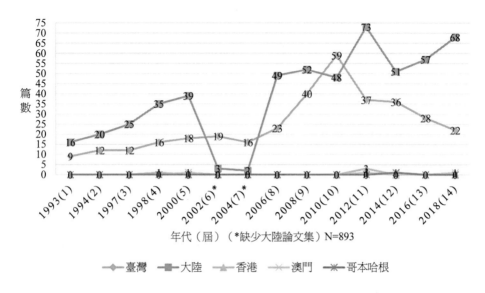

篇
數

年代（屆）（*缺少大陸論文集）N=893

◆臺灣 ■大陸 ▲香港 ✕澳門 ✱哥本哈根

圖 5 海峽兩岸圖書資訊學學術研討會論文地理分布圖

（三）論文類型

　　海峽兩岸圖書資訊學學術研討會會議交流的方式有所改變。自 2002 年第六屆開始，研討會逐漸形成由邀請兩岸專家學者的專題演講，以及由兩岸學生所參與的青年論壇或論文發表模式，各屆不盡相同。參見表 13，893 篇文獻中，833 篇（93.3%）為論文，60 篇（6.7%）為專題演講。其中，2010年第十屆專題演講篇數最多共 27 篇（45%），原因與該屆研討會舉辦形式相關。該屆研討會是由兩岸專家學者進行特邀報告與專題報告，學生進行青年論壇，本研究將特邀報告與專題報告皆列入專題演講。

表 13 海峽兩岸圖書資訊學學術研討會專題演講與論文統計

N=893

年代（屆）	臺灣		大陸		香港		澳門		哥本哈根		小計	
文獻類型	專題演講	論文	專題演講	論文	專題演講	論文	專題演講	論文	專題演講	論文	專題演講	論文
1993（1）	0	9	0	16	0	0	0	0	0	0	0 (0%)	25 (3%)
1994（2）	0	12	0	20	0	0	0	0	0	0	0 (0%)	32 (3.8%)
1997（3）	0	12	0	25	0	0	0	0	0	0	0 (0%)	37 (4.4%)
1998（4）	0	16	0	35	0	1	0	0	0	0	0 (0%)	52 (6.2%)
2000（5）	0	18	0	39	0	0	0	1	0	0	0 (0%)	58 (7%)
2002（6）*	1	18	3	0	0	0	0	0	0	0	4 (6.7%)	18 (2.2%)
2004（7）*	2	14	2	0	0	0	0	0	0	0	4 (6.7%)	14 (1.7%)
2006（8）	0	23	0	49	0	0	0	0	0	0	0 (0%)	72 (8.6%)
2008（9）	3	37	4	48	0	0	0	0	0	0	7 (11.7%)	85 (10.2%)
2010（10）	7	52	20	28	0	0	0	0	0	0	27 (45%)	80 (9.6%)
2012（11）	0	37	0	73	0	3	0	1	0	0	0 (0%)	114 (13.7%)
2014（12）	1	35	2	49	0	0	0	0	1	0	4 (6.7%)	84 (10.1%)
2016（13）	2	26	8	49	0	0	0	0	0	0	10 (16.7%)	75 (9%)
2018（14）	2	20	1	67	0	0	1	0	0	0	4 (6.7%)	87 (10.4%)
總計	18	329	40	498	0	4	1	2	1	0	60 (6.7%)	833 (93.3%)

* 缺少大陸論文集

本文統整歷屆專題演講者，兩岸圖書資訊學學術研討會舉行以來，共邀請 50 位專家學者進行 60 場專題演講。其中，武漢大學信息管理學院馬費成教授受邀最多次共 4 場，其次有 7 位學者共受邀 2 場，臺灣有政治大學圖書資訊與檔案學研究所的王梅玲與楊美華教授，大陸有南開大學信息資源管理系的柯平教授、中山大學資訊管理學院的曹樹金與程煥文教授、武漢大學信息管理學院的陳傳夫教授，以及南京大學信息管理學院的蘇新寧教授。其餘有 42 位學者受邀發表一場專題演講。

（四）論文主題分布

有關 893 筆論文主題分析，主題分為 19 類：圖書資訊學教育、資訊服務、資訊資源與數位圖書館、圖書館經營與管理、使用者資訊行為、圖書館自動化與網路、圖書資訊學新技術、資訊計量、資訊組織、出版與閱讀、資訊檢索與系統、圖書資訊學理論、圖書資訊事業、圖書資訊學標準、資訊素養與教育、健康資訊學、圖書資訊學歷史、檔案學與管理，以及社群媒體與網站。論文主題分類，主要以篇名為主，各屆研討主題分類為輔，每一筆論文多以一個主題領域進行分類，少部分有兩類主題，藉以分析出最相關之研究主題。有 742 篇（83.1%）論文給予一類主題分類，151 篇（16.9%）包含兩類主題。

每屆發表論文的主題分析參見表 14。前五名主題為：圖書資訊學教育、資訊服務、資訊資源與數位圖書館、圖書館經營與管理、使用者資訊行為。整體而言，19 類主題中以圖書資訊學教育為主題的論文最多（170 篇，19%），第二為資訊服務（119 篇，13.3%），第三為資訊資源與數位圖書館（99 篇，11.1%），其他為圖書館經營與管理、使用者資訊行為、圖書館自動化與網路、圖書資訊學新技術、資訊計量、資訊組織、出版與閱讀、資訊檢索與系統、圖書資訊學理論、圖書資訊事業、圖書資訊學標準、資訊素養與教育、健康資訊學、圖書資訊學歷史、檔案學與管理、與社群媒體與網站。

每屆會議主題與論文主題分布的相關密切。第一、二與三屆發表論文皆以圖書資訊學教育的為主，尤其第三屆會議主題為「圖書情報（資訊）學核

心課程」，故該屆論文是歷年分布最多的（37篇）。另外，第四屆「圖書館自動化與網路」，以圖書館自動化與網路（26篇）最多；第五屆「圖書資訊交流標準化」，以圖書資訊學標準（18篇）最多；第八屆「數位時代的圖書資訊服務與教育」，分別以圖書資訊學教育（18篇）與資訊資源數位圖書館（18篇）最多；第九屆「數字時代圖書信息學之變革與發展」，以圖書資訊學教育（24篇）為多；第十屆「回顧與展望：知識時代圖書資訊學的變革與發展」，以圖書資訊學新技術（22篇）為多；第十一屆「開創兩岸圖書資訊學與圖書館事業新紀元」以資訊服務（17篇）為多；第十二屆「大數據與雲端環境下的多維圖書資訊學」以資訊服務（16篇）為多；第十三屆「資料驅動的圖書資訊學創新與發展」以使用者資訊行為（14篇）為多；第十四屆「數據科學驅動的圖書資訊學變革與轉型」以使用者資訊行為（22篇）最多。

表 14 海峽兩岸圖書資訊學學術研討會論文主題分布

（複選）N=893

主題＼屆次		1	2	3	4	5	6*	7*	8	9	10	11	12	13	14	小計
1.	圖書資訊學教育	10	12	37	7	11	3	2	18	24	17	15	4	5	5	170 (19%)
2.	資訊服務	1	9	1	6	6	4	2	9	13	11	17	16	9	15	119 (13.3%)
3.	資訊資源數位圖書館	0	2	0	9	11	1	4	18	8	13	8	13	9	3	99 (11.1%)
4.	圖書館經營管理	4	0	0	1	3	1	6	9	11	11	15	14	6	7	88 (9.9%)
5.	使用者資訊行為	1	0	0	1	0	2	0	1	3	16	9	11	14	22	80 (9%)
6.	圖書館自動化與網路	3	8	0	26	8	0	0	2	8	4	4	4	11	1	79 (8.8%)

（續）

表 14 海峽兩岸圖書資訊學學術研討會論文主題分布（續）

（複選）N=893

主題 \ 屆次	1	2	3	4	5	6*	7*	8	9	10	11	12	13	14	小計
7. 圖書資訊學新技術	0	0	0	0	0	0	0	0	1	22	2	10	6	20	61 (6.8%)
8. 資訊計量	0	0	1	1	0	2	1	3	1	5	13	6	4	14	51 (5.7%)
9. 資訊組織	3	1	0	3	4	0	1	6	5	5	8	0	10	3	49 (5.5%)
10. 出版與閱讀	0	1	0	1	1	3	0	3	8	5	11	4	5	4	46 (5.2%)
11. 資訊檢索與系統	0	0	0	7	2	2	0	2	7	2	11	4	7	2	46 (5.2%)
12. 圖書資訊學理論	0	0	0	0	0	1	0	3	4	9	2	3	3	4	29 (3.2%)
13. 圖書資訊事業	5	2	0	1	3	0	2	4	1	2	4	2	1	0	27 (3%)
14. 圖書資訊學標準	0	0	0	0	18	0	0	0	1	0	0	2	2	0	23 (2.6%)
15. 資訊素養與教育	0	0	0	0	0	2	2	1	4	0	4	3	4	2	22 (2.5%)
16. 健康資訊學	0	0	0	0	0	1	0	1	0	1	1	2	2	11	19 (2.1%)
17. 圖書資訊學歷史	0	0	0	0	2	0	0	0	0	7	2	3	0	1	15 (1.7%)
18. 檔案學與管理	0	0	0	0	2	1	0	2	1	0	2	1	4	0	13 (1.5%)
19. 社群媒體與網站	0	0	0	0	0	0	0	0	1	1	0	1	3	2	8 (0.9%)
歷屆發表篇數	25	32	37	52	58	22	18	72	92	107	114	88	85	91	893
總計															1044

* 缺少大陸論文集

圖6顯示，自2010年第十屆開始，發表論文偏重單一主題的現象趨緩，各屆雖仍有相對較多篇數的主題，但可能同時偏重兩類以上的主題，如2010年第十屆有圖書資訊學新技術（22篇）、圖書資訊學教育（17篇）、使用者資訊行為（16篇）；2012年第十一屆的資訊服務（17篇）、圖書資訊學教育（15篇）、圖書館經營與管理（15篇）；2014年第十二屆的資訊服務（16篇）、圖書館經營與管理（14篇）、資訊資源與數位圖書館（13篇）；2016年第十三屆的使用者資訊行為（14篇）、圖書館自動化與網路（11篇）、資訊組織（10篇），直到2018年第十四屆的使用者資訊行為（22篇）與圖書資訊學新技術（20篇），是歷屆第一次同時有兩類主題各超過20篇。

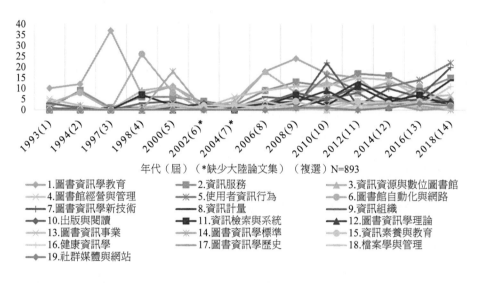

年代（屆）（*缺少大陸論文集）（複選）N=893

- →◆ 1.圖書資訊學教育
- →■ 2.資訊服務
- →▲ 3.資訊資源與數位圖書館
- →✕ 4.圖書館經營與管理
- →✳ 5.使用者資訊行為
- →● 6.圖書館自動化與網路
- →╋ 7.圖書資訊學新技術
- ── 8.資訊計量
- ── 9.資訊組織
- →◆ 10.出版與閱讀
- →■ 11.資訊檢索與系統
- →▲ 12.圖書資訊學理論
- →✕ 13.圖書資訊事業
- →✳ 14.圖書資訊學標準
- →● 15.資訊素養與教育
- ── 16.健康資訊學
- ── 17.圖書資訊學歷史
- ── 18.檔案學與管理
- →◆ 19.社群媒體與網站

圖6　海峽兩岸圖書資訊學學術研討會論文主題分布圖

　　依各地區來看，臺灣發表主題分布多為圖書資訊學教育（52篇，15%）、資訊服務（57篇，16.4%）與圖書館經營與管理（43篇，12.4%）。大陸多為圖書資訊學教育（118篇，21.9%）、資訊服務（62篇，11.5%）以及資訊資源與數位圖書館（59篇，11%）。香港則是資訊檢索與系統和資訊素養與教育（各2篇，50%），澳門為資訊資源與數位圖書館、圖書館經營與管理、圖書資訊學理論（各1篇，33.3%），以及哥本哈根有圖書資訊學新技

術 1 篇。此外，臺灣在出版與閱讀（30篇）、資訊素養與教育（13篇）的主題篇數多於大陸，社群媒體與網站兩岸篇數則相同（4篇），參見表 15。

表 15 海峽兩岸圖書資訊學學術研討會論文主題地區分布

（複選）N=893

地區\n\n主題	臺灣\nN=347		大陸\nN=538		香港\nN=4		澳門\nN=3		哥本哈根\nN=1	
	篇數	%	篇數	%	篇數	%	篇數	%	篇數	%
1. 圖書資訊學教育	52	15	118	21.9	0	0	0	0	0	0
2. 資訊服務	57	16.4	62	11.5	0	0	0	0	0	0
3. 資訊資源數位圖書館	39	11.2	59	11	0	0	1	33.3	0	0
4. 圖書館經營管理	43	12.4	44	8.2	0	0	1	33.3	0	0
5. 使用者資訊行為	27	7.8	53	9.9	0	0	0	0	0	0
6. 圖書館自動化與網路	28	8.1	51	9.5	0	0	0	0	0	0
7. 圖書資訊學新技術	26	7.5	34	6.3	0	0	0	0	1	100
8. 資訊計量	21	6.1	30	5.6	0	0	0	0	0	0
9. 資訊組織	19	5.5	30	5.6	0	0	0	0	0	0
10. 出版與閱讀	30	8.6	16	3	0	0	0	0	0	0

（續）

表 15 海峽兩岸圖書資訊學學術研討會論文主題地區分布（續）

（複選）N=893

主題		臺灣 N=347		大陸 N=538		香港 N=4		澳門 N=3		哥本哈根 N=1	
	地區	篇數	%	篇數	%	篇數	%	篇數	%	篇數	%
11.	資訊檢索與系統	14	4	30	5.6	2	50	0	0	0	0
12.	圖書資訊學理論	12	3.5	16	3	0	0	1	33.3	0	0
13.	圖書資訊事業	5	1.4	22	4.1	0	0	0	0	0	0
14.	圖書資訊學標準	6	1.7	17	3.2	0	0	0	0	0	0
15.	資訊素養與教育	13	3.7	7	1.3	2	50	0	0	0	0
16.	健康資訊學	4	1.2	15	2.8	0	0	0	0	0	0
17.	圖書資訊學歷史	2	0.6	13	2.4	0	0	0	0	0	0
18.	檔案學與管理	6	1.7	7	1.3	0	0	0	0	0	0
19.	社群媒體與網站	4	1.2	4	0.7	0	0	0	0	0	0
總計		408		628		4		3		1	

　　針對各主題的分布來看，兩岸研討會交流趨於熱絡，發表篇數逐年成長，雖各主題均呈現起伏跌宕，但多數主題的最高峰期是分布在近十年中第八至十四屆的研討會，如 2006 年第八屆的資訊資源數位圖書館，2008 年第

九屆的資訊素養與教育，2010 年第十屆的圖書資訊學新技術和圖書資訊學理論，2012 年第十一屆的資訊服務、圖書館經營與管理、資訊計量、出版與閱讀、資訊檢索與系統和資訊素養與教育，2016 年第十三屆的資訊組織、資訊素養與教育、檔案學與管理和社群媒體與網站，以及 2018 年第十四屆的使用者資訊行為與健康資訊學。其中，使用者資訊行為與健康資訊學兩類主題，論文平穩成長。值得注意的是，圖書資訊學新技術、健康資訊學、圖書資訊學歷史與社群媒體與網站四類主題，近年出現成長。

　　進一步分兩階段，分析一至七屆與八至十四屆的文獻發表主題，參見表16，兩階段比較，成長最多的是使用者資訊行為與圖書資訊學新技術。衰退較多的則是圖書資訊學教育、圖書館自動化與網路。19 類主題文獻中，依論文發表篇數而言，以使用者資訊行為、資訊資源與數位圖書館以及圖書資訊學新技術，為前後七屆主題篇數最多的主題。此外，圖書資訊學標準以及圖書館自動化與網路主題發表篇數則呈現負成長。

表 16 前後 7 屆海峽兩岸圖書資訊學學術研討會論文主題消長表

主題		1-7 屆	N=244	8-14 屆	N=649	消長	
1.	圖書資訊學教育	82	33.6%	88	13.6%	6	-20.0%
2.	資訊服務	29	11.9%	90	13.9%	61	2.0%
3.	資訊資源與數位圖書館	27	11.1%	72	11.1%	45	0.0%
4.	圖書館經營與管理	15	6.1%	73	11.2%	58	5.1%
5.	使用者資訊行為	4	1.6%	76	11.7%	72	10.1%
6.	圖書館自動化與網路	45	18.4%	34	5.2%	-11	-13.2%
7.	圖書資訊學新技術	0	0.0%	61	9.4%	61	9.4%
8.	資訊計量	5	2.0%	46	7.1%	41	5.0%
9.	資訊組織	12	4.9%	37	5.7%	25	0.8%
10.	出版與閱讀	6	2.5%	40	6.2%	34	3.7%

（續）

表 16 前後 7 屆海峽兩岸圖書資訊學學術研討會論文主題消長表（續）

主題	1-7 屆	N=244	8-14 屆	N=649		消長
11. 資訊檢索與系統	11	4.5%	35	5.4%	24	0.9%
12. 圖書資訊學理論	1	0.4%	28	4.3%	27	3.9%
13. 圖書資訊事業	13	5.3%	14	2.2%	1	-3.2%
14. 圖書資訊學標準	18	7.4%	5	0.8%	-13	-6.6%
15. 資訊素養與教育	4	1.6%	18	2.8%	14	1.1%
16. 健康資訊學	1	0.4%	18	2.8%	17	2.4%
17. 圖書資訊學歷史	2	0.8%	13	2.0%	11	1.2%
18. 檔案學與管理	3	1.2%	10	1.5%	7	0.3%
10. 社群媒體與網站	0	0.0%	8	1.2%	8	1.2%

（五）作者生產力

有關論文之作者生產力分析，以瞭解海峽兩岸圖書資訊學學術研討會作者合著的情況，將對單一與共同合著作者進行分析。研究結果顯示作者發表論文之分布情形，可得知發表論文數量與作者數量呈現反比，以發表 1 篇論文的作者為多數，有 482 位（78.6%）；其次為發表 2 篇論文的作者，共 72 位（11.7%），而發表 10 篇與 12 篇的作者各有 1 名。整體而言，發表 1 到 2 篇的作者為大多數，參見表 17。

表 17 海峽兩岸圖書資訊學學術研討會作者論文發表統計

	N=893	
論文篇數	作者人數	%
12	1	0.2
10	1	0.2
9	2	0.3

（續）

表 17 海峽兩岸圖書資訊學學術研討會作者論文發表統計（續）

		N=893
論文篇數	作者人數	%
7	2	0.3
6	5	0.8
5	14	2.3
4	11	1.8
3	23	3.8
2	72	11.7
1	482	78.6
總計	613	100

　　從各地區作者發表論文來看，歷屆共有 613 位學者發表論文，臺灣有 214 人，大陸有 393 人，香港 3 人，澳門 2 人以及哥本哈根 1 人，參見表 18。其中，臺灣的政治大學圖書資訊與檔案學研究所蔡明月教授發表論文數最多，12 篇；其次是大陸的武漢大學信息管理學院馬費成教授，10 篇。發表 9 篇的有兩位，分別是臺灣的政治大學圖書資訊與檔案學研究所王梅玲教授，以及淡江大學資訊與圖書館學系的歐陽崇榮教授。發表 7 篇的分別有臺灣的政治大學圖書資訊與檔案學研究所楊美華教授，與大陸的南開大學信息資源管理系柯平教授。發表 6 篇的有臺灣的淡江大學資訊與圖書館學系宋雪芳教授、輔仁大學圖書資訊學系的黃元鶴教授，大陸則有北京大學信息管理系吳慰慈與周文駿教授、武漢大學信息管理學院的彭斐章教授。此外，發表 5 篇的有臺灣 9 人、大陸 5 人。

表 18 海峽兩岸圖書資訊學學術研討會作者論文的地區分布（第一作者）

篇數＼地區	臺灣	大陸	香港	澳門	哥本哈根	小計
12	1					1
10		1				1
9	2					2
7	1	1				2
6	2	4				5
5	9	5				14
4	4	7				11
3	9	14				23
2	23	47	1	1		72
1	164	314	2	1	1	482
總計	214	393	3	2	1	613

　　有關各地區單一作者與共同合著作者分析，單一作者發表論文數為 537 篇（60.1%），臺灣有 210 篇（23.5%）、大陸有 321 篇（35.9%）、香港 2 篇（0.2%）、澳門 3 篇（0.3%）與哥本哈根 1 篇（0.1%），而共同合著作者發表論文數為 356 篇（39.9%），臺灣 137 篇（15.3%）、大陸有 217 篇（24.3%）、香港 2 篇（0.2%），整體而言，海峽兩岸研討會論文發表以單一作者為主，與蔡明月、郭政遠（2009）臺灣、香港、大陸工程類的學術合作多為共同作者的現象有所不同，參見表 19、20。

表 19 海峽兩岸圖書資訊學學術研討會單一與共同作者分析（依地區）

N=893

地區 ＼ 作者	單一作者		共同作者		小計
臺灣	210	23.5%	137	15.3%	347
大陸	321	35.9%	217	24.3%	538
香港	2	0.2%	2	0.2%	4
澳門	3	0.3%	0	0.0%	3
哥本哈根	1	0.1%	0	0.0%	1
總計	537	60.1%	356	39.9%	893

　　分析歷屆研討會單一與共同作者，參見表 20，海峽兩岸圖書資訊學學術研討會主要以單一作者的方式發表論文。單一作者論文篇數最多的為 2012 年第十一屆 70 篇（7.8%），共同作者以 2010 年第十屆最多，共 49 篇（5.5%）。觀察歷年單一與共同作者論文篇數的差距，兩者差距最大為 2012 年第十一屆，相差 26 篇（2.9%），差距最小的則為 1997 年第三屆，相差 3 篇（0.3%）。

表 20 海峽兩岸圖書資訊學學術研討會單一與共同作者分析（依會議屆次）

N=893

年代（屆） ＼ 作者	單一作者	%	共同合著	%	合計篇數	差距	
1993（1）	16	1.8	9	1.0	25	7	0.8
1994（2）	21	2.4	11	1.2	32	10	1.1
1997（3）	20	2.2	17	1.9	37	3	0.3
1998（4）	37	4.1	15	1.7	52	22	2.5

（續）

表 20 海峽兩岸圖書資訊學學術研討會單一與共同作者分析（依會議屆次）（續）

N=893

年代 （屆）	單一作者	%	共同合著	%	合計篇數	差距	
2000（5）	39	4.4	19	2.1	58	20	2.2
2002（6）*	13	1.5	9	1.0	22	4	0.4
2004（7）*	10	1.1	8	0.9	18	2	0.2
2006（8）	43	4.8	29	3.2	72	14	1.6
2008（9）	51	5.7	41	4.6	92	10	1.1
2010（10）	58	6.5	49	5.5	107	9	1.0
2012（11）	70	7.8	44	4.9	114	26	2.9
2014（12）	52	5.8	36	4.0	88	16	1.8
2016（13）	52	5.8	33	3.7	85	19	2.1
2018（14）	55	6.2	36	4.0	91	19	2.1
總計	537	60.1	356	39.9	893	181	20.3

* 缺少大陸論文集

（六）作者服務機構生產力

　　有關海峽兩岸圖書資訊學學術研討會之作者服務機構分布分析，本論文顯示作者來自 143 個服務機構，參見表 21。生產力最高的機構為大陸的武漢大學（105 篇，11.8%），臺灣的淡江大學（57 篇，6.4%）、臺灣師範大學（56 篇，6.3%）、政治大學（50 篇，5.6%），以及大陸的中山大學（56 篇，6.3%）皆發表超過 50 篇。此外，發表超過 20 篇的機構有南開大學、臺灣大學、世新大學、南京大學、輔仁大學、華中師範大學、南京理工大學、北京大學、中興大學與中國科學院。

表 21 海峽兩岸圖書資訊學學術研討會作者服務機構論文篇數統計（第一作者）

N=143

論文篇數	機構數	%	機構名稱	發表篇數	%
50 以上	5	3.5	武漢大學（大陸）	105	11.8
			淡江大學（臺灣）	57	6.4
			中山大學（大陸）	56	6.3
			臺灣師範大學（臺灣）	56	6.3
			政治大學（臺灣）	50	5.6
40-44	1	0.7	南開大學（大陸）	40	4.5
35-39	3	2.1	臺灣大學（臺灣）	39	4.4
			世新大學（臺灣）	39	4.4
			南京大學（大陸）	38	4.3
30-34	1	0.7	輔仁大學（臺灣）	30	3.4
25-29	1	0.7	華中師範大學（大陸）	28	3.1
20-24	4	2.8	南京理工大學（大陸）	22	2.5
			北京大學（大陸）	22	2.5
			中興大學（臺灣）	21	2.4
			中國科學院（大陸）	20	2.2
15-19	1	0.7	南京農業大學（大陸）	16	1.8
10-14	3	2.1	北京師範大學（大陸）	12	1.3
			華南師範大學（大陸）	11	1.2
			國家圖書館（臺灣）	11	1.2

（續）

表 21 海峽兩岸圖書資訊學學術研討會作者服務機構論文篇數統計（第一作者）（續）

N=143

論文篇數	機構數	%	機構名稱	發表篇數	%
5-9	7	4.9	河北大學（大陸）	8	0.9
			華東師範大學（大陸）	8	0.9
			西南大學（大陸）	7	0.8
			安徽大學（大陸）	5	0.6
			鄭州大學（大陸）	5	0.6
			上海圖書館（大陸）	5	0.6
			廣東省立中山圖書館（大陸）	5	0.6
1-4	117	81.8		117	81.8
總計	143	100		833	162.40

（七）結語

　　海峽兩岸圖書資訊學學術研討會，自 1993 年至 2018 年間，已成功舉行十四屆學術研討會，由中華圖書資訊學教育學會與大陸十二個圖書情報系所與圖書館合作，在十個地區辦理。歷經二十五年發展，兩岸交流的方式也愈趨多元，自 2002 年第六屆開始，研討會邀請兩岸專家學者的專題演講，以及由兩岸學生所參與的青年論壇或論文發表，雖然各屆不盡相同，也顯示該研討會在兩岸的專家學者熱絡互動下，所發展出獨特的學術合作模式與成果。十四屆會議合辦的圖書資訊學學術研討會，其學術合作模式已經走到創立階段與形成階段，未來希望邁向持續發展階段，將來有賴於兩岸能訂出學術合作的研究願景、目標、任務、與建立學習及溝通機制。

　　1993 年至 2018 年以來，兩岸共發表 893 篇文獻，臺灣 347 篇，大陸538 篇，香港 4 篇與澳門 3 篇以及哥本哈根 1 篇，每屆的論文數量穩定成長。

2012 年第十一屆，由淡江大學資訊與圖書館學系主辦之「開創兩岸圖書資訊學與圖書館事業新紀元」是發表論文最多的一次。有關兩岸發表情形，大陸發表篇數起伏跌宕並，近年穩定成長。另一方面，臺灣於 2010 年第十屆達到高峰期後，2012 年到 2018 年近四屆開始逐年下跌，2018 年第十四屆是兩岸發表篇數差距最大的一屆，大陸 68 篇，臺灣 22 篇，相差 46 篇。

十四屆海峽兩岸圖書資訊學研討會，就發表論文的主題而言，歷屆中以圖書資訊學教育為主題的文獻最多，第二為資訊服務，第三為資訊資源數位圖書館，近年開始出現圖書資訊學新技術、健康資訊學、圖書資訊學歷史與社群媒體與網站四類主題。整體而言，使用者資訊行為以及圖書資訊學新技術是成長最多的主題。

十四屆學術研討會發表論文的學者共有 613 位，臺灣有 214 人，大陸 393 人，香港 3 人，澳門 2 人以及哥本哈根 1 人。兩岸研討會論文以單一作者發表為主。他們來自 143 個參與機構。論文生產力最高的前五個學術機構為：武漢大學信息管理學院、淡江大學資訊與圖書館學系、中山大學信息管理學院、臺灣師範大學圖書資訊學研究所與政治大學圖書資訊與檔案學研究所。

二、十四屆研討會論文集摘要

第一屆海峽兩岸圖書資訊學學術研討會，由中華圖書資訊學教育學會與華東師範大學圖書館情報學系合辦。研討會於 1993 年 12 月 12 至 15 日，於上海舉行，會議主題為「海峽兩岸圖書資訊學術研討」，研討主題包括：圖書資訊教育、圖書館自動化與資訊網路、圖書資訊事業發展、圖書館管理與利用、編目分類。研討會為兩岸專家交流與未來合辦研討會奠定基礎，第一屆研討會成功召開後，即決定由北京大學信息管理系負責籌辦第二屆研討會。

第一屆海峽兩岸圖書資訊學學術研討會，臺灣地區由中華圖書資訊學教育學會第一任理事長胡述兆教授率領，共有 12 位教授與 5 位研究生參加。參與教授有臺大圖書館學系胡述兆、吳明德、李德竹、沈寶環、鄭雪玫、盧秀菊、陳雪華 7 位教授，師大社教系王振鵠、吳瑠璃 2 位教授，輔大盧荷生與宋玉 2 位教授，中央研究院文哲研究所劉春銀主任，研究生有臺大 5 位圖

書館學博士研究生：陳昭珍、傅雅秀、黃麗虹、王梅玲和莊道明，共計 17 人參與。大陸圖書館界參加的人員，有北京大學周文駿教授、莊守經館長、王萬宗教授、吳慰慈教授，武漢大學情報學院彭斐章教授、馬費成教授、黃宗忠教授、陳光祚教授、喬好勤教授，南京大學倪波教授、鄒至仁教授，華東師大陳譽教授、吳光偉教授、王世偉教授、王西靖館長，南昌大學戴廷輝教授、上海大學王金夫教授、北京師範大學倪曉建教授、中山大學譚祥金教授、上海政治學院葉千軍教授、科學院辛希孟研究館員、孟廣均研究館員，科學院上海文獻情報中心龔義台研究員，北京圖書館，國書館學會常務副秘書長丘東江、上海圖書館朱慶祥館長、吳建中副館長、孫秉頁副館長，甘肅省圖書館潘寅生館長、廣東省中山圖書館黃俊貴館長、吉林省圖書館金恩暉、浙江圖書館夏勇館長，北大博士生有王益明、楊曉駿，武大博士生肖希明、柯平等多人參加。研討會會議中，共發表 25 篇論文，包括臺灣 9 篇；大陸 16 篇。

　　第二屆海峽兩岸圖書資訊學學術研討會，由中華圖書資訊學教育學會與北京大學信息管理系合辦。研討會於 1994 年 8 月 22 至 24 日，於北京舉行，會議主題為「海峽兩岸圖書資訊學術研討」，研討主題包括：圖書資訊學教育、圖書館自動化、讀者研究與資訊服務。研討會會議中，共發表 32 篇論文，包括臺灣 12 篇；大陸 20 篇。

　　第三屆海峽兩岸圖書資訊學學術研討會，由中華圖書資訊學教育學會與武漢大學圖書情報學院合辦。研討會於 1997 年 3 月 31 日至 4 月 2 日，於武漢舉行，會議主題為「圖書情報（資訊）學核心課程」，研討會未擬訂研討主題。研討會會議中，共發表 37 篇論文，包括臺灣 12 篇；大陸 25 篇。

　　第四屆海峽兩岸圖書資訊學學術研討會，由中華圖書資訊學教育學會與中山大學信息管理系合辦。研討會於 1998 年 3 月 31 日至 4 月 2 日，於廣州舉行，會議主題為「圖書館自動化與網路」，研討主題包括：圖書資訊教育、圖書館自動化與網路：現狀、趨勢與策略、規範控制、網路信息利用與服務、信息資源建設與數字圖書館、圖書資訊系統與網路技術。研討會會議中，共發表 52 篇論文，包括臺灣 16 篇；大陸 35 篇；香港 1 篇。

　　第五屆海峽兩岸圖書資訊學學術研討會，由中華圖書資訊學教育學會與

中國科學院文獻情報中心合辦。研討會於 2000 年 8 月 28 至 30 日，於成都舉行，會議主題為「圖書資訊交流標準化」，研討主題包括：圖書資訊學教育、圖書館網路化、圖書資訊學標準、數字圖書館、標準化比較與其他。研討會會議中，共發表 58 篇論文，包括臺灣 18 篇；大陸 39 篇；澳門 1 篇。

第六屆海峽兩岸圖書資訊學學術研討會，由中華圖書資訊學教育學會與黑龍江省圖書館學會合辦。研討會於 2002 年 7 月 1 至 3 日，於哈爾濱舉行，會議主題為「海峽兩岸資訊服務與教育新方向研討會」，研討會未擬訂研討主題。研討會會議中，共發表 60 篇論文，包括臺灣 19 篇；大陸 41 篇。

第七屆海峽兩岸圖書資訊學學術研討會，由中華圖書資訊學教育學會與大連理工大學圖書館合辦。研討會於 2004 年 8 月 23 至 24 日，於大連舉行，會議主題為「圖書資訊學暨教育發展」，研討主題包括：圖書館學教育、資訊素養教育、圖書館資訊服務、數位化圖書館。研討會會議中，共發表 30 篇論文，包括臺灣 16 篇；大陸 14 篇。

第八屆海峽兩岸圖書資訊學學術研討會，由中華圖書資訊學教育學會與中山大學資訊管理學院合辦。研討會於 2006 年 6 月 18 至 20 日，於廣州舉行，會議主題為「數位時代的圖書資訊服務與教育」，研討主題包括：圖書資訊學教育與課程建設、GOOGLE 對圖書館的影響、數位時代圖書館事業的發展趨勢、數位時代圖書館與資訊服務的變革、圖書館與檔案館的整合。研討會會議中，共發表 72 篇論文，包括臺灣 23 篇；大陸 49 篇。

第九屆海峽兩岸圖書資訊學學術研討會，由中華圖書資訊學教育學會與武漢大學信息管理學院合辦。研討會於 2008 年 7 月 4 至 5 日，於武漢舉行，會議主題為「數字時代圖書信息學之變革與發展」，研討會未擬訂研討主題。研討會會議中，共發表 92 篇論文，包括臺灣 40 篇；大陸 52 篇。

第十屆海峽兩岸圖書資訊學學術研討會，由中華圖書資訊學教育學會與南京大學信息管理學院合辦。研討會於 2010 年 7 月 5 至 7 日，於南京舉行，會議主題為「回顧與展望：知識時代圖書資訊學的變革與發展」，研討主題包括：圖書資訊學的綜論與發展、圖書資訊學的理論與實踐、圖書資訊領域的新興技術應用、圖書資訊學的歷史進程與教育發展、圖書資訊學研究的理論與實踐、圖書資訊學領域的技術應用、資訊服務與使用者研究、參考服務、

資訊與知識組織、檔案學研究、出版與電子書、閱讀研究、資訊素養、圖書資訊學教育、資訊社會與圖書資訊學、資訊計量研究、資訊檢索與資訊系統。研討會會議中，共發表 107 篇論文，包括臺灣 59 篇；大陸 48 篇。

第十一屆海峽兩岸圖書資訊學學術研討會，由中華圖書資訊學教育學會與淡江大學資訊與圖書館學系合辦。由於過去十屆之研討會均在中國大陸舉行，為強化兩岸同道之交流，並增進彼此的瞭解與情誼，第十一屆研討會首次於臺灣舉辦。研討會於 2012 年 7 月 4 至 5 日，於新北市舉行，會議主題為「開創兩岸圖書資訊學與圖書館事業新紀元」，研討主題包括：大學圖書館經營與管理實務、學校、專門、公共圖書館經營與管理實務、圖書館事業。研討會會議中，共發表 114 篇論文，包括臺灣 37 篇；大陸 73 篇；香港 3 篇；澳門 1 篇。

第十二屆海峽兩岸圖書資訊學學術研討會，由中華圖書資訊學教育學會與南開大學商學院信息資源管理系合辦。研討會於 2014 年 7 月 7 至 8 日，於天津舉行，會議主題為「大數據與雲端環境下的多維圖書資訊學」，研討主題包括：技術、服務、管理、資源、教育、用戶、社會、計量與學科。研討會會議中，共發表 88 篇論文，包括臺灣 36 篇；大陸 51 篇；哥本哈根 1 篇。

第十三屆海峽兩岸圖書資訊學學術研討會，由中華圖書資訊學教育學會與華中師範大學信息管理學院合辦。研討會於 2016 年 7 月 13 至 14 日，於武漢舉行，會議主題為「資料驅動的圖書資訊學創新與發展」，研討會未擬訂研討主題。研討會會議中，共發表 85 篇論文，包括臺灣 28 篇；大陸 57 篇。

第十四屆海峽兩岸圖書資訊學學術研討會，由中華圖書資訊學教育學會與南京理工大學經濟管理學院合辦。研討會於 2018 年 7 月 6 至 8 日，於南京舉行，會議主題為「數據科學驅動的圖書資訊學變革與轉型」，研討主題包括：使用者資訊行為、科學計量與評價、資訊技術、資訊服務、健康資訊學、科學計量與評價、資訊政策、資料科學、使用者資訊行為、資訊技術、資訊組織。研討會會議中，共發表 91 篇論文，包括臺灣 22 篇；大陸 68 篇；澳門 1 篇。

三、十四屆研討會會議論文集目次

本文針對自 1993 年至 2018 年間，十四屆海峽兩岸圖書資訊學學術研討會論文集，十四屆研討會論文集由臺灣及大陸各自分開編印 A 輯與 B 輯，共 28 種，依年份編製會議論文集目次表如後。其中，有兩輯無法取得論文集：第六屆研討會大陸論文集（A 輯）及第七屆研討會大陸論文集（A 輯）。論文集目次參見表 22 至表 35。

表 22 第一屆海峽兩岸圖書資訊學學術研討會論文集目次

篇名	作者
臺灣（B 輯）	
資訊網路時代臺灣地區圖書資訊服務的新方向	李德竹、莊道明
圖書館與資訊利用	沈寶環、傅雅秀
圖書資訊學教育：臺大與北大之比較	胡述兆、王梅玲
臺灣地區圖書館繼續教育	鄭雪玫、黃麗虹
臺灣地區圖書館行政組織體系現況概述	盧秀菊
臺灣地區圖書館事業發展近況	王振鵠、劉春銀
臺灣地區圖書館的分類編目工作	吳瑠璃
中文權威檔的建立與問題探討	盧荷生、陳昭珍
大陸（A 輯）	
大陸情報語言四十年來研究述評	葉千軍
中國大陸圖書館學教育面臨的挑戰與機遇	譚祥金
情報用戶需求及影響科技文獻文化服務模式的社會環境的研究	辛希孟
中國科學院情報系統二次文獻編制與數據庫建設	龔義台
總結新經驗，不斷改進研究生的培養工作——指導碩士班研究生的做法和體會	吳慰慈

（續）

表 22 第一屆海峽兩岸圖書資訊學學術研討會論文集目次（續）

篇名	作者
論圖書館學專業教育的內容與方法	周文駿
海峽兩岸圖書資訊教育之比較	倪曉建
中國信息服務業的現況與趨勢	馬費成
電子出版為現代圖書情報工作提出了新的機遇與挑戰	陳光祚
大陸圖書館學教育的現況與發展趨勢	彭斐章
創新圖書館管理	黃宗忠
關於圖書資訊學高層為人才教育的研究	倪波
從南京大學文獻情報學系教育看我國圖書館教育的發展歷史	鄒志仁
大陸信息服務業與圖書館	吳光偉
高等學校圖書館評估的理論與方法	陳譽
試論傳統圖書館的轉型與圖書館體制改革	黃俊貴

表 23 第二屆海峽兩岸圖書資訊學學術研討會論文集目次

篇名	作者
臺灣（B 輯）	
中央研究院圖書館自動化的經驗	劉春銀、陳亞寧
國民小學圖書館的經營——兼談國小圖書館自動化	蘇國榮
電子文件傳輸（Electronic Document Delivery）對圖書館服務之影響	黃世雄
臺灣地區國立大學校院圖書館自動化之經驗與問題研究	李德竹、莊道明
英美圖書資訊學碩士教育之比較	胡述兆、王梅玲
電子期刊的過去、現在與未來	陳雪華

（續）

表 23　第二屆海峽兩岸圖書資訊學學術研討會論文集目次（續）

篇名	作者
臺灣地區推展兒童圖書館利用教育之近況	鄭雪玫、曾淑賢
臺灣地區圖書館光碟資訊服務	王振鵠、林呈潢
臺灣地區中文編目規則的修訂	吳瑠璃
談工商圖書館員之教育	張淳淳
中文書目資料庫在臺灣的建立與發展	鄭恒雄
圖書館學教育的管理思考	盧荷生

大陸（A 輯）

篇名	作者
信息經營管理人才培養模式的探討	王淑惠
加速自動化進程，把圖書館辦成學校的文獻信息資源服務中心	朱強
對「九十年代上海緊缺人才培訓工程」之一：信息學的一些思考	吳光偉
論我國當前的圖書館事業	吳慰慈、羅志勇
對圖書館學教育的幾點看法	孟廣均
試論漢語保留上下文索引系統職能號的簡化	侯漢清、余興旺
圖書館自動化、網絡和資源共享	夏勇、錢紅
關於信息管理學教育的思考	張曉林
圖書館情報學教育改革與學科建設	彭斐章
圖書館信息服務工作探討	黃俊貴
市場經濟與企業信息需求研究	楊明華
變革中的圖書館學資訊學教育	鄒志仁、鄭建明
實驗圖書館的實踐與思考	侯旭愷、吉慧
文化傳統與現代圖書館學教育	潘寅生、郭向東
電子出版物的特徵與範圍	陳光祚

（續）

表 23 第二屆海峽兩岸圖書資訊學學術研討會論文集目次（續）

篇名	作者
面臨信息社會挑戰，我國圖書館發展對策初探	康仲遠
轉型時期的圖書館：從萎縮到發展	周文駿
我國企業的信息保障	馬費成
培育信息人才，服務信息事業	王萬宗
圖書館從事信息服務業的思考	譚祥金

表 24 第三屆海峽兩岸圖書資訊學學術研討會論文集目次

篇名	作者
臺灣（B 輯）	
核心課程設計理念——讀者服務之規劃	薛理桂
圖書資訊學研究所課程之規劃：以政治大學為例	胡歐蘭、林呈潢
核心課程設計理念：資訊科學	蔡明月、李德竹
圖書館學與資訊科學課程革新之探討	李德竹、莊道明
臺灣地區圖書館與資訊科學教育現況	胡述兆、王梅玲
圖書資訊學選修課程設計理念之探討	陳雪華、林珊如
圖書資訊學課程設計原理	盧秀菊、陳昭珍
臺灣地區師範校院圖書館與資訊科學相關課程實施現況	林美和、吳美美
核心課程設計理念：資訊科學	毛慶禎
核心課程設計理念：資訊徵集與組織	陳昭珍
核心課程設計理念：基礎課程	盧荷生
核心課程設計理念：圖書館管理	盧荷生

（續）

表 24 第三屆海峽兩岸圖書資訊學學術研討會論文集目次（續）

篇名	作者
大陸（A 輯）	
信息管理與核心課程	霍國慶
論圖書館專業核心課程的優化	肖燕
關於圖書館學、情報學核心課程的思考	譚祥金
文獻檢索與利用課應成為核心課	趙燕群
關於醫學圖書情報專業的課程體系與核心課程的探討	柳曉春
確定核心課程的指導思想與原則之我見	孟廣均
《文獻分類》教學方法初探	吳昌合
西安交通大學信息管理系核心課程	黃瑞華、周榮蓮
圖書館專業核心課程淺議	鄧小昭
信息網絡化與圖書情報專業的核心課程設置	馬費成
基於圖書館學情報書目數據庫主題計量分析選擇核心課程	陳光祚
加強核心課程建設，努力提高教育質量	彭斐章
中外情報專業核心課程及課程體系比較研究	焦玉英
關於圖書館學專業核心課程的思考與實踐	詹德優、肖希明、張燕飛
關於圖書館學專業核心課程的幾個問題	謝灼華
情報教育與學科建設	嚴怡民
論發展變革的圖書情報教育模式	鄒志仁
情報檢索語言課程改革爭議	侯漢清
圖書情報專業核心課程設置探討	劉磊
圖書館學專業核心課程的建構	鍾守真
圖書資訊學課程改革與核心課程建設的思考	張帆

（續）

表 24 第三屆海峽兩岸圖書資訊學學術研討會論文集目次（續）

篇名	作者
圖書館學情報學（資訊學）教育反思	陳譽
圖情教育改革中的課程設置及核心課程問題	楊明華
關於核心教程的建設	黃俊貴
面向二十一世紀的圖書館學專業核心課程體系	柯平、王國強

表 25 第四屆海峽兩岸圖書資訊學學術研討會論文集目次

篇名	作者
臺灣（B 輯）	
電子圖書館：網路圖書館之資訊技術初探	歐陽崇榮
臺灣學術網路（TANNet）教學人員與教學內容現況分析	莊道明
資料庫系統計量分析	顧敏
臺灣地區圖書館自動化問題分析與發展策略	蘇倫伸
臺灣師範學院圖書資訊服務與資源共享	施冠慨
臺灣地區圖書館自動化與網路發展	胡歐蘭、林呈潢
圖書資訊服務與網路整合模式之探討	陳文生
網路上科技學會會議資訊的傳播	宋雪芳
從文獻分析看臺灣地區圖書館自動化與網路之發展過程	蔡明月
臺灣地區圖書館自動化人才之教育與訓練	李德竹、王美鴻
全球資訊網在臺灣地區圖書館應用現況之探討	鄭雪玫、朱碧靜
網路資源評估準則之探討	謝寶煖
從 VOD 看圖書館媒體資料的自動化	童敏惠
網路化的參考服務	陳昭珍

（續）

表 25 第四屆海峽兩岸圖書資訊學學術研討會論文集目次（續）

篇名	作者
合作編目與書目共享：臺灣經驗的回顧與展望	鄭恒雄
兩岸圖書資訊合作交流應思考的問題	宋玉

大陸（A 輯）

篇名	作者
圖書館集成管理系統對輔助決策的數據需求分析	尚家堯
論圖書情報學教育的「信息化」和「自動化」	曹樹金
論網絡化信息資源的開發利用	黃曉斌
信息資源共享中的電子版權問題	鄧小夏
版本研究的時空延伸——應重視現代新型文獻的版本研究	駱偉
圖書館自動化網絡的管理	譚祥金
應用 LOTUS NOTES 建設多媒體網絡數據庫系統的實踐與思考	黃儉、周志農
Internet 在館藏發展中的應用	羅春榮
中國科學技術網（CSTnet）文獻信息系統的建設	沈英
關於發展中大陸圖書情報事業的幾點建議	孟廣均、霍國慶
文獻編目工作中的規範控制	周升恆
適應信息社會，滿足讀者需求——圖書館讀者調查報告	富平
圖書館自動化與網絡之現狀及展望	吳慰慈、許桂菊
網絡化是圖書館事業建設的必由之路	周文駿
我國大陸圖書館自動化網絡建設的進展	袁名敦
面向 21 世紀的高校地區文獻資源共享服務網絡建設 ——試論北京地區高校文獻資源共享服務網絡建設目標及 組網原則	馬自衛
四川高校文獻信息資源共享系統分析與設計	張曉林
論文獻信息普及教育	楊沛超、初景利

（續）

表 25　第四屆海峽兩岸圖書資訊學學術研討會論文集目次（續）

篇名	作者
圖書館編目專家系統初探	李曉紅
論「中國圖書情報學書目數據庫」的設計與實現	陳光祚
關於圖書情報學教育改革的實踐與思考	詹德優
迎接信息社會的挑戰──面向 21 世紀的信息管理教育	王淑惠
評《中文圖書標題表》──兼談標題表的敘詞化改造	侯漢清
天津信息港工程信息資源建設：機遇、挑戰、對策	鍾守真、李培
網絡化趨勢與圖書館發展觀	程亞男
圖書館自動化及程系統與網絡模式── 從 ILAS 系統的控制、應用與發展談起	王大可
思考與探索──論中國圖書館自動化與網絡建設	甘琳
數字圖書館體系結構的探討	余光鎮
圖書館自動化與網絡	安樹蘭
清華大學圖書館在網絡環境下的信息服務實踐	趙熊
信息管理學教育改革：課程建設的原則及體系重構	許晶華
敢問路在何方？	喬好勤
圖書館自動化網絡分析	劉洪輝
加強數字化資源建設，迎接 21 世紀新挑戰	莫少強
澳門資訊服務網絡概況	王國強

香港

四種中文搜尋引擎之評估	潘華棟

表 26 第五屆海峽兩岸圖書資訊學學術研討會論文集目次

篇名	作者
臺灣（B 輯）	
網際網路時代臺灣地區圖書資訊館際合作的發展	徐小鳳
從中美大學圖書館標準探討相關的經營理念	范英豪
中國國家書目轉檔實務經驗談	劉淑德
由圖書館系統館員之培育談圖書資訊學教育之內涵	林志鳳、史久莉
美國圖書館與資訊科學教育的認可制度與標準	王梅玲
線上公用目錄展示格式設計原則初探	呂明珠
網站圖書館：數位環境下的圖書館新型態	顧敏
臺灣學術網路的發展及其應用	蘇倫伸
數位環境下圖書館經營的策略	楊美華
檔案教育在臺灣地區發展之況與前瞻	薛理桂
臺灣地區圖書館事業發展之現況與展望	莊芳榮
一個 XML ／ Metadata 管理系統設計經驗淺談——Metalogy 之架構與功能簡介	陳昭珍
臺灣地區公共圖書館自動化系統服務現況與未來展望	歐陽崇榮、范懿文
圖書館統計標準之制定及其應用——以臺灣地區圖書館統計調查為例	鄭寶梅
從臺灣地區視障讀者有聲書服務論視障讀者資訊服務相關標準的制定	吳英美
海峽兩岸圖書資訊相關國標準現況之研究	李德竹、童敏惠
臺灣地區數位圖書館與博物館的發展	陳雪華
從都柏林核心集和機讀編目格式看資料著錄的未來趨勢	吳政叡
大陸（A 輯）	

（續）

表 26 第五屆海峽兩岸圖書資訊學學術研討會論文集目次（續）

篇名	作者
Z39.50 客戶機和服務器的實現	薛鋒、楊宗英、鄭巧英
中文古籍著陸中的繁體字、簡體字與異體字問題	王世偉
高漲的事業與低落的教育——關於圖書館學教育逆向發展的幾點思考	程煥文
21 世紀圖書館員的定位和教育	羅曼
試論圖書館服務評價標準	譚祥金、趙燕群
試論圖書館學與情報學專業的學科定位	方平、涂啟建
網絡時代的圖書信息教育改革思考	費亞昆、霍其春、曹毅
因特網對科技信息服務的影響	賈笑捷、梁戰平
圖書館自動化和 XML 語言	毛軍
祖國大陸圖書館專業與期刊的現狀及其現代化、標準化問題	辛希孟
我國文獻情報標準化工作的回顧與展望	紀昭民
關於我國文獻著錄標準化工作的思考	紀昭民
數字圖書館概念的演變與發展	孫坦
網路環境下虛擬圖書館資訊服務方式探討	張芳萍、劉錚
從學科發展中的若干問題看情報學教育的選擇	褚峻
論文獻信息資源的數字化建設	劉路
虛擬圖書館及其相關問題研究	郗沭平
網絡信息資源管理標準化體系研究	吳慰慈、張久珍
海峽兩岸圖書館年鑒的比較和感想	肖東發、王彥祥
略論圖書館學術與標準化	周文駿

（續）

表 26 第五屆海峽兩岸圖書資訊學學術研討會論文集目次（續）

篇名	作者
與時代同行，創一流服務——北京大學圖書館近期發展策略	戴龍基、張紅揚
網絡時代的圖書館學情報學術與規範化研究	李廣建、王玲玲
精粹信息鑒選的原則、標準與其節取	倪曉建
網絡用戶的個人數據保護	孫廣芝
元數據標準與數字圖書館系統建設	耿騫
從圖書館功能的變革看標準化的演進	袁名敦
網路信息資源評價標準探析	陸阿娟
元數據開發應用的標準化框架	張曉林
我國書目資訊標準化的現狀與發展對策	肖希明
海峽兩岸圖書館建築規範標準化比較	李明華
我國互聯網信息服務的價格問題研究	邱均平、段宇鋒、顏金蓮
數字圖書館的版權保護問題	陳幼華
論數字環境下我國圖書館學情報學研究生教育制度的創新	彭斐章、陳傳夫
網絡採訪試圖書館文獻採訪的發展方向	黃宗忠
信息管理專業課程設置的規範化和特色化	劉磊
我國圖書情報教育課程建設 20 年回顧	王知津
論圖書館學檔案學專業人才培養整合模式	荀昌榮
關於中小企業的信息管理與諮詢服務體系發展與規範的思考	冷伏海
論信息知識標準與信息知識教育	初景利

澳門

上海地區文獻資源共建共享的現狀與未來	吳建中

表 27 第六屆海峽兩岸圖書資訊學學術研討會論文集目次

篇名	作者
臺灣（B 輯）	
臺灣數位內容產業發展之方向與契機	莊道明
花蓮縣國民中學教師利用網路資源融入教學行為之研究	葉家睿
臺灣地區檔案數位化現況	薛理桂
國家圖書館的網路資訊服務	林永銘
工商圖書館再造工程——中國生產力中心圖書館轉型實作探析	宋雪芳、陳怡如
政府資訊市場之有價內容服務與著作權交易機制	邱炯友
政府資訊市場之有價內容服務與授權機制	邱炯友
網路使用者小說閱讀行為之研究	陳冠華
資訊計量學與網路計量學	蔡明月
學術期刊同儕評閱電子化之探討——以 ESPERE 為例	鍾勝仲、邱炯友
高職教學資源中心建構與利用之研究	黃添輝
高中圖書館利用教育課程之探討——以臺灣地區為例	池增輝
臺北市國民中學輔導教師信息需求之探討	周明蒨
結合 MeSH、中文 ICD 疾病編碼系統和 Google 搜尋引擎的醫學信息網路搜尋架構與應用	張錦梅、何明聰、廖佩君、劉建財
國小學生的資訊需求研究	黃慕萱
知識經濟時代的專利資訊服務	陳達仁、鐘玉如
比較圖書館學方法論上的商榷	陳俊湘
國家數位典藏 OAI-based 聯合目錄建置之規畫	陳昭珍
偏遠地區學生資訊素養現況探討研究——以臺東縣國中生為例	劉秀娟

（續）

表 27 第六屆海峽兩岸圖書資訊學學術研討會論文集目次（續）

篇名	作者
大陸（A 輯）*	
近年來中國大陸圖書館學、資訊學教育發展走向的思考	程煥文
資訊服務與人文精神	李冬梅
論知識管理與圖書情報教育改革	馬海群

* 無法取得第六屆研討會大陸論文集（A 輯）及會議議程，大陸發表論文數量共 41 篇。

表 28 第七屆海峽兩岸圖書資訊學學術研討會論文集目次

篇名	作者
臺灣（B 輯）	
臺灣技專校院圖書館管理人員決策思維之探討	賀力行、謝玲芬、靳炯彬、吳牧臻
臺灣地區圖書資訊學教育	詹麗萍
大學圖書館數位化館藏組織整理之研究	詹麗萍、李銘純
北平「世界日報」新聞數位化內容之開發研究	莊道明
平衡計分卡理念導入臺灣技專校院圖書館之探討	吳牧臻
大學生資訊素養課程設計與評鑑	王梅玲
求新求變——臺灣地區大學圖書館的現況與展望	楊美華
數位時代大學圖書館的資訊服務	楊美華
Ted Nelson 及其超文件概念之引用分析	蔡明月、鄭琚媛
臺灣地區大學圖書館組織與資訊服務之研究	林呈潢、王麗蕉
美國公共及大學圖書館募款之研究	宋雪芳、劉瑞珍
報紙新聞專卷的數位典藏與加值利用	林信成、鄭國祥、孫正宜

（續）

表 28 第七屆海峽兩岸圖書資訊學學術研討會論文集目次（續）

篇名	作者
FRBR 與編目規則的未來發展研探	陳和琴
小學圖書館資訊素養結合資訊科技融入教學之研究——以自然領域為例	歐陽崇榮、林怡伶、林依潔
圖書館組織中之工作壓力探討	陳書梅
大學圖書館網站資訊結構之研究	謝寶煖
大陸（A 輯）[*]	
NA	臧國全
NA	包和平
NA	郭傳
NA	馬巍
NA	薛冬哥
NA	王虹菲
NA	杜春光
NA	王曉虹
NA	楊晉升
NA	柯平
NA	張厚生
NA	楊海平
NA	吳宗敏
NA	胡錦成
NA	胡昌平

[*] 無法取得第七屆研討會大陸論文集（A 輯），依據會議議程列出作者。

表 29 第八屆海峽兩岸圖書資訊學學術研討會論文集目次

篇名	作者
臺灣（B 輯）	
論數位閱讀時代的大眾閱讀趨勢	王宏德
資訊倫理素養於圖書資訊學教育之探討	王玟宛、謝建成
網路時代資訊組織與 Metadata 課程發展	王梅玲
連鎖及網路書店顧客關係管理策略之探討	何佩凌、陳昭珍
電子資源使用需求之研究：以餐旅管理系學生為例	吳牧臻
在職進修者研究方法課的數位學習行動研究	吳美美、吳思慧
從異質性數位資源整合探討 MODS 與 METS 計畫	吳瑩月、王梅玲
從期刊 JASIS 與 JASIST 看資訊科學的內涵與影響	林秀惠、蔡明月
「知識組織」課程規劃之研究	邱子恆
臺灣圖書資訊學碩士生就業市場與能力需求之研究	柯君儀、王梅玲
高中教師數位教材利用與分享著作權問題之研究	高暘萱、陳昭珍
國會問政資料數位建構與服務之探討	許水龍
FRBR 應用於博碩士論文知識組織之研究與實作	陳立原、蔡家齊、陳昭珍
臺北市高中教師電子資料庫使用現況之探討	黃瑜焯、陳昭珍
1995 至 2004 年圖書資訊學門研究計畫成果書目計量分析	黃慕萱、賴麗香
挑戰與契機：臺灣地區圖書館事業發展的回顧與前瞻	楊美華
數位時代大學圖書館行銷績效指標之研究	靳炯彬
探析我國圖書信息學期刊引用學位論文之研究	劉瑞珍、宋雪芳
當今美國圖書館學校解析	蔡明月
學位論文徵集營運策略初探：以逢甲大學為例	蔡玫雅
臺灣地區檔案事業與檔案教育發展現況與前瞻	薛理桂

（續）

表 29　第八屆海峽兩岸圖書資訊學學術研討會論文集目次（續）

篇名	作者
全球化下圖書館資訊服務的變革與趨勢：以歐洲圖書館為例	鍾雪珍
新千年圖書館員的全職能素養	顧敏

大陸（A 輯）

篇名	作者
Google 影響下的數字圖書館發展	余曉蔚
俗文學作品的目錄編撰——以子弟書為例	李芳
明末清初嶺南詩歌別集敘錄十種	劉娟、鍾東
內地競爭情報教育的現狀與發展方向	黃曉斌
圖書館員核心能力的形成根植於圖書館功能	以青
改革開放以來我國圖書館小說研究	史拓
展覽工作——高校圖書館服務中一個不容忽視的問題	何韻
論圖書館數字參考服務的行銷策略	肖永英
數字時代參考諮詢服務的未來	周旖
高校圖書館電子資源使用評價研究——以中山大學圖書館為例	唐瓊
高校圖書館館員工作滿意度研究	袁玉英
廣州市公共圖書館為農民工服務研究	張玫
數字參考諮詢服務中的合作研究	陳永嫻
研究生利用資料庫資源的影響因素研究	陳憶金
關於日本圖書情報學教改項目 LIPER 的觀察與思考	鄒永利
醫學信息門戶的資源組織研究	廖昀贇
圖書館學定律淺論——談圖書館學五定律、信息資源分享四定理和圖書館學 2.0 五定律	劉景宇
圖書館危機管理研究	燕輝

（續）

表 29 第八屆海峽兩岸圖書資訊學學術研討會論文集目次（續）

篇名	作者
公共圖書館殘疾人無障礙服務研究	藺夢華
面向搜尋引擎的網路後控詞表系統設計	司徒俊峰、曹樹金
數字化、互聯網與專題服務	趙燕群
文摘索引庫 Web of Science 和 Scopus 的比較分析	顏麗君
圖書館／信息學碩士教育指標體系比較研究	張靖
國外圖書館與信息學（LIS）教育新進展	孟廣均
數字時代圖書館事業的發展趨勢	孫蓓欣
現階段圖書館信息資源建設問題探討	王麗華
加強學科建設，提高研究生教育品質——「圖書館、情報與檔案管理」學科研究生教育工作探析	吳慰慈
關於圖情檔整合發展的幾點思考	周文駿
對美國圖情專業課程設置與教學方式的考察與分析	唐承秀
信息管理類專業課程體系建設的探討	冉從敬
資源整合與技術集成：「看不見」的網站	寇廣增、李綱
網路環境下圖書館學教育的發展與創新	彭斐章、劉榮
一點建議——關於加強歷史知識教學的意見	謝灼華
圖書館學專業教育競爭力分析	金勝勇
從智慧型教學系統與合作學習概念探討學術圖書館的新表徵	洪光毅
關於海峽兩岸圖書館學教學資源的交流與共用的設想	沈固朝
數字圖書館：個性的迷失與找回	陳雅、萬里鵬
開展網路本體語言研究，推動信息服務走向知識服務	羅昊
我國圖書館學研究生教育現狀調查與分析	王知津、閆永君、賀婷婷

（續）

表 29　第八屆海峽兩岸圖書資訊學學術研討會論文集目次（續）

篇名	作者
關於圖書情報學研究生教育的幾個問題	柯平、王平
圖書館電子業務發展與對策	徐一新
Blog 對海峽兩岸圖書館學的影響	范並思
信息公平與圖書館服務	蘭小媛
中日圖書館危機管理比較研究	高波
從 Google 數字圖書館計畫看合理使用的新發展	劉青、黃曉
開放獲取運動中的圖書館	陳福英
使用者對資料庫個性化服務功能利用研究—— 以《中文科技期刊資料庫》為例	楊濤、曹樹金
公共圖書館數字資源利用——以廣州圖書館為例	劉洪輝
什麼是圖書館精神？	趙長海

表 30　第九屆海峽兩岸圖書資訊學學術研討會論文集目次

篇名	作者
臺灣（B 輯）	
公共圖書館疏忽的環節：青少年服務	范豪英
圖書館館藏目錄加值問題初探	張慧銖、姚雨辰、 林美妙
大學境外專利活動分析： 生產力與技術影響力之集中及擴散現象初探	羅思嘉、邱敏芳
網路式圖書館資訊素養課程之教學內容與設計研究	蘇小鳳、郭碧真
資訊傳播在資訊服務專業教育的增援角色	林志鳳
從網路人力銀行求才條件探討臺灣數位內容產業人才需求趨勢	莊道明

（續）

表 30 第九屆海峽兩岸圖書資訊學學術研討會論文集目次（續）

篇名	作者
情感與資訊行為	葉乃靜
臺灣中文電子期刊出版系統初探	王梅玲、徐嘉晧
資訊科學引用與被引用文獻之主題研究：1985-2005	蔡明月、賴芊卉
電子資源對圖書館館藏發展之影響與衝擊	林巧敏
公共圖書館新移民女性服務手冊制定之研究：以臺北市立圖書館為例	宋雪芳、成維寧
數字典藏國家型科技計畫之資訊保存與取用現況初探	林信成、詹凱博
檔案人員專業能力之探討	林素甘
從 COUNTER 計畫的發展談電子資源使用統計報表之加值運用	歐陽崇榮、陳永祥
知識組織之研究內容與發展	潘淑惠
臺灣大學校院信息素養教育之現況	邱子恒
數位出版產業之構面研究	陳雪華、林維萱
從美國圖書資訊學研究所之願景使命看圖書資訊專業	謝寶煖
植基於中國詩詞語言特性所建構之語意概念分類體系研究	羅鳳珠
從虛擬參考服務的發展反思圖書資訊學教育內涵	吳美美
網路社群意見衝突管理機制之探討	陳昭珍、周芷綺
大學圖書館的新型態整合性服務模式——數位學習共用空間	洪世昌
各類型圖書館企業資訊服務	黃元鶴
圖書館自動化課程因應數位典藏技術之變革	余顯強
虛擬實境之資訊架構設計——以臺灣棒球數位文物館 3D 導覽系統為例	林信成、黃文彥
法律網站的全球化與在地化：以全球法律資訊網為例	林瑞雯
臺灣地區公共圖書館 Web2.0 服務現況研究	侯雅喬

（續）

表 30 第九屆海峽兩岸圖書資訊學學術研討會論文集目次（續）

篇名	作者
我對兩岸圖書資訊學術交流的一些看法	胡述兆
技專校院圖書館電子資源推廣利用之研究－以崑山科技大學為例	張芳菁、林珊如
主題式網站的資訊組織與檢索：以 Internet Movie Database 為例	陳穎琪
圖書資訊相關系所的專利課程規劃與設計	黃元鶴
數位時代的新版本學	黃鴻珠
由數位學習課程認證談圖書資訊學課程的教學設計	楊美華
臺灣房仲業務人員的資訊收集與應用能力初探：以臺灣信義房屋為例	劉昶明
大學圖書館品牌行銷之展望	歐陽崇榮、陳莉娟
大學圖書館部落格行銷之應用初探	歐陽崇榮、王荻
數位博物館光碟設計之探討——以佛經附圖為例	蔡順慈、林憶珊、林孝惠
知識地圖應用於醫療新聞之研究	賴玲玲、莊惠涵
美國圖書館在家教育服務初探	賴玲玲、阮纖茹
教師 blog 使用接受度影響因素與溝通成效影響因素之研究	蘇芮瑩

大陸（A 輯）

數字時代的圖書館文化多樣性服務——以上海圖書館為例	王世偉
圖書情報學教育改革	裴成發
圖書館專業人才能力和知識需求實證研究	曹樹金、楊濤
社會科學情報學科成長與人才培養	楊沛超
組建信息資源管理學科體系，做大我們特有的情報學	孟廣均
圖書館自動化課程因應數字典藏技術之變革	王新才

（續）

表 30 第九屆海峽兩岸圖書資訊學學術研討會論文集目次（續）

篇名	作者
數位時代的資訊資源管理人才培養探索——浙江大學資訊資源管理專業教育發展報告	葉鷹
圖書館學研究生教育體系的變革與完善	吳慰慈、蔡箐
網路時代的圖書情報專業核心課程及內容設計	馬費成
泛在信息環境下圖書館學學科變革的思考	陳傳夫
高校圖書館員終身教育及其模式探討	付先華
形式與內容：LIS 核心能力探析	葉繼元
美英圖書情報學碩士教育與培養模式：實證研究	王知津、謝瑤、嚴貝妮、李彤
基於 XTM 的圖書館專家知識地圖構建	夏立新、王忠義
數字時代圖書館服務創新與研究生課程內容建設	高波、白冰
數字時代大學生的信息素質教育——基於知識結構優化的思考	楊勇
基於博弈分析的信息資源共建共用的協作機制研究	孫瑞英
iSchool 聯盟院校的課程改革及其啟示	沙勇忠、牛春華
政府信息資源管理研究所的現狀分析及其建議	王新才、呂元智
目錄學課程立體化教學體系建設初探	冉從敬
文獻分類法課程立體化教學模式的構建	司莉
作者對開放存取的態度的調查與分析	吳晶晶
讀者價值略探	吳漢華
學習者知識建構中的 e-learning 資源開發	李卓卓
國外高校開放存取機構庫的版權政策及其對我國的借鑑	汪曉方
網絡學習（實踐）行為評價及其建構研究	沈祥興、沈陽
數字時代 LIS 實驗教學體系構件與探索	沈祥興、嚴冠湘

（續）

表 30 第九屆海峽兩岸圖書資訊學學術研討會論文集目次（續）

篇名	作者
論圖書館學情報學教育的整合	肖希明、盧婭
在職培訓的特點和意見之我見	周文駿
論信息素養教育與創新型人才培育	查先進、陳明紅
圖書情報學專業就業競爭力模式與保障	柯平、趙益民、詹越
信息管理類專業核心課程教學全程改革探索	胡昌平
圖書館學教育與現代圖書館理念	范並思、胡小菁
海峽兩岸圖書情報學教育現況比較分析	倪超群、邱均平、孟園
高校圖書館知識服務的發展現狀與對策	袁琳、李萍
開放網絡環境下的圖書情報教育改革	馬費成、望俊成
高校 E-Learning 平臺建設與應用策略研究	寇繼紅、嚴煒煒、朱琳、林佳
Google 與百度圖書搜尋比較研究	符玉霜
從圖書館核心價值看維基	都藍
近 5 年來我國知識組織系統（KOS）研究評述	陳紅艷
改革開放三十年我國圖書情報教育的發展	陳傳夫、吳剛、唐瓊、孫凱、于媛
國內外關於知識地圖的研究	陳歡歡
數字圖書館課程立體化建設與思考	陸穎雋
加強圖書情報高級人才培養能力建設	彭斐章
試論搜尋引擎優化模型	費巍
學科庫建設的策略研究	馮晴

（續）

表 30 第九屆海峽兩岸圖書資訊學學術研討會論文集目次（續）

篇名	作者
Elsevier 收錄期刊的可開放存取情況的調查與分析	黃如花、張靜
網路環境下圖書館編目人員繼續教育的探討	雷小平、孫更新
高校圖書館參考諮詢部管理模式的研究	趙迎紅、聶規劃、徐宏毅
論我國虛擬參考諮詢人員的高校在校培養	趙媛
科技論文在線交流的版權風險與對策研究	劉杰
支持社會學習的圖書館員學習系統的研發	潘琳

表 31 第十屆海峽兩岸圖書資訊學學術研討會論文集目次

篇名	作者
臺灣（B 輯）	
從數位學習產業鏈探討圖資系畢業生之相關發展路徑	陳俊湘
圖書館應用 RFID 服務創新之實務探討	余顯強
從設計基礎分析國內外書櫃網使用者經驗之初探	吳姍樺
獨立紀錄片製作者之專業知識調查研究	阮明淑
淺談企業內 KM 知識轉移之提升策略	周俞光
根植傳播理論課程於資訊服務專業教育之研究	林志鳳
情境中的知識主張之初探研究	林浩欣
網路社群輔導員創新特質之研究—— 以縮減產業數位落差計畫為例	林珩
基於論文文字資訊的研究主題分佈圖繪製與呈現	林頌堅
大一新生的線上及線下同儕社會網路之探討	胡馨尹
臺灣專利分析研究之發展初探	夏安珊

（續）

表 31　第十屆海峽兩岸圖書資訊學學術研討會論文集目次（續）

篇名	作者
世新大學碩士在職專班混成式學習之做法與效益	徐啟庭
臺灣高等教育評鑑下圖書資訊、資訊傳播與大眾傳播學系所發展分析與比較	莊道明
發明專利寫作之隱性知識研究	陳謙益
應用噗浪行銷圖書館服務研究：以臺灣世新大學圖書館為例	葉乃靜
微網誌噗浪之互動性與企業形象相關性研究——以瘋狂賣客為例	蕭宇辰
數位典藏教學資源網之互動式介面設計探討	蘇韋州
圖書資訊學學者開放近用期刊使用研究	王梅玲
通識教育開放式課程數位典藏建置之研究	陳志銘
近年來臺灣圖書資訊學教育發展的進程與省思	楊美華
資訊科學的意義，近十年引用文獻分析研究	蔡明月
初探全盲生就讀圖書資訊學系之教與學	宋雪芳
資訊計量學應用於 Wiki 網站頁面與編輯者生產力分析	林信成
標籤雲在圖書資訊服務之應用初探	林倩妏
試論固定價格制度對圖書文化多樣影響之探討	邱炯友
以網路為研究場域：網路民族志案例評析	許逸如
知識工作者隱性知識在方格技術運用之初探研究	陳佳惠
整合查詢系統研究初探：以法鼓佛教學院圖書資訊館為例	陳和琴
雲端運算於圖書館自動化系統之應用探討	劉靜頻
數位化時代下電子書對於公共圖書館的影響	歐陽崇榮、何雯婷
傳統戲曲之數位典藏——以布袋戲為例	歐陽崇榮、劉承達
大學生使用圖書館電子書之初探——以淡江大學為例	謝斐帆

（續）

表 31 第十屆海峽兩岸圖書資訊學學術研討會論文集目次（續）

篇名	作者
異質網站系統整合之探討：以淡江大學資訊與圖書館學系網站為例	藍振維
Google 圖書搜尋對出版業發展之影響	蘇佩君
臺灣醫學圖書館員繼續教育現況與需求之初探	邱子恒
挑釁式銷售法及其在圖書館的應用	謝寶煖、林誠
運用擴增實境技術增強電子書（AR-library）之整合建置	張珈
公共圖書館老年讀者閱讀行為研究初探	王尤敏
公共圖書館遊民問題處理之探討	王憲章
初探雲端運算	江政哲
從遠距圖書館服務和數位元圖書館課程探討圖書資訊學教育如何允執厥中	吳美美
以 RSS 為基礎之圖書館整合式新書通報服務初探	李俐雯
從角色轉變探討公共圖書館與社區的互動與發展	林沂瑩
舞蹈團體網站內容分析之研究	林芳伶
Sense-Making Library 2.0: A User's Perspective	邱銘心
MSN 即時數位參考服務之使用研究：以交通大學圖書館為例	柯皓仁
Podcasting 與圖書資訊服務之應用初探	張映涵
虛擬參考服務館員技能培訓課程之設計與回饋	許鴻哲
利用凱利方格法（RGT）探索索引編制行為	陳啟亮
臺北市國民小學實施讀報教育成效評估之研究	馮瓊愛
新聞記者網路之資訊尋求行為與資訊焦慮產生對守門行為影響之初探	黃柏堯
高中生身心健康資訊之網路使用行為研究	黃若涵

（續）

表 31 第十屆海峽兩岸圖書資訊學學術研討會論文集目次（續）

篇名	作者
青少年閱讀興趣與網路閱讀推薦服務	鄭美珍
虛擬參考諮詢服務評鑑設計與實施初探	魏曉婷
虛擬參考服務平臺探究與建置	酈宇珺
圖書館採用自由軟體的策略	毛慶禎
圖書資訊學研究所學生就讀動機、學習需求與生涯發展之研究	林呈潢
學術性問題解決之不確定性研究	林麗娟
論中國古代「藏書家」的定義——以明代為例	陳冠至

大陸（A 輯）

篇名	作者
面向職業需求的情報學教育——兩個大型調研的發現和分析	呂斌
上海市中心圖書館的十年發展與未來願景	王世偉
從「帶路雞」行銷手法談技職院校圖書館之空間創意與服務行銷	蔡玉珍
市民和讀者對一個市圖書館的認知和需求	曹樹金
民眾的圖書館權利及其淵源	程煥文
知識連結和知識組織研究	周曉英
嵌入式學科服務的實踐與思考	初景利
圖書館學史研究與學術傳承	王餘光
悖論的價值：關於我國圖書館學教育的思辨	畢強
論 J. 杜威對中國近代圖書館事業的影響	吳稌年
基於核心——邊緣分析的國內外數字圖書館研究狀況探析	宋豔輝
基於平衡計分卡的數字環境圖書館管理評價指標體系	宋琳琳
改革開放以來我國學者學術行為變化規律研究	邱均平
深化專題交流，促進學術共識—— 在武漢大學召開的兩次海峽兩岸圖書信息學學術研討會回顧	馬費成

（續）

表 31　第十屆海峽兩岸圖書資訊學學術研討會論文集目次（續）

篇名	作者
圖書館員去職業化問題、現象與對策研究	陳傳夫
文華學子和文華圖專叢書	彭敏惠
論開放網路環境中圖書館信息組織的社會化	蘇小波
Web2.0 環境下圖書館信息諮詢服務	李文文
中國現代圖書館專業化的一個重要源頭——中華教育改進社「圖書館教育組」的歷史考察	李剛
機會發現的理論初探	李琳
資源建設與服務制度規範與管理——我國數字圖書館建設機制研究	胡唐明
電子政務服務能力測評模型的構建與實證	胡廣偉
開編喜自得，一讀療沉屙	徐雁
淺析數字圖書館信息資源長期保存	許光鵬
走向世界的江蘇人文社科研究——美國 SSCI 和 A&HCI 收錄江蘇省人文社科文獻的定量分析	華薇娜
圖書情報學核心內容與人才培養	葉繼元
盧震京生平及其圖書館學著作考述	榮方超
加強我國圖書館手機服務的對策研究	潘晨
盧荷生先生《中國圖書館事業史》的史學特徵	范興坤
基於 WEB2.0 的個人知識管理研究	魏白蓮
提升圖書情報學學科地位的思考——基於 CSSCI 的實證分析	蘇新甯
基於簡約知識組織系統的《中國檔案主題詞表》語義網路化應用研究	段榮婷
面向知識服務的信息分析及應用研究：以文獻資料庫為例	王曰芬
關於用戶信息搜索行為與認知研究	甘利人

（續）

表 31 第十屆海峽兩岸圖書資訊學學術研討會論文集目次（續）

篇名	作者
大學生使用文獻資料庫中的強化學習行為實驗分析	白晨、李丹丹
用戶認知與知識管理研究	吳鵬
圖書館網站用戶使用行為影響因素研究	許應楠
信息用戶心智模型測量方法研究：以大學生實驗為例	錢敏、朱晶晶、張紅
複合關聯的概念、模型與實證	黃水清
RSS 在高校圖書館應用的大學生需求調查分析——以南京高校為例	劉磊
培養 21 世紀新一代信息專家——開創以數字化圖書館服務為核心的信息圖書館學教育新紀元	劉燕權
基於本體的楚辭文獻知識組織研究	錢智勇
電子商務網站顧客信息搜尋行為形成機制研究	王知津
我國圖書館學教育的發展思考	柯平
Web 信息採集技術概述	張力、滕海明
湖北數字圖書館設計方案探討	王學東
論公共圖書館總分館的若干基本理論問題	高波
信息資源數字化專案產權保護研究	臧國全

表 32 第十一屆海峽兩岸圖書資訊學學術研討會論文集目次

篇名	作者
臺灣（A 輯）	
完全中學圖書館服務品質評量之研究：以臺中市為例	王梅玲、羅玉青
大學圖書館館員專業數位素養評量工具編制與實施方法	王創宏、郭儒修、吳美美
兩岸機構知識庫（IR）發展和現況比較	包心萍、劉茲恒
A Study of Organizational Structures and Practices of Fan Subtitling Groups in Russia and China	白黛納 Diana Boyko
虛擬參考晤談節奏和專業語料庫建置	吳美美、許鴻哲
黑暗中的星星：盲人館員之實例探析	宋雪芳、伍容嫻、楊湘閔、袁佩瑤
公共圖書館與社區參與：以英國公共圖書館為個案	宋慧筠、陳舜德
數位學習跨領域文獻計量與主題分析之探討	李清福、陳志銘、曾元顯
一個能夠同時觀察資料的網絡結構、資料量與時間軸的視覺化介面	沈柏辰、謝吉隆、楊立偉
利用雙因素理論探討我國大學圖書館館員工作滿意之研究	林呈潢、丁素宜
誰在書寫蘭嶼，建構蘭嶼知識：蘭嶼專題圖書之分析	林素甘
線上財經討論版裡的訊息傳播分析	林頌堅
臺灣圖書產業調查與出版學系所解讀報告	邱炯友、林瑞慧
網路消費者健康資訊初探	邱銘心
大專校院圖書館績效評估指標可行性之研究	柯皓仁、蔡欣如
解析 iSchools 聯盟發展現況與影響	翁慧娟
公共圖書館與銀髮族健康資訊服務	高瑄鴻
大學圖書館學習共用空間之建置營運與使用成效：以國立中興大學圖書館興閱坊為例	張慧銖、王春香、張義輝

（續）

表 32 第十一屆海峽兩岸圖書資訊學學術研討會論文集目次（續）

篇名	作者
智慧型手機應用程式之使用者研究	張筑婷
2006 至 2010 年圖書資訊學一級學術期刊論文之主題分析	莊馥瑄
中文電子書版面及功能之使用者選擇偏好研究	許瑞庭、陳昭珍
數位圖書館資訊架構對於數位學習之學習成效影響研究—— 以自然與人文數位博物館為例	陳志銘、林上資
輔仁大學圖書資訊學系的發展歷程	陳冠至
公共圖書館兒童電子書服務個案研究	陳莞捷、王梅玲
臺灣電子書供應鏈發展與政府政策	陳寗
閱讀療癒對象之初步分析與適當圖書之選擇	陳德雯
電子書的國際編碼—— 以國家圖書館「數位出版品平臺系統（EPS）」為例	曾堃賢
從智慧資本觀點探討工商圖書館經營策略研究	黃元鶴
布萊德福定律應用於數位典藏網站頁面連結分析： 以臺灣棒球維基館為例	黃昊翔、林信成
大學圖書館之產業情報服務探討	黃麗虹
臺灣民眾閱讀及使用公共圖書館習慣調查	楊美華
西文資訊科學文獻被引用之分析研究	蔡明月、蔡玉紋
臺灣檔案管理人員專業認證制度之研究	薛理桂、林巧敏
個人資訊組織結構分析比較： 以階層式資料夾與標籤兩種方式為例	謝吉隆、丘麗嬌
美國凱迪克獎得獎繪本之繪者與作品量化分析	謝寶煖
圖書館知識服務面對人權議題的兩難抉擇	嚴鼎忠
Taylor 問題諮詢模式之影響探討	張郁蔚

（續）

表 32 第十一屆海峽兩岸圖書資訊學學術研討會論文集目次（續）

篇名	作者
大陸（B 輯）	
再論智慧圖書館	王世偉
論知識組織的哲學基礎及八大方法	王知津、馬婧、王璿
信息時代檔案人才培養與檔案學專業發展展望	王新才
2000-2011 年 WOS 科學學期刊研究熱點研究：以共詞分析和 SNA 為方法	王燕玲
海峽兩岸大學圖書館的交流與合作	王蘭香
基於知識庫的數字參考諮詢參考源實證分析	代洪波
美國圖書信息研究生課程設置個案分析	冉從敬
中國大陸高校圖書館嵌入式服務現狀調查	司莉、邢文明
近十年我國圖書館品質管制研究熱點問題	吳昌合
手機信息交流的調查分析：以大陸和臺灣為例	宋恩梅
雲存儲環境下高校圖書館數字資源合作保存模式研究	李卓卓、衛瀟、張衍
LIS 專業知識結構變遷及其管理學「迷思」	李剛、余益飛、杜雯
科技新查中雙向委託代理關係的成因、表徵及對策	李莘、寧岩、李紀
圖書館文獻自動分類系統中語料庫的建構研究	李湘東、張成
知識地圖在人力資源管理中的應用	李翔、劉萍
網絡消費信息行為模式研究	李穎、姚藝、劉光輝
中日電子書產業比較分析	李鏡鏡、張志強

（續）

表 32 第十一屆海峽兩岸圖書資訊學學術研討會論文集目次（續）

篇名	作者
數字信息環境下 LIS 基礎實驗教學體系建設	沈祥興、肖希明、唐曉波、朱玉媛、黃先蓉
ischool 科學研究的特徵及啟示	肖希明、李金芮
論中國大陸圖書館學與西方圖書信息學（LIS）的實質性映射對應	肖勇
2001~2010 年美、俄檔案學重要期刊載文分析	肖秋會
商務印書館地理學譯著出版與地理學知識群體的形成	肖超
物競天擇，適者生存：圖書館新消亡論論辯	初景利、楊志剛
服務研習：圖書館學研究生實踐教學改革探索	周旖、肖鵬
論網絡資訊安全傳播中的用戶責任	周黎明、林嘉
雲計算環境下的圖書館發展戰略研究	周鵬、景璟、韓正彪
中國公共數字服務均等化亟待重視	林夢笑
館藏資源布局理論發展分析	金盛勇、何婧
基於實證調查的社會性標籤系統架構研究	姜婷婷、劉旻璿
關於大陸圖書情報專業學位教育的若干問題思考	柯平、張文亮、何穎芳
個體投資者網絡信息搜尋行為研究	胡玲玲、李月琳
面向更寬廣信息職業的 LIS 課程體系改革研究：對 200 位 LIS 學院畢業生的調查與分析	韋景竹、張翠湖
期刊引用認同實證研究：以人文社會科學期刊為例	孫建軍、蘇芳荔
上海新亞圖書館「服務社會之職志」的踐行	秦亞歐

（續）

表 32 第十一屆海峽兩岸圖書資訊學學術研討會論文集目次（續）

篇名	作者
中國大陸信息檢索領域研究熱點及內容分析	馬海群、趙建平、傅榮賢、張峰
基於用戶行為的網路信息失效研究	馬費成、朱夢嫻、朱亮亮、望俊成
中國大陸圖書館資源共享現狀調查報告	高波、黃潔晶
從 DOAJ 收錄的 LIS 期刊來看海峽兩岸地區同類其刊的發展	高俊寬
中山大學「圖書與圖書館史」課程建設與改革	張靖
Lib3.0 時代的 VRS 科研與決策諮詢服務	曹娟、閆國偉
大陸珠三角地區公共圖書館業務外包實證研究	張瀅、巫倩、陳俊翹
基於用戶需求的圖書館用戶滿意實證研究	曹樹金
基於引文分布的學術其刊創新影響力評價指標和方法	許海云
大陸圖書情報院系領導者對專業教育面臨挑戰的看法	陳傳夫、劉雅琦、吳鋼、王平
企業雲服務對我國圖書館的啟示	陸穎雋、伊富紅、鄧仲華
推廣圖書館技術，實現社會化服務	傅正
數字出版環境下版權保護機制和生態系統的分析與建設	舒葉
政府信息公開公眾滿意度調查研究	馮湘君
基於文本的 qRT-PCR 實驗內參基因挖掘研究	黃水清、何琳、沈耕宇、何娟
連線公共檢索目錄（OPAC）與其他資源發現工具的融合	黃如花、楊雨霖
論圖書館學碩士研究生核心能力的培養	楊勇
網絡引文的分佈規律研究：以中英維基百科為例	楊思洛

（續）

表 32 第十一屆海峽兩岸圖書資訊學學術研討會論文集目次（續）

篇名	作者
民國時期「國立圖書館」問題研究	楊玉麟
大學校園環境下的信息素養教育之「嵌入式教學模式」的思考與啟示	楊曉兵
姍姍來遲的德國圖書館倫理規範	葉晶珠
數字資源集團採購合作管理內容研究	董偉、賈東琴
高校圖書館組織結構評價	賈東琴、董偉
數據挖掘雲服務分析研究	趙又霖、黎春蘭
網絡用戶信息期望維度模型構建實證研究	劉冰、宋漫莉
中國大陸圖情（LIS）教育現況及發展走向	劉茲恆、曹海霞
CNKI 分類號標引分析	劉健
集團化趨勢下出版企業數字資源長期保存模式探析	劉燦姣、袁村平
圖書館用戶網絡自主培訓系統構建策略研究	潘燕桃、道焰
農村留守兒童課外閱讀環境研究：以重慶市為例	鄧小昭、張敏、劉燦
論 SLA 在雲環境下圖書館信息服務中的應用	鄧仲華、黎春蘭、趙又霖
基於社會事業的數字圖書館建設體制及其發展模式探析	鄭建明、胡唐明
圖書館、檔案館和博物館服務融合與圖書情報學教育的變革	鄭燃
我國大學圖書館數字化參考諮詢服務現狀分析與發展策略	盧小賓、宋姬芳
人類信息行為研究的多元化哲學思潮	韓正彪、周鵬、景璟
基於主路徑的引文網絡結構洞屬性研究	韓毅
書業百年楊，風晴兩岸同——從北平廣甸陽書市集到臺北估領楊書街、光華商場楊書鋪群	徐雁

（續）

表 32 第十一屆海峽兩岸圖書資訊學學術研討會論文集目次（續）

篇名	作者
民國時期上海總商會商業圖書館研究	伊麗春
中國大陸古代藏書建築空間設計研究概述	羅惠敏

香港

篇名	作者
資訊素養、文學閱讀與實地考察—— 以「走進香港文學風景」為例	馬輝洪、陳露明
如何挑選合適的探索工具（Discovery Tool）—— 香港教育學院圖書館的經驗分享	麥綺雯

澳門

篇名	作者
國外文線保護協會及行業組織研究	李星星

表 33 第十二屆海峽兩岸圖書資訊學學術研討會論文集目次

篇名	作者
臺灣（B 輯）	
信息素養數字教材融入通識教育數字學習環境	張迺貞
以 DOI 辨識碼建立期刊書目關係之研究	張慧銖、胡麗珠、陳柏儒
FRBR 相關研究之計量分析	張慧銖、曾昱嫥、李勇德、林瑋琦、闕仲寬
青少年參與公共圖書館志工的服務學習經驗之初探	曾婓茜、宋慧筠
國中圖書教師的角色功能與閱讀教學個案研究	魏奕昀、賴苑玲
以圖書館共用空間為大學「第三地」	蘇小鳳
數位策展：影音時代圖書館員的新素養	葉乃靜

（續）

表 33 第十二屆海峽兩岸圖書資訊學學術研討會論文集目次（續）

篇名	作者
兩岸學術圈的缺憾	賴鼎銘
臺灣的大學圖書館的學習區	陳格理
圖書館館藏支援博碩士生研究之探討——以東海大學圖書館管理學院分館為例	陳勝雄、謝宜娟、張慧銖
大學圖書館「學習共用空間」服務品質評鑑指標建構與應用	王梅玲、侯淳凡
檔案展覽互動展示設計之案例分析	林巧敏、李佩珊
基於 QR code 發展之國小圖書館利用教育學習系統對於學習成效、動機及注意力影響研究	洪育佳、游宗霖、陳美智
數位長期保存政策擬定之探析	陳慧娉、薛理桂
不同城鄉學生組成之線上讀書會對於閱讀成效的影響研究	黃姮惠、陳美智、游宗霖
優質標注萃取機制提升閱讀成效之研究：以合作式閱讀標注系統為例	黃柏翰、游宗霖、陳美智
從個案研究探討大學圖書館研究共用空間	楊婕
引文分析研究：以臺灣《管理學報》為案例	蔡明月、李旻嬛
國家圖書館業務管理機制：歷史、現狀與哲學思考	趙益民
建構公眾協作平臺以重現地方群體記憶之初探——以淡水史為例	林信成、陳美聖
臺灣數位典藏發展初探	林素甘、吳思頤
甄選入學學生科系選擇與期待之研究——以淡江大學資圖系大一新生為例	林詩涵、高子洵、吳思頤
圖書館尋書定位 APP 實作	洪世彬、張惟婷、張玄菩
學術圖書館電子書使用現況初探	歐陽崇榮、唐雅雯

（續）

表 33 第十二屆海峽兩岸圖書資訊學學術研討會論文集目次（續）

篇名	作者
知識本體於地理資訊之應用——以智慧決策雲為例	孫志鴻、鄭依芸、蔡秉穎、陳雪華
大學的強心針——談大學圖書館募款	陳雪華、黃麗瑂
澎湖青壯年居民面臨職涯規劃問題之資訊行為研究	丁元凱、邱銘心
探索資訊素養標準的基本要素	吳美美、陳意鈴
基於索引典概念探討大學圖書館網站標籤之研究	呂智惠、謝建成、蕭潔
從社會資本、社區資源使用角度檢視大陸農村民間圖書館的運作——以大埔縣立人卓英圖書館為例	李思敏
性別差異研究於傳播學、電腦科學與圖書資訊學領域之比較	張淇龍
臺灣地區公共圖書館電子童書教學活動之研究	張維容、吳佳蓁
以資訊生態學構面評估大學圖書館數位資源系統	蕭雅方、陳昭珍
個人學術書目庫 CiteULike 知識網絡分析	顏子淇、吳美美
論明代南京的書籍市場	陳冠至
知識管理課程內容分析——以美國圖書館學會認證之圖書館與資訊學碩士課程為例	黃元鶴
大陸（A 輯）	
大陸公共圖書館規定性角色研究	周旖
臺灣地區高校圖書館 ISO9000 族標準應用狀況分析	唐瓊、陳曉雯
廣東省圖書館權利狀況調查	張靖、蘇日娜、梁丹妮
科技報告：內涵、功效、作用與機理	賀德方
開放創新環境視角下的圖書館創客空間研究	王錚
醫學健康網站信息可用性影響因素探索研究	董偉

（續）

表 33 第十二屆海峽兩岸圖書資訊學學術研討會論文集目次（續）

篇名	作者
基於網路調查的國內外高校圖書館組織結構現狀分析	賈東琴
感知的戰略易變性、環境複雜性與中小企業經理人信息掃描行為	王琳
從可行能力視角理解數字不平等	樊振佳
探究高校文理科生電子資源使用情況差異：以北京大學本科生為例	蔣勤、張璐、劉暢
從百度知道的問題描述看圖像需求及描述方式	黃崑、白雅楠、王珊珊、張路路、宋靈超
第五次公共圖書館評價結果分析	吳正荊、袁藝
循證圖書館與信息實踐：Google Scholar 引文分析功能系統綜述	張軼群
E-Science 環境下科學資料管理模式研究	嚴貝妮、李天行、李宗培
信息管理學科整合的變革路徑	陶俊
基於引文分析的百度百科在學術研究中的應用研究	代洪波
大數據時代情報學的機遇與挑戰	韓毅、李紅
中外情報學近十五年學術聚焦演化對比研究	冉從敬、陳一
美國信息職業對圖書情報學人才需求的調查分析	司莉、王思敏、封潔
公共數字文化資源整合動力機制研究	肖希明、唐義
基於網路影響力測度的公共數字文化資源整合「中心」機構的選擇	肖希明、張方源
什麼是圖書情報專業的核心競爭力？	馬費成
我國政府交通出行信息再利用制度框架研究	白獻陽
內容開放平臺中管理支援行為的實證分析	陳則謙、金勝勇

（續）

表 33 第十二屆海峽兩岸圖書資訊學學術研討會論文集目次（續）

篇名	作者
基於定量分析的我國圖書情報學學科輻射力研究	趙俊玲
Social Search 的概念解析與研究進展	孫曉甯、朱慶華、趙宇翔
區分標注資源類型的社會化標籤品質評估	李蕾、章成志
信息弱勢群體對移動互聯網服務的接受偏好研究	馬丹丹、甘利人
社會認識視角下文獻資料庫大學生使用者心智模型影響因素及效用實證分析	韓正彪
我國文盲農民的信息貧困——基於信息獲取行為的研究	于良芝、劉和發
被忽視的中小學素質教育要素：從 LIS 視角解讀大陸素質教育政策文本	于斌斌
數字信息服務的可持續發展：經濟、社會、環境集成框架視角	亢琦
解讀政府網站低利用率：應用紮根方法的一項研究	王芳
圖書館員刻板印象代際差異研究	王翮然
高校學生移動圖書館使用意願研究	何鵬飛
基於使用者多維交互的數字圖書館交互功能評估研究	李月琳、齊雪、梁娜
移動互聯環境下城鄉青年健康信息搜尋行為研究	李穎
圖書館微博互動策略對品牌關係的影響	肖雪、嚴偉濤
文化集群的共生融合發展：我國農村圖書館建設的文化大院模式研究	柯平、張文亮
移動環境下社會性別與信息行為關係研究	梁娜
基於使用者體驗的移動搜尋引擎評估模型研究	梁琪悅、何曉鳳、李月琳
農民數字化貧困的自我歸因及其啟示	閆慧、閆希敏

（續）

表 33 第十二屆海峽兩岸圖書資訊學學術研討會論文集目次（續）

篇名	作者
2013 年國外信息科學研究前沿和熱點述評	陳信、柯平
大學生個人網路信息保存行為研究	馮湘君
基於文本挖掘的領域本體構建方法研究	翟羽佳
國內外情報學分支學科體系結構實證研究	齊亞雙
國外圖書館管理制度有效性研究進展	朱明
大陸地區未成年人圖書館閱讀研究進展	張文彥
讓圖書館發出聲音：基於聲浪傳播理論的圖書館行銷推廣新概念	蘇超
流浪兒童日常信息尋求行為研究	王素芳
社區圖書館「品質屋」服務設計方法研究	楊溢

哥本哈根

Visioning Studies: A Socio-Technical Approach to Designing the Future	Diane H. Sonnenwald

表 34 第十三屆海峽兩岸圖書資訊學學術研討會論文集目次

篇名	作者
臺灣（B 輯）	
運用 New Kirkpatrick 四層級模式評估信息法律創新教學之學習成效	張湄貞
從查詢、辨識、選擇探討數位典藏內容後設資料之可用性	曹嘉怡、羅思嘉
多語使用者外文資訊檢索之需求與情境之研究	郭俊桔、張瑞珊
行動載具上電子雜誌介面設計之探討	郭俊桔、蘇煒能
電影中的圖書館員影像描繪	謝采妤、羅思嘉
從人文社會領域研究特質探討社群媒體資料庋用之價值	謝豐吉、羅思嘉

（續）

表 34 第十三屆海峽兩岸圖書資訊學學術研討會論文集目次（續）

篇名	作者
大學圖書館自動化系統服務品質指標建構與應用	張蕙婷、王梅玲
基於資料探勘技術發展輔助數位閱讀之閱讀理解成效評量預測暨回饋制	許築婷、陳志銘、洪維均、顏琳、黃儀甄、劉鎮宇
商業引文資料庫與開放取用引文系統之比較研究	蔡明月、翁峻霖
數據導向的圖書資訊發展	蔡明月
電子書編輯軟體對支援 EPUB 標準之研究	吳宗翰、張玄菩
應用 Google Cardboard 建立圖書館虛擬實境體驗之初探研究	李悅、洪世彬、張玄菩
大資料環境下臺灣大學生閱讀行為改變之研究（一）	陳建安
實證導向之護理資訊素養教學活動設計	翁慧娟、謝寶煖
從分類的視角看兩岸	陳嘉勇
行動環境之個人音樂資源管理行為初探	林書宇、卜小蝶
以社會資本觀點探討圖書館讀者服務效益	陳瑞軒、卜小蝶
公共圖書館遊民服務現況之研究——以萬華地區遊民為例	楊喻好
網路影音資源之保存動機與策略初探	葉政廷、卜小蝶
兩岸公立圖書館館員聘任制度比較	黃國正
GNU GPL 授權 Koha 圖書館管理系統在華文世界的應用	游龍山、毛慶禎、原曉冬
數位禮物：圖書館請提取	毛慶禎
行動社群媒體於圖書館應用個案分析	林麗娟
家長對兒童使用電子繪本態度分析	柯宜伶、林麗娟
資訊組織實作工具：Koha Live DVD	張鐘、毛慶禎

（續）

表 34 第十三屆海峽兩岸圖書資訊學學術研討會論文集目次（續）

篇名	作者
大學生對於科學爭議資訊之知識信念、檢索行為及問題解決能力之探索研究	黃元鶴
IOT 與智慧型圖書館之雛型應用探討——以尋找書籍為例	呂峻益
結合規範啟動與社會交換理論探討臺灣地區大學圖書館館員節能行為	林永清

大陸（A 輯）

篇名	作者
新技術壓力下圖書館員在職知識更新驅動及需求探究	羅曉蘭
面向網路資源聚合的單元類型和語義關係識別	曹樹金
基於萬有引力定律和 HITS 演算法的 Web 頁面分類方法研究	劉忠寶、趙文娟
大數據環境下的信息分析	盧小賓
大數據環境下一步到位的整合型圖書館管理系統——開源 Koha 的中文應用	原曉冬、遊龍山
基於被引文片段識別的自動文摘研究綜述	徐健、李綱
面向應急決策的參考諮詢研究	葉光輝、李綱
我國圖書情報領域使用者信息行為研究	劉瑾、鄧勝利
使用者社會化標注行為不一致性的表現及原因分析	林鑫、石宇
大數據時代下 MOOC 平臺資料科學教育研究	桂思思、任珂
引入工程化思維，建設情報工程學	馬費成
圖書情報學位授權點的發展現狀與趨勢	陳傳夫
基於引文上下文的學術文本自動摘要技術研究	黃永、陳海華
檔案安全體系：理論闡釋與框架構建	趙躍
社會化問答社區用戶問題關注和答案採納行為分析	鄧勝利、林豔青、陳曉宇

（續）

表 34 第十三屆海峽兩岸圖書資訊學學術研討會論文集目次（續）

篇名	作者
面向移動圖書館的使用者接受模型研究	明均仁
社交媒體平臺下搜索子系統的可用性研究	杜春鳳
基於活動理論的社會化問答平臺的可用性研究	杜晴
新技術環境下的資料資產管理	孫建軍
大數據時代情報學學科機遇及學者的責任與擔當	蘇新甯
突發事件中文微博情感傾向性分析實證研究	王佳敏、吳鵬、沈思
基於眾包理論的網路輿情意見領袖形成的 BDI 模型建模研究	吳鵬、張晶晶、強韶華
面向科學研究主題的文獻隱含時間特徵分析與挖掘	沈思、王佳敏、吳鵬
面向網頁信息篩選的可信度評估研究	靳嘉林、鄭小昌、王曰芬
基於《漢學引得叢刊》的典籍知識庫構建及人文計算研究——概況及進展	黃水清
基於國家社會科學基金的宗教學成果及研究熱點分析	葉文豪、王東波
探索式搜索任務屬性與信息搜索行為的關係	李月琳、樊振佳
社交網路使用者信息共用中的可信度評估研究	李穎、馬曉瑜
關於公共文化服務標準化的幾個理論問題	柯平
20 世紀初仿杜威書目對知識世界的近代化建構及其反思	傅榮賢
國外檔案館私人檔案版權政策調研及啟示	王英
大數據時代公安院校大學生資料素養教育發展探析	鄭燃、戴豔清、唐義
社交問答平臺用戶持續參與意願的實證研究：感知價值的視角	趙文軍、易明

（續）

表 34 第十三屆海峽兩岸圖書資訊學學術研討會論文集目次（續）

篇名	作者
Measuring Cognitive Load in Hierarchical Auxiliary Reading of a Research Paper	陳靜、徐波、陸泉
The Differences between Computer-Mediated Communication and Face-to-Face Communication in the Intercultural Communication Co ntext	李旭光
大數據時代信息資源管理類專業人才培養模式	王忠義、夏立新、呂堯
基於 CNKI 的我國新能源汽車行業研究視覺化分析	王學東、李金鑫
基於語義化共詞分析的戰略性新興產業信息服務資源深度聚合研究	王學東、崔娜娜、王弘丞
動機和社交需求視角下社會問答平臺知識共用影響因素實證研究	王學東、馮姍
流體驗視角的信息素質教育遊戲整合地圖設計	吳建華、徐越穎
網路信息生態鏈技術環境優化方略	李青維、婁策群
網路健康社區信息需求特徵測度——基於時間和主題視角的實證分析	李重陽、翟姍姍、鄭路
基於 FRUTAI 演算法的布林型移動線上學習資源協同推薦研究	夏立新、畢崇武、李重陽
當代學科書目的編纂	夏南強
謝爾曼肯特戰略情報觀與我國傳統情報觀的比較研究	孫晶瓊、江彥、李進華
信息檢索課程多維教學體系構建與創新教學實踐	張自然、夏立新、易明、曹高輝、石義金
影響跨境電商顧客購買意願的因素——基於感知價值理論	連書廷、張純
基於 hLDA 的圖書內部主題層次組織研究	陳靜、徐波、王甜甜、陸泉

（續）

表 34　第十三屆海峽兩岸圖書資訊學學術研討會論文集目次（續）

篇名	作者
異質網路資源多維度推薦模式研究——以豆瓣網為例	程秀峰、李重陽、王忠義
基於社交媒體的檔案服務研究	熊回香、施旖
基於使用者需求的數字檔案館服務模式探究	熊回香、陸穎穎
信息環境下醫療工作者隱性知識共用障礙影響因素分析	盧新元、趙敏
手機遊戲用戶黏性影響機制研究	韓高鉀、池毛毛、張純
2000-2014 年國家科技進步獎獲獎機構合作網路演化分析	譚春輝、程凡
Time-factor-based group recommender algorithm on social networks	鍾足峰、段堯清
我國高校真人圖書館的發展策略研究	周晨
面向知識共用與創新的企業組織結構優化——基於海爾集團的探索性案例研究	何菲、楊溢

表 35　第十四屆海峽兩岸圖書資訊學學術研討會論文集目次

篇名	作者
臺灣（B 輯）	
社交互動與安全感：跑步行動應用程式的使用者體驗設計	李子伊
「資訊行為理論」知識地圖建構：引文、共被引與引用內容／脈絡分析	蔡明月、賴芊卉、曾宇薇
初探大學生對行動地圖程式之使用與檢索：以淡江大學為例	古敏君
社群媒體對年輕族群網路購物決策程式之影響	曹語珊、王美玉
應用替代性計量指標探索新興學科學術傳播軌跡：以社會企業為例	黃元鶴、李景明

（續）

表 35 第十四屆海峽兩岸圖書資訊學學術研討會論文集目次（續）

篇名	作者
青少年網站需求分析與建置之研究	郭俊桔、羅威
以文字探勘技術探索臺灣電影院觀影經驗與品質	許詩怡
試以 FRBR 架構闡釋核心 IP 及其衍生物的關係——以「刀劍亂舞」為例	傅燕鴻
EPUB 電子有聲書之探討與製作	黃斌亮、張玄菩
公共圖書館通閱服務使用者行為與態度——以臺南市立公共圖書館為例	蔡岳霖、蘇小鳳
「資訊素養」課程指定作業興趣主題差異探討	林志鳳
臺灣數位碩士班研究生線上學習、圖書館利用與學習成效之研究	王梅玲、張艾琦
圖書館身心障礙讀者服務館員知能培訓需求調查	林巧敏
圖書館電子書推廣策略之研究	唐雅雯、歐陽崇榮
淡江大學圖書館空間改造之讀者使用滿意度調查	莊承翰
公共圖書館高齡讀者數位閱服務之學論文整合分析	鄭宇婷、王美玉
擁抱圖書館：英國公共出借權業管機構改隸事件的啟示	邱炯友
海峽兩岸館員任用制度差異及其影響之比較研究	陳嘉勇
影像敘事課程設計與實施研究	阮明淑
營養師對保健食品資訊可信度評估研究	張譯文、賴玲玲、王梅玲
數字學習風潮下的圖書館與資訊科學教育	王梅玲
大學校園大資料：概念、案例、經驗	曾元顯

大陸（A 輯）

篇名	作者
本科生使用社交媒體行為研究：基於人口統計學特徵與人格特質的差異分析	甘春梅、胡鳳玲、宋常林、袁園
引入隱私政策的社交媒體用戶隱私披露行為實證研究	張明鑫

（續）

表 35 第十四屆海峽兩岸圖書資訊學學術研討會論文集目次（續）

篇名	作者
旅遊信息檢索行為研究綜述	袁心、黃崑
移動社交媒體使用者適應性信息搜尋行為影響因素研究——基於主動性人格和心理授權視角	郭佳、曹芬芳
高校移動圖書館使用者信息搜尋行為的嬗變研究	明均仁、張俊、郭財強、涂瑞德
開放與協作：數字學術工具的使用偏好探索	項欣
從免費到付費：付費知識問答社區使用者信息交互行為的比較研究	齊雲飛、趙宇翔、朱慶華
移動 App 使用者信息隱私關注影響因素實證研究	朱鵬、邱豔梅、朱星圳
音樂平臺中音樂分類體系的使用者心智模型研究——以高校學生群體為例	薛翔、趙宇翔
任務情境下的兒童信息檢索行為研究	韋薇穎、易明
基於生態位的學術期刊評價研究	丁敬達
學術傳承性文獻及其識別方法研究	郭倩影、杜建、唐小利
北美三所 iSchools 圖情院系人機交互課程調研與啟示	李京津、錢婧、黃崑
大數據環境下我國情報分析領域研究前沿探測	張帥、謝笑、王文韜、李晶、張坤、謝陽群
基於網路標籤的我國圖書情報學研究熱點及前沿分析——以科學網為例	徐呈呈、李健
國外區塊鏈研究的熱點主題和應用前沿的探索與分析	金心怡、李小濤
Altmetrics 的譯名分歧：困擾、影響及其辨析	余厚強

（續）

表 35　第十四屆海峽兩岸圖書資訊學學術研討會論文集目次（續）

篇名	作者
基於主題視角的高影響力學者興趣研究	李冬瓊、王曰芬
共詞聚類分析在中國近代科學文獻研究中應用的實證研究	陳海珠、包平、李樹青、姜婷、汪聖忠
馬克思著作在政治學學科的影響力和研究現狀分析——基於 CSSCI（1998-2016）資料的計量研究	唐夢嘉、王東波
大數據環境下的圖書情報研究生教育研究脈絡與演進	劉春年、肖迪
上海交通大學圖書館「近而遠之」——我國高校「雙一流」建設學科的合作與競爭	趙星、蔡前黎、喬利利、譚旻
基於 SciVal 科研分析平臺挖掘圖書信息學研究前沿	王巍
國內外健康問答社區使用者信息需求對比研究——基於主題和時間視角的實證分析	石靜、厲臣璐、錢宇星、周利琴、張斌
《美國國家醫學圖書館戰略規劃：2017-2027》的解讀與啟示	趙棟祥
基於人體解剖結構的醫學學科畫像研究	陸偉、李信、任珂
高校圖書館健康信息服務平臺使用者滿意度的影響因素研究	郭財強、操慧子、趙鶴、鄧梅霜、明均仁
在線健康社區用戶參與行為的類型及偏好研究	張鑫、楊秀丹
健康信息搜尋對健康素養培育的促進作用：基於城鄉異質性視角	宋士傑、孫建軍、趙宇翔
在線問診平臺使用者健康信息需求特徵與行為模式研究——以糖尿病與肺癌為例	李穎、李媛、肖珊
青年和中老年網路使用者健康信息甄別能力研究	張秀、李月琳

（續）

表35 第十四屆海峽兩岸圖書資訊學學術研討會論文集目次（續）

篇名	作者
LIS 學科中資料科學課程體系設置研究—— 以 iSchools 高校課程調研為中心	蘇日娜、楊沁
大數據與數據科學背景下的文獻計量學發展與學科融合	任全娥
新加坡高校科研資料管理服務調研與啟示	劉桂鋒
圖書館參與政府資料開放運動的驅動因素、實踐發展與啟示	黃如花、王春迎、 范冰玥、周志峰
我國資料科學專業發展分析與研究	奉國和、莫幸清
網絡輿情報告研究對政務公開的啟示—— 以 2012-2016 年網路輿情分析報告為研究物件	陳憶金、朱志鵬
我國圖書情報學資料素養教育內容及框架研究	錢思晨、肖龍翔、 岑炅蓮
刷臉入館與刷臉借書的實踐進展與思考	亢琦、陳芝榮、 劉嘉偉
國家安全大資料綜合信息集成與分析初探	徐健、毛進
突發事件信息傳播網路中的關鍵節點動態識別研究	陳思菁、李綱、 毛進、巴志超
基於關聯資料的「江海文化」資源多維語義聚合研究	周溢青、趙又霖
區塊鏈概念、技術、企業和典型應用綜述	胡澤文、劉碩
基於資料採擷的醫藥零售企業行銷策略研究	侯琳琳、丁晟春
基於深度學習的食品安全事件實體一體化呈現平臺構建	胡昊天、吉晉鋒、 王東波
學術文獻「未來研究」內容自動挖掘及分析探究	高瑞卿、唐夢嘉、 雷震、王東波
基於多種機器學習模型的裁判文書段落自動識別研究	陸昊翔、王東波
基於 logistic 回歸的影評水軍識別研究	譚春輝、蔣兵兵

（續）

表 35 第十四屆海峽兩岸圖書資訊學學術研討會論文集目次（續）

篇名	作者
多源醫學信息資源發現服務體系研究	張軍亮、劉喜文、田梅
手機自助圖書流通服務在國內圖書館的實踐進展	亢琦、岳碩、李揚揚
雨洪綜合風險區劃及預警模型研究——以常州市為例	徐緒堪、于成成、傅柱
基於 ESI 和 Incites 的高校圖書館事實型資料信息服務研究——以南京理工大學為例	劉丹、王敏芳、青珊
雲林縣行動玩具圖書巡迴車對國小二年級學童閱讀動機之影響	廖梅伶、賴菀玲
Omeka 系統在數字人文研究中的應用剖析	邱建華
廣繡文獻資源整合與數字人文	蘇慧紅
基於大資料的省級公共圖書館服務評價研究——以大眾點評網為例	張文亮、付梟男、王彥芳
新一輪城鎮化過程中安置社區的公共閱讀發展對策	殷明、李一梅
基於「雙一流」視角的高校圖書館情報服務體系的構建及實踐研究	張鑫、牟韶彬
農家書屋工程資金績效評價體系構建——以省級農家書屋財政專項投入為例	岳洪江
我國大陸地區涉農信息服務政策：核心話語及其演變	汪漢清、樊振佳
「高校圖書館＋書院」經典閱讀推廣模式研究	趙子漩、楊溢
社會認識層次論：一個圖書館情報學基礎理論框架的構建和檢驗	周文傑
面向網路社區的領域多元概念關聯體系融合：機理與實現	陳果、何適圓、肖璐
網店信息呈現的框架效應對消費者購買決策的影響研究	戴建華、馬海雲

（續）

表 35 第十四屆海峽兩岸圖書資訊學學術研討會論文集目次（續）

篇名	作者
在線學術社交平臺的信息組織研究	譚志浩、薛春香、岑詠華
Web 收割工具的描述型中繼資料功能評析	臧國全、李哲
面向智慧健康的知識管理與服務	馬費成
國內知識社區信息組織模式初探——以豆瓣、科學網和知乎為例	武秀枝、薛春香
澳門	
高品質發展背景下《公共圖書館法》頒佈的意義	吳建中

參考文獻

王梅玲、張譯文（2018）。1993-2018 海峽兩岸圖書資訊學術合作。臺北市立圖書館館訊，**32**（4），1-24。

中山大學信息管理系（1998）。**第四屆海峽兩岸圖書資訊學學術研討會：圖書館自動化與網絡**。廣州：編者。

中山大學資訊管理學院（2006）。**第八屆海峽兩岸圖書資訊學學術研討會：數位時代的圖書資訊服務與教育**。廣州：編者。

中國科學院文獻情報中心（2000）。**第五屆海峽兩岸圖書資訊學學術研討會：圖書資訊交流標準化**。成都：編者。

中華圖書資訊學教育學會（1993）。**第一屆海峽兩岸圖書資訊學學術研討會論文集、B 輯（臺灣）**。臺北：編者。

中華圖書資訊學教育學會（1994）。**第二屆海峽兩岸圖書資訊學學術研討會、B 輯（臺灣）**。臺北：編者。

中華圖書資訊學教育學會（1997）。**第三屆海峽兩岸圖書資訊學學術研討會：圖書情報（資訊）學核心課程**。臺北：編者。

中華圖書資訊學教育學會（1998）。**第四屆海峽兩岸圖書資訊學學術研討會：圖書館自動化與網絡**。臺北：編者。

中華圖書資訊學教育學會（2000）。**第五屆海峽兩岸圖書資訊學學術研討會：圖書資訊交流標準化**。臺北：編者。

中華圖書資訊學教育學會（2002）。**第六屆海峽兩岸圖書資訊學學術研討會：海峽兩岸資訊服務與教育新方向研討會**。臺北：編者。

中華圖書資訊學教育學會（2004）。**2004 年海峽兩岸圖書資訊學暨教育發展研討會紀要**。臺北：編者。

中華圖書資訊學教育學會（2004）。**第七屆海峽兩岸圖書資訊學學術研討會：圖書資訊學暨教育發展**。臺北：編者。

中華圖書資訊學教育學會（2005）。會務報導。中華圖書資訊學教育學會會訊，**25**，72-75。

中華圖書資訊學教育學會（2006）。**第八屆海峽兩岸圖書資訊學學術研討會：**

數位時代的圖書資訊服務與教育。臺北：編者。

中華圖書資訊學教育學會（2008）。第九屆海峽兩岸圖書資訊學學術研討會：數字時代圖書信息學之變革與發展。臺北：編者。

中華圖書資訊學教育學會（2010）。第十屆海峽兩岸圖書資訊學學術研討會：回顧與展望：知識時代圖書資訊學的變革與發展。臺北：編者。

中華圖書資訊學教育學會（2014）。第十二屆海峽兩岸圖書資訊學學術研討會：大數據與雲端環境下的多維圖書資訊學。臺北：編者。

中華圖書資訊學教育學會（2016）。第十三屆海峽兩岸圖書資訊學學術研討會：資料驅動的圖書資訊學創新與發展。臺北：編者。

中華圖書資訊學教育學會（2018）。第十四屆海峽兩岸圖書資訊學學術研討會：數據科學驅動的圖書資訊學變革與轉型。臺北：編者。

北京大學信息管理系（1994）。第二屆海峽兩岸圖書資訊學學術研討會、A 輯（大陸）。北京：編者。

武漢大學信息管理學院（2008）。第九屆海峽兩岸圖書資訊學學術研討會：數字時代圖書信息學之變革與發展。武漢：編者。

武漢大學圖書情報學院（1997）。第三屆海峽兩岸圖書資訊學學術研討會：圖書情報（資訊）學核心課程。武漢：編者。

南京大學信息管理學院（2010）。第十屆海峽兩岸圖書資訊學學術研討會：回顧與展望：知識時代圖書資訊學的變革與發展。南京：編者。

南京理工大學經濟管理學院（2018）。第十四屆海峽兩岸圖書資訊學學術研討會：數據科學驅動的圖書資訊學變革與轉型。南京：編者。

南開大學商學院信息資源管理系（2014）。第十二屆海峽兩岸圖書資訊學學術研討會：大數據與雲端環境下的多維圖書資訊學。天津：編者。

淡江大學資訊與圖書館學系（2012）。第十一屆海峽兩岸圖書資訊學學術研討會：開創兩岸圖書資訊學與圖書館事業新紀元。新北市：編者。

陳昭珍、林承儀（2013）。大學學術合作活躍度與學術生產力關係之探討。圖書資訊學研究，7（2），1-28。

華中師範大學信息管理學院（2016）。第十三屆海峽兩岸圖書資訊學學術研討會：資料驅動的圖書資訊學創新與發展。武漢：編者。

華東師範大學圖書館情報學系（1993）。第一屆海峽兩岸圖書資訊學學術研
討會論文集、**A** 輯（大陸）。上海：編者。

中華圖書資訊學教育學會
會訊目次與統計分析

王梅玲、張曉琪

　　中華圖書資訊學教育學會於 1993 年至 2017 年間，出版四十一期《中華圖書資訊學教育學會會訊》（以下簡稱會訊），會訊創刊於 1993 年 12 月，為每年兩期的半年刊，以傳布會務動態及提供會員聯繫的管道。會訊創刊號與第二期由胡述兆理事長發行；第三期至第十一期由李德竹理事長發行；第十二期至第十五期由莊道明理事長發行；第十六期至第十九期由薛理桂理事長發行；第二十期至第二十三期由詹麗萍理事長發行；第二十四期至第二十七期由楊美華理事長發行；第二十八期至第三十一期由陳雪華理事長發行；第三十二期至第三十五期由朱則剛理事長發行；第三十六期至第三十九期由邱炯友理事長發行；第四十期由柯皓仁理事長發行；第四十一期由黃元鶴理事長發行。會訊紙本發行至第二十七期（2006 年 12 月）止，之後改為電子版。

　　《中華圖書資訊學教育學會會訊》各期的文章篇目與作者編製表格如後。以下進行會訊統計分析，各期會訊篇數；會訊作者；會訊主題分布；各期特載、專刊、專題報導、專題演講主題；與教師專訪主題作統計，最後列出《中華圖書資訊學教育學會會訊》各期目次。

　　《中華圖書資訊學教育學會會訊》於 2017 年，出版第四十一期後，學會轉為發行電子報進行會員通訊。學會電子報於 2005 年至 2008 年間，曾發行八期電子報，由楊美華理事長發行；並於 2020 年至 2021 年間，共發行四期電子報，由王梅玲理事長發行。

一、會訊篇數統計

　　《中華圖書資訊學教育學會會訊》出版 41 期，刊載文章共 360 篇，各期會訊篇數統計參見表 36。

表 36　各期會訊篇數統計

發行人（理事長）	期數	篇數
胡述兆	創刊號	15
	第二期	7
李德竹	第三期	12
	第四期	13
	第五期	9
	第六期	8
	第七期	7
	第八期	8
	第九期	5
	第十期	6
	第十一期	6
莊道明	第十二期	10
	第十三期	7
	第十四期	10
	第十五期	7
薛理桂	第十六期	12
	第十七期	8
	第十八期	6
	第十九期	18

（續）

表 36 各期會訊篇數統計（續）

發行人（理事長）	期數	篇數
詹麗萍	第二十期	11
	第二十一期	11
	第二十二期	12
	第二十三期	12
楊美華	第二十四期	11
	第二十五期	9
	第二十六期	12
	第二十七期	13
陳雪華	第二十八期	11
	第二十九期	7
	第三十期	8
	第三十一期	8
朱則剛	第三十二期	6
	第三十三期	8
	第三十四期	8
	第三十五期	8
邱炯友	第三十六期	4
	第三十七期	5
	第三十八期	4
	第三十九期	3
柯皓仁	第四十期	5
黃元鶴	第四十一期	10
總計	41	360

二、會訊作者與文章統計

　　《中華圖書資訊學教育學會會訊》的作者共有 113 人，撰寫 360 篇文稿，411 篇數次，大部分文章作者為 1 人，部分文章由多位作者共同撰文，作者數量由 2 人至 14 人不等。360 篇文章共由 133 位作者寫成，各作者撰文次數統計參見表 37。其中，祕書處撰文數量最多，共 207 篇；其次為王梅玲，共 14 篇；其後依次序為編輯部，共 13 篇；楊美華，共 10 篇；林明宏、陳雪華，各有 7 篇；林育瑩、林素甘、胡述兆、盧荷生、賴麗香、薛理桂，各有 4 篇。

表 37　會訊作者撰文次數統計

作者	篇數次
祕書處	207
王梅玲	14
編輯部	13
楊美華	10
林明宏	7
陳雪華	7
林育瑩	4
林素甘	4
胡述兆	4
盧荷生	4
賴麗香	4
薛理桂	4
吳美美	3
李德竹	3
林珊如	3

（續）

表 37 會訊作者撰文次數統計（續）

作者	篇數次
唐牧群	3
莊道明	3
卜小蝶	2
吳傳萱	2
李銘純	2
林巧敏	2
林志鳳	2
林雯瑤	2
姜義臺	2
臺灣師範大學圖資所	2
郭碧真	2
曾秋香	2
曾賢	2
黃玫溱	2
黃麗虹	2
會員委員會	2
蔡明月	2
盧秀菊	2
謝寶煖	2
顏淑芬	2

（續）

表 37 會訊作者撰文次數統計（續）

作者	篇數次	
撰文次數為 1 次之作者一併列出 （Scopus 新聞室、中國科學院文獻情報中心、中華圖書資訊學教育學會、王世偉、王受榮、王俊傑、王盈文、王美鴻、王振鵠、王琳斐、朱小瑄、朱則剛、何秀娟、吳宇凡、吳政睿、吳英美、李志鍾、李佩姍、李勇德、李曉明、沈憶伶、林奇秀、林怡甄、林悟齊、林鈺雯、林麗娟、林曦、邱柑震、邱炯友、邵美玲、柯宜伶、柯雲娥、范筑婷、范豪英、徐引篪、張維容、張鐘、陳文生、陳世娟、陳巧倫、陳光華、陳佳琪、陳泓翔、陳冠至、陳勇汀、陳昭珍、陳意鈴、陳儀珊、傅雅秀、彭于萍、游婉琳、黃千芮、黃元鶴、黃文樺、黃俊升、黃慕萱、楊喻好、詹麗萍、劉英享、劉淑德、劉景宇、編輯小組、蔡佳縈、蔡政勳、鄧雅文、鄭鈴慧、蕭漢威、戴玉涵、戴筱蓁、謝宛玲、謝采妤、謝雨生、謝豐吉、鍾雪珍、藍文欽、顏子淇、藺夢華、顧敏）	77	
總計	113	411

三、會訊主題分布

　　本文將《中華圖書資訊學教育學會會訊》文章大分為 13 個主題，再細分為 32 個次主題。按照專欄類別，主題包括：理事長的話、特載／專刊／專題報導／轉載、會務資訊、研討會相關文章、國際會議報導、專題演講、活動、系所資訊、教師介紹、博碩士論文資訊、出版消息、業界動態、及其他。按照文章主題，部分主題可分作數個次主題，「特載／專刊／專題報導／轉載」分為「特載、專刊、專題報導、轉載」；「會務資訊」分為「本會簡介、學會章程、理監事名單、委員會名單、『理監事名單、委員會名單』、會議紀錄、會務報導、財務報告、會員統計、『財務報告、會員統計』、通訊錄」；「研討會相關」分為「研討會手冊、研討會紀要、研討會紀錄、研討會摘要」；「活動」分為「動態報導、活動報導、活動照片」；「教師介紹」分為「教師介紹、教師專訪」。以主題來看，會訊內容以會務資訊為最多，於 360

篇中佔 158 篇，其次為特載／專刊／專題報導／轉載，於 360 篇中佔 95 篇。以次主題來看，會訊內容以會議紀錄為最多，於 360 篇中佔 107 篇，其次為特載及專題報導，特載佔 51 篇，專題報導佔 31 篇。會訊各主題篇數統計參見 38，按照專欄第一次發行的時間順序排列，「其他」列於最後。

表 38 會訊各主題篇數統計

主題	篇數	次主題	篇數
理事長的話	11	理事長的話	11
特載／專刊／專題報導／轉載	95	特載	51
		專刊	12
		專題報導	31
		轉載	1
會務資訊	158	本會簡介	4
		學會章程	1
		理監事名單	3
		委員會名單	3
		理監事名單、委員會名單	3
		會議紀錄	107
		會務報導	10
		財務報告	12
		會員統計	8
		財務報告、會員統計	5
		通訊錄	2

（續）

表 38 會訊各主題篇數統計（續）

主題	篇數	次主題	篇數
研討會相關	19	研討會手冊	1
		研討會紀要	14
		研討會紀錄	2
		研討會摘要	2
國際會議報導	5	國際會議報導	5
專題演講	5	專題演講	5
活動	34	動態報導	15
		活動報導	14
		活動照片	5
系所資訊	2	系所資訊	2
教師介紹	11	教師介紹	1
		教師專訪	10
博碩士論文資訊	3	博碩士論文資訊	3
出版消息	6	出版消息	6
業界動態	1	業界動態	1
其他	10	其他	10
總計	360		360

四、特載、專刊、專題報導、專題演講主題分析

　　《中華圖書資訊學教育學會會訊》設有特載、專刊、專題報導、專題演講專欄，共收錄特載 51 篇文章、專題報導 31 篇、專刊 12 篇、專題演講 5 篇，合共 99 篇。各期特載、專刊、專題報導、專題演講主題統計參見表39、40；篇名參見表 41-44。

會訊各期特載、專刊、專題報導、專題演講主題大分為 17 類，包括：海峽兩岸圖書資訊學學術研討會、各國圖書資訊學教育、圖書館新定義、圖書資訊學系所之評鑑、活動報導、文獻目錄、研討會紀要、國際會議報導、研究方法、國外圖書館報導、中國科學院文獻情報中心、研討會紀錄、研討會論文摘要、會員大會會議報導、圖書資訊學教育學會比較、留學、及教師介紹、其中圖書資訊學教育可細分為 6 類，包括：國外系所資訊、臺灣系所資訊、課程規劃、現況及未來發展、國外圖書資訊學教育概述、及教師專長調查。收錄最多之文章主題為海峽兩岸圖書資訊學學術研討會，共 31 篇，其次為圖書資訊學教育，共 22 篇，第十九期「為圖書館建構一個新定義」專刊集中收錄圖書館新定義之文章，共 12 篇。特載、專刊、專題報導、專題演講主題統計，參見表 39 及 40。

表 39 會訊特載／專刊／專題報導／專題演講各主題篇數統計

特載／專刊／專題報導／專題演講主題	篇數
海峽兩岸圖書資訊學學術研討會	31
各國圖書資訊學教育	22
圖書館新定義	12
圖書資訊學系所之評鑑	6
活動報導	5
文獻目錄	4
研討會紀要	4
國際會議報導	3
研究方法	3
國外圖書館報導	2
中國科學院文獻情報中心	1
研討會紀錄	1

（續）

表 39 會訊特載／專刊／專題報導／專題演講各主題篇數統計（續）

特載／專刊／專題報導／專題演講主題	篇數
研討會論文摘要	1
會員大會會議報導	1
圖書資訊學教育學會比較	1
留學	1
教師介紹	1
總計	99

表 40 會訊各國圖書資訊學教育次主題篇數統計

各國圖書資訊學教育次主題分類	篇數
國外系所資訊	7
臺灣系所資訊	7
課程規劃	4
現況及未來發展	2
國外圖書資訊學教育概述	1
教師專長調查	1
總計	22

表 41　會訊特載文章一覽表

期數	專欄	篇名	作者
第二期	特載	海峽兩岸首屆圖書資訊學學術研討會之源起與成果	胡述兆
第二期	特載	交流新聲　學術盛會——首屆海峽兩岸圖書資訊學學術研討會側記	王世偉
第三期	特載	中華圖書資訊學教育學會與兩岸學術交流	胡述兆
第三期	特載	海峽兩岸第二屆圖書資訊學學術研討會	盧荷生
第四期	特載	研擬圖書館學校課程需要思考的問題	盧荷生
第六期	特載	英美圖書館與資訊科學系所名錄	王梅玲
第六期	特載	我國圖書資訊學教育文獻目錄（上）	會員委員會
第七期	特載	海峽兩岸第三屆圖書資訊學學術研討會論文摘要	祕書處
第七期	特載	我國圖書資訊學教育文獻目錄（下）	會員委員會
第八期	特載	海峽兩岸第三屆圖書資訊學學術研討會記事與感言	李德竹、胡述兆、盧荷生、盧秀菊、陳雪華、薛理桂、蔡明月、吳美美、陳文生、陳昭珍、莊道明、謝寶煖、黃麗虹、王美鴻
第九期	特載	大陸圖書館學核心課程大綱	祕書處
第十期	特載	海峽兩岸第四屆圖書資訊學學術研討會紀要	李德竹
第十期	特載	圖書資訊學教育西文書目（1991-1997 年）	祕書處
第十一期	特載	臺灣與美加地區圖書資訊學資訊科學課程之研究	李德竹
第十一期	特載	近年來美國圖書館學課程改革的幾個特例	劉英享、吳美美

（續）

表 41 會訊特載文章一覽表（續）

期數	專欄	篇名	作者
第十二期	特載	圖書館學系核心課程之規劃研究	陳雪華、黃慕萱、林珊如、陳光華、黃麗虹
第十二期	特載	「圖書資訊學核心課程」座談會記錄	祕書處
第十二期	特載	玄奘人文社會學院圖書資訊學系	祕書處
第十三期	特載	海峽兩岸圖書資訊學學術研討會回顧	林素甘
第十三期	特載	大陸科技信息重鎮——中國科學院文獻情報中心	徐引篪、林曦
第十四期	特載	The Future of Library Education in the World of Digital Information	李志鍾
第十四期	特載	遠距教學在圖書館服務應用研討會紀實	顏淑芬
第十四期	特載	圖書資訊組織與教學研討會紀錄	李佩姍、林素甘
第十四期	特載	廿一世紀圖書館管理趨勢研習會紀錄	林素甘
第十四期	特載	世新大學圖書資訊學研究所概況簡介	祕書處
第十五期	特載	「海峽兩岸第五屆圖書資訊學學術研討會」紀實	林素甘
第十五期	特載	「海峽兩岸第五屆圖書資訊學學術研討會」記要	中國科學院文獻情報中心
第十五期	特載	「圖書館閱讀研討會」紀實	顏淑芬、林悟齊、謝宛玲、蔡政勳
第十六期	特載	圖書資訊學教育之評鑑	王梅玲
第十六期	特載	輔仁大學圖書資訊學系之自我評鑑	吳政睿
第十六期	特載	政治大學圖書資訊學研究所之自我評鑑	楊美華
第十六期	特載	臺灣大學圖書資訊學系之自我評鑑	陳雪華

（續）

表 41 會訊特載文章一覽表（續）

期數	專欄	篇名	作者
第十六期	特載	世新大學圖書資訊學系之自我評鑑	莊道明
第十六期	特載	玄奘人文社會學院圖書資訊學系之自我評鑑	王梅玲
第十七期	特載	「2001 海峽兩岸資訊服務與傳播發展研討會」會議紀要	曾賢、鍾雪珍、林育瑩、沈憶伶、游婉琳
第十七期	特載	數位時代檔案管理研討會論文摘要	曾秋香、曾賢
第十七期	特載	臺灣地區檔案學論著選目	林珊如
第十八期	特載	「海峽兩岸資訊服務與教育新方向研討會」論文摘要	曾秋香
第二十期	特載	美國印地安那大學——圖書館學與資訊科學學院介紹	李曉明
第二十一期	特載	英國倫敦學院大學——圖書資訊學院介紹	黃千芮
第二十二期	特載	美國德州大學奧斯汀分校資訊學研究所介紹	黃俊升
第二十三期	特載	美國威斯康辛大學麥迪遜校區——圖書館與資訊研究學院	林雯瑤
第二十四期	特載	韓國圖書資訊學教育概述	王梅玲
第二十五期	特載	臺灣圖書資訊學系所教師專長調查報告	王梅玲
第二十六期	特載	2005 年圖書資訊學研究生論文論壇紀實	賴麗香
第二十六期	特載	2006 年海峽兩岸圖書資訊學學術研討會簡介及兩岸代表論文摘要	中華圖書資訊學教育學會
第二十七期	特載	感恩有您：2006 年海峽兩岸圖書資訊學學術研討會紀要	楊美華
第二十七期	特載	海峽兩岸圖書資訊學學術研討會與會心得分享	王受榮、藺夢華、劉景宇
第二十七期	特載	學術傳播與電子期刊管理研習班紀要	王梅玲

（續）

表 41 會訊特載文章一覽表（續）

期數	專欄	篇名	作者
第二十七期	特載	七十二屆 IFLA 年會圖書館與資訊教育與訓練專題研討會紀要	王梅玲
第二十七期	特載	臺灣地區圖書資訊學系所基本資料與名錄	王梅玲

表 42 會訊專刊篇名一覽表

期數	專欄	篇名	作者
第十九期	專刊	「為圖書館建構一個新定義」專刊編輯說明	祕書處
第十九期	專刊	現代圖書館的概念與認知	王振鵠
第十九期	專刊	從網際網路談現代圖書館的新意涵	王梅玲
第十九期	專刊	重新定義圖書館與圖書資訊學	吳美美
第十九期	專刊	從圖書館學邁向資訊傳播學的新境界	莊道明
第十九期	專刊	也談「為圖書館建構一個新定義」	傅雅秀
第十九期	專刊	由名詞的意涵談圖書館的百變新貌	楊美華
第十九期	專刊	從圖書館與資訊科學的遞嬗反思圖書館的定義	蔡明月
第十九期	專刊	從圖書館史談圖書館之意義	盧秀菊
第十九期	專刊	21 世紀圖書館的新面貌	薛理桂
第十九期	專刊	圖書館的定義	謝寶煖
第十九期	專刊	「圖書館定義」之我見	藍文欽

表 43 會訊專題報導篇名一覽表

期數	專欄	篇名	作者
第十八期	專題報導	2002 年臺灣圖書資訊學相關系所現況	林志鳳
第二十期	專題報導	2003 年圖書資訊學相關系所博碩士班招生資訊	王琳斐
第二十期	專題報導	2003 年圖書資訊學新增相關研究所介紹	李銘純、姜義臺
第二十一期	專題報導	「圖書資訊專業人力能力培育」研討會議紀要	林鈺雯、李銘純、戴玉涵、郭碧真
第二十二期	專題報導	2004 年海峽兩岸圖書資訊學暨教育發展研討會紀要	林育瑩
第二十三期	專題報導	九十三年第六屆第二次會員大會會議報導	陳儀珊
第二十四期	專題報導	中美圖書資訊學教育學會之比較	楊美華
第二十五期	專題報導	與世界接軌：IFLA 年會之參與與省思	楊美華
第二十六期	專題報導	新加坡圖書館再發現：知識、想像力與無限可能性	楊美華、王盈文
第二十六期	專題報導	今日的韓國延世大學文獻情報學系	王梅玲
第三十期	專題報導	九十七年臺灣地區圖書資訊學系所基本資料與名錄	王梅玲
第三十二期	專題報導	新時代典藏整合趨勢：以加拿大國家圖書館與檔案館為例	薛理桂、吳宇凡
第三十二期	專題報導	CiSAP 2009 會議摘要報告	陳雪華
第三十三期	專題報導	2010 兩岸學術研討會訊息公告	編輯部
第三十四期	專題報導	2010 第十屆海峽兩岸圖書資訊學學術研討會訊息公告	編輯部

（續）

表 43 會訊專題報導篇名一覽表（續）

期數	專欄	篇名	作者
第三十五期	專題報導	2010 第十屆海峽兩岸圖書資訊學學術研討會會後報導	唐牧群
第三十六期	專題報導	臺灣圖資界各校系所二年內新到任教師介紹	編輯部
第三十七期	專題報導	圖資界產學座談	林奇秀、編輯部
第三十八期	專題報導	2012 第十一屆海峽兩岸圖書資訊學學術研討會會後報導	林雯瑤
第三十八期	專題報導	2012 第十一屆海峽兩岸圖書資訊學學術研討會系主任座談會會議記錄	編輯部
第四十期	專題報導	2014 第十二屆海峽兩岸圖書資訊學學術研討會會後報導	編輯部
第四十期	專題報導	2014 第十二屆海峽兩岸圖書資訊學學術研討會學生心得之一	李勇德
第四十期	專題報導	2014 第十二屆海峽兩岸圖書資訊學學術研討會學生心得之二	張維容、陳意鈴、顏子淇
第四十期	專題報導	2014 第十二屆海峽兩岸圖書資訊學學術研討會學生心得之三	范筑婷
第四十一期	專題報導	2016 第十三屆海峽兩岸圖書資訊學學術研討會會後報導	陳世娟
第四十一期	專題報導	2016 第十三屆海峽兩岸圖書資訊學學術研討會學生心得之一	陳勇汀
第四十一期	專題報導	2016 第十三屆海峽兩岸圖書資訊學學術研討會學生心得之二	楊喻好
第四十一期	專題報導	2016 第十三屆海峽兩岸圖書資訊學學術研討會學生心得之三	謝采妤

（續）

表 43 會訊專題報導篇名一覽表（續）

期數	專欄	篇名	作者
第四十一期	專題報導	2016 第十三屆海峽兩岸圖書資訊學學術研討會學生心得之四	謝豐吉
第四十一期	專題報導	2016 第十三屆海峽兩岸圖書資訊學學術研討會學生心得之五	柯宜伶
第四十一期	專題報導	2016 第十三屆海峽兩岸圖書資訊學學術研討會學生心得之六	張鐘

表 44 會訊專題演講篇名一覽表

期數	專欄	篇名	作者
第二十三期	專題演講	昔日戀情：又一所圖書館學校關閉的意涵和省思	鄭鈴慧
第二十七期	專題演講	圖書資訊學與質性研究	林珊如
第二十七期	專題演講	量化研究的挑戰與出路	謝雨生
第二十七期	專題演講	從研究到出版：英文期刊論文發表經驗談	卜小蝶
第三十五期	專題演講	留學座談——赴美攻讀經驗分享	編輯部

五、教師專訪主題分析

　　《中華圖書資訊學教育學會會訊》自第二十期開始，設有教師專訪／介紹專欄，共收錄 12 篇文章，各期教師專訪／介紹篇名參見表 46。教師專訪／介紹專欄主要以專訪形式分別介紹各學校圖書資訊學系所教師，亦有以一篇介紹多位不同學校的形式介紹新到任教師，會訊教師專訪／教師介紹主題統計參見表 45。

表 45 會訊教師專訪／教師介紹主題統計

教師所屬學校	篇數
淡江大學	3
世新大學	2
系所新到任教師	2
逢甲大學	1
中興大學	1
銘傳大學	1
臺灣大學	1
輔仁大學	1
總計	12

表 46 會訊教師專訪／教師介紹篇名一覽表

期數	專欄	篇名	作者
第二十期	教師專訪	逢甲大學胡鳳生老師	林育瑩、林明宏
第二十期	教師專訪	淡江大學林信成老師	林育瑩、林明宏
第二十二期	教師專訪	中興大學圖書資訊學研究所蘇小鳳老師	姜義臺
第二十三期	教師專訪	淡江大學賴玲玲老師	林明宏
第二十四期	教師專訪	世新大學資訊傳播學系余顯強老師	賴麗香
第二十五期	教師專訪	銘傳大學專任講座教授謝清俊老師	柯雲娥
第二十六期	教師專訪	世新大學資訊傳播學系葉乃靜老師	何秀娟
第二十九期	教師介紹	國內圖書資訊學系所新聘專任老師介紹	祕書處
第三十期	教師介紹	臺灣大學圖書資訊學系唐牧群助理教授、林奇秀助理教授介紹	林巧敏、黃玫溱
第三十一期	教師介紹	輔仁大學圖書資訊學系黃元鶴副教授介紹	黃玫溱
第三十一期	教師介紹	淡江大學資訊與圖書館學系林素甘助理教授介紹	林巧敏
第三十六期	專題報導	臺灣圖資界各校系所二年內新到任教師介紹	編輯部

六、《中華圖書資訊學教育學會會訊》第一期至四十一期目次

表 47 會訊創刊號目次

創刊號 1993 年 12 月	
篇名	作者
發刊詞	
發刊詞	胡述兆
會議紀錄	
中華圖書資訊學教育學會成立大會	祕書處
第一次會議	祕書處
第二次會議	祕書處
第三次會議	祕書處
第四次會議	祕書處
第五次會議	祕書處
第六次會議	祕書處
第七次會議	祕書處
〈附件〉中華圖書資訊學教育學會委員會組織簡則	祕書處
學術研討會紀要	
圖書資訊學教育研討會	祕書處
主題標目研討會	祕書處
第二屆會員大會暨學術研討會會議紀錄	
第二屆會員大會暨學術研討會會議紀錄	祕書處
〈附件〉臺灣地區圖書館學相關系所課程一覽表	祕書處
未來動態報導	
未來動態報導	祕書處

表 48 會訊第二期目次

第二期 1994 年 6 月	
篇名	作者
學術研討會紀要	
海峽兩岸首屆圖書資訊學學術研討會紀要	盧荷生
特載	
海峽兩岸首屆圖書資訊學學術研討會之源起與成果	胡述兆
交流新聲　學術盛會——首屆海峽兩岸圖書資訊學學術研討會側記	王世偉
會議紀錄	
第八次會議紀錄	祕書處
第九次會議紀錄	祕書處
未來動態報導	
未來動態報導	祕書處
附錄	
中華圖書資訊學教育學會會員通訊錄	祕書處

表 49 會訊第三期目次

第三期 1994 年 12 月	
篇名	作者
特載	
中華圖書資訊學教育學會與兩岸學術交流	胡述兆
海峽兩岸第二屆圖書資訊學學術研討會	盧荷生
學術研討會摘要	
海峽兩岸第二屆圖書資訊學學術研討會論文摘要：臺灣部分	祕書處

（續）

表 49 會訊第三期目次（續）

第三期 1994 年 12 月	
篇名	作者
改選暨當選名單	
中華圖書資訊學教育學會第二屆理監事當選名單	祕書處
委員會委員名單及工作計劃	
委員會委員名單及工作計劃	祕書處
會議紀錄	
第二屆第一次理監事聯席會議紀錄	祕書處
第二屆第一次常務理事會議紀錄	祕書處
第二屆第二次理監事聯席會議紀錄	祕書處
未來動態報導	
未來動態報導	祕書處
會員繳費通知	
會員繳費通知	祕書處
財務狀況	
中華圖書資訊學教育學會財務報告	祕書處
會員通訊錄	
會員通訊錄	祕書處

表 50　會訊第四期目次

第四期 1995 年 6 月	
篇名	作者
特載	
研擬圖書館學校課程需要思考的問題	盧荷生
國內圖書館相關學系課程表	
國內五所圖書館相關學系八十四學年度課程表	祕書處
國外圖書館學教育動態	
1994 年美國圖書館與資訊科學教育統計報告（節譯）	祕書處
1995 年 IFLA 年會教育相關論題介紹	祕書處
會議紀錄	
第二屆第二次常務理事會議紀錄	祕書處
第二屆第三次常務理事會議紀錄	祕書處
第二屆第三次理監事聯席會議紀錄	祕書處
第二屆教學及課程委員會課程研究小組第一次會議記錄	祕書處
第二屆學術發展委員會第一次會議記錄	祕書處
第二屆學術發展委員會第二次會議記錄	祕書處
活動報導	
圖書館與國家資訊基礎建設（NII）研討會	祕書處
財務狀況	
中華圖書資訊學教育學會財務報告	祕書處
會員資料	
八十四年度催繳會費及更正會員資料報告	祕書處

表 51 會訊第五期目次

第五期 1995 年 12 月	
篇名	作者
學術研討會摘要	
圖書館與國家資訊基礎建設（NII）研討會論文摘要	祕書處
中華圖書資訊學教育學會章程	
中華圖書資訊學教育學會章程	祕書處
會議紀錄	
第二屆第四次理監事聯席會議紀錄	祕書處
第二屆第五次理監事聯席會議紀錄	祕書處
第四屆會員大會學術座談會紀要—— 座談主題：「圖書資訊學核心課程」	祕書處
學會活動	
第四屆會員大會	祕書處
海峽兩岸第三屆圖書資訊學學術研討會	祕書處
會員資料	
中華圖書資訊學教育學會會員人數統計	祕書處
財務狀況	
中華圖書資訊學教育學會財務報告	祕書處

表 52 會訊第六期目次

第六期 1996 年 6 月	
篇名	作者
特載	
英美圖書館與資訊科學系所名錄	王梅玲
我國圖書資訊學教育文獻目錄（上）	會員委員會
會議紀錄	
第四屆會員大會會議紀錄	祕書處
海峽兩岸第三屆圖書資訊學學術研討會第一次行前會議	祕書處
海峽兩岸第三屆圖書資訊學學術研討會第二次行前會議	祕書處
第二屆第六次理監事聯席會議紀錄	祕書處
財務狀況	
中華圖書資訊學教育學會財務報告	祕書處
會員資料	
中華圖書資訊學教育學會會員人數統計	祕書處

表 53 會訊第七期目次

第七期 1996 年 12 月	
篇名	作者
特載	
海峽兩岸第三屆圖書資訊學學術研討會論文摘要	祕書處
我國圖書資訊學教育文獻目錄（下）	會員委員會
會議紀錄	
第二屆第七次理監事聯席會議紀錄	祕書處

（續）

表 53 會訊第七期目次（續）

第七期 1996 年 12 月	
篇名	作者
第二屆第八次理監事聯席會議紀錄	祕書處
第五屆會員大會第一次籌備會議會議記錄	祕書處
財務狀況	
中華圖書資訊學教育學會財務報告	祕書處
會員資料	
中華圖書資訊學教育學會會員人數統計	祕書處

表 54 會訊第八期目次

第八期 1997 年 6 月	
篇名	作者
特載	
海峽兩岸第三屆圖書資訊學學術研討會記事與感言	李德竹、胡述兆、盧荷生、盧秀菊、陳雪華、薛理桂、蔡明月、吳美美、陳文生、陳昭珍、莊道明、謝寶煖、黃麗虹、王美鴻
會議紀錄	
第三屆第一次會員大會會議紀錄	祕書處
第三屆第一次理監事聯席會議紀錄	祕書處
第三屆第二次理監事聯席會議紀錄	祕書處
第三屆第三次理監事聯席會議紀錄	祕書處

（續）

表 54 會訊第八期目次表（續）

第八期 1997 年 6 月	
篇名	作者
第三屆第一次常務理事會議紀錄	祕書處
財務狀況	
中華圖書資訊學教育學會財務報告	祕書處
會員資料	
中華圖書資訊學教育學會會員人數統計	祕書處

表 55 會訊第九期目次

第九期 1997 年 12 月	
篇名	作者
特載	
大陸圖書館學核心課程大綱	祕書處
會議紀錄	
第三屆第四次理監事暨各委員會召集人聯席會議會議紀錄	祕書處
第六屆會員大會第一次籌備會會議記錄	祕書處
財務狀況	
中華圖書資訊學教育學會財務報告	祕書處
會員資料	
中華圖書資訊學教育學會會員人數統計	祕書處

表 56 會訊第十期目次

第十期 1998 年 6 月	
篇名	作者
特載	
海峽兩岸第四屆圖書資訊學學術研討會紀要	李德竹
圖書資訊學教育西文書目（1991-1997 年）	祕書處
會議紀錄	
第三屆理監事暨第五次各委員會召集人聯席會議會議紀錄	祕書處
第三屆理監事暨第六次各委員會召集人聯席會議會議紀錄	祕書處
財務狀況	
中華圖書資訊學教育學會財務報告	祕書處
出版消息	
出版消息	祕書處

表 57 會訊第十一期目次

第十一期 1998 年 12 月	
篇名	作者
特載	
臺灣與美加地區圖書資訊學資訊科學課程之研究	李德竹
近年來美國圖書館學課程改革的幾個特例	劉英享、吳美美
會議紀錄	
第三屆第七次理監事暨各委員會召集人聯席會議會議紀錄	祕書處
第七屆會員大會籌備會會議紀錄	祕書處

（續）

表 57 會訊第十一期目次（續）

第十一期 1998 年 12 月	
篇名	作者
財務狀況	
中華圖書資訊學教育學會財務報告	祕書處
出版消息	
出版消息	祕書處

表 58 會訊第十二期目次

第十二期 1999 年 6 月	
篇名	作者
特載	
圖書館學系核心課程之規劃研究	陳雪華、黃慕萱、林珊如、陳光華、黃麗虹
「圖書資訊學核心課程」座談會記錄	祕書處
玄奘人文社會學院圖書資訊學系	祕書處
會議紀錄	
第三屆第二次會員大會會議記錄	祕書處
第四屆第一次新任理監事會議記錄	祕書處
第一次臨時理事會議記錄	祕書處
第二次臨時理事會議記錄	祕書處
第四屆中華圖書資訊教育學會理監事暨工作人員名單	祕書處
財務狀況及會員資料	
中華圖書資訊學教育學會財務報告	祕書處
中華圖書資訊學教育學會會員人數統計	祕書處

表 59 會訊第十三期目次

第十三期 1999 年 12 月	
篇名	作者
特載	
海峽兩岸圖書資訊學學術研討會回顧	林素甘
大陸科技信息重鎮——中國科學院文獻情報中心	徐引篪、林曦
會議紀錄	
第四屆第二次理監事會議紀錄	祕書處
第四屆第三次理監事暨各委員會主任委員會議紀錄	祕書處
其它	
第四屆委員會委員名單	祕書處
本會 2000 年學術活動預告	祕書處
財務報告	
中華圖書資訊學教育學會財務報告	祕書處

表 60 會訊第十四期目次

第十四期 2000 年 6 月	
篇名	作者
特載	
The Future of Library Education in the World of Digital Information	李志鍾
遠距教學在圖書館服務應用研討會紀實	顏淑芬
圖書資訊組織與教學研討會紀錄	李佩姍、林素甘
廿一世紀圖書館管理趨勢研習會紀錄	林素甘
世新大學圖書資訊學研究所概況簡介	祕書處

（續）

表 60 會訊第十四期目次（續）

第十四期 2000 年 6 月	
篇名	作者
會議紀錄	
第四屆第一次會員大會紀錄	祕書處
第四屆第四次理監事會議紀錄	祕書處
其它	
活動預告	祕書處
財務狀況及會員資料	
中華圖書資訊學教育學會財務報告	祕書處
中華圖書資訊學教育學會會員人數統計	祕書處

表 61 會訊第十五期目次

第十五期 2000 年 12 月	
篇名	作者
特載	
「海峽兩岸第五屆圖書資訊學學術研討會」紀實	林素甘
「海峽兩岸第五屆圖書資訊學學術研討會」記要	中國科學院文獻情報中心
「圖書館閱讀研討會」紀實	顏淑芬、林悟齊、謝宛玲、蔡政勳
會議紀錄	
第四屆第六次理監事會議	祕書處
第五屆理監事第一次會議紀錄	祕書處
第四屆第二次會員大會紀錄	祕書處
八十九年度收支表暨會員人數統計	
八十九年度收支表暨會員人數統計	祕書處

表 62 會訊第十六期目次

第十六期 2001 年 6 月	
篇名	作者
理事長的話	
理事長的話	薛理桂
特載：圖書資訊學系所之評鑑	
圖書資訊學教育之評鑑	王梅玲
輔仁大學圖書資訊學系之自我評鑑	吳政睿
政治大學圖書資訊學研究所之自我評鑑	楊美華
臺灣大學圖書資訊學系之自我評鑑	陳雪華
世新大學圖書資訊學系之自我評鑑	莊道明
玄奘人文社會學院圖書資訊學系之自我評鑑	王梅玲
會議紀錄	
第五屆第二次理監事聯席會議紀錄	祕書處
第五屆第三次理監事聯席會議紀錄	祕書處
第五屆第四次理監事聯席會議紀錄	祕書處
第五屆第一次各委員會聯席會議紀錄	祕書處
第五屆第五次理監事聯席會議紀錄	祕書處

表 63 會訊第十七期目次

第十七期 2001 年 12 月	
篇名	作者
特載	
「2001 海峽兩岸資訊服務與傳播發展研討會」會議紀要	曾賢、鍾雪珍、林育瑩、沈憶伶、游婉琳

（續）

表 63 會訊第十七期目次（續）

第十七期 2001 年 12 月	
篇名	作者
數位時代檔案管理研討會論文摘要	曾秋香、曾賢
臺灣地區檔案學論著選目	林珊如
轉載	
大陸書市掠影——上海書城印象	范豪英
會務	
中華圖書資訊學教育學會全球資訊網站簡介	吳英美
會議紀錄	
第五屆（第一次）年會籌備會第一次會議紀錄	祕書處
第五屆（第一次）年會籌備會第二次會議紀錄	祕書處
統計	
九十年度收支表暨會員人數統計	吳傳萱

表 64 會訊第十八期目次

第十八期 2002 年 6 月	
篇名	作者
特載	
「海峽兩岸資訊服務與教育新方向研討會」論文摘要	曾秋香
專題報導	
2002 年臺灣圖書資訊學相關系所現況	林志鳳
會議紀錄	
第五屆（第一次）年會暨「數位時代檔案管理研討會」會議紀要	祕書處

（續）

表 64 會訊第十八期目次（續）

第十八期 2002 年 6 月	
篇名	作者
圖書資訊學系所主任座談會議紀錄	祕書處
第五屆第六次理監事聯席會議紀錄	祕書處
統計	
九十一年度收支表暨會員人數統計	吳傳萱

表 65 會訊第十九期目次

第十九期 2002 年 12 月	
篇名	作者
「為圖書館建構一個新定義」專刊	
「為圖書館建構一個新定義」專刊編輯說明	祕書處
現代圖書館的概念與認知	王振鵠
從網際網路談現代圖書館的新意涵	王梅玲
重新定義圖書館與圖書資訊學	吳美美
從圖書館學邁向資訊傳播學的新境界	莊道明
也談「為圖書館建構一個新定義」	傅雅秀
由名詞的意涵談圖書館的百變新貌	楊美華
從圖書館與資訊科學的遞嬗反思圖書館的定義	蔡明月
從圖書館史談圖書館之意義	盧秀菊
21 世紀圖書館的新面貌	薛理桂
圖書館的定義	謝寶煖

（續）

表 65　會訊第十九期目次（續）

第十九期 2002 年 12 月	
篇名	作者
「圖書館定義」之我見	藍文欽
會議紀錄	
第一屆圖書資訊學學位論文研討會籌備工作會議紀錄	祕書處
第五屆第二次年會暨「網路教學與圖書資訊學應用研討會」籌備工作會議第三次會議紀錄	祕書處
第五屆第二次年會暨「網路教學與圖書資訊學應用研討會」籌備工作相關事宜	祕書處
第六屆理監事第一次聯席會會議紀錄	祕書處
第五屆第二次年會暨「網路教學與圖書資訊學應用研討會」會議紀要	祕書處
統計	
九十一年度收支表暨會員人數統計	祕書處

表 66　會訊第二十期目次

第二十期 2003 年 6 月	
篇名	作者
理事長的話	
理事長的話	詹麗萍
教師專訪	
逢甲大學胡鳳生老師	林育瑩、林明宏
淡江大學林信成老師	林育瑩、林明宏

（續）

表 66 會訊第二十期目次（續）

第二十期 2003 年 6 月	
篇名	作者
專題報導	
2003 年圖書資訊學相關系所博碩士班招生資訊	王琳斐
2003 年圖書資訊學新增相關研究所介紹	李銘純、姜義臺
進行中博碩士論文資訊	
進行中博碩士論文資訊	林明宏
特載	
美國印地安那大學——圖書館學與資訊科學學院介紹	李曉明
會務報導	
中華圖書資訊學教育學會全球資訊網更新紀實	林明宏
第六屆理監事第二次聯席會會議紀錄	林明宏
附錄	
入會申請表	祕書處
出版資訊	祕書處

表 67 會訊第二十一期目次

第二十一期 2003 年 12 月	
篇名	作者
專題報導	
「圖書資訊專業人力能力培育」研討會議紀要	林鈺雯、李銘純、戴玉涵、郭碧真
招生資訊	
九十三學年度圖書資訊學碩士班招生資訊	編輯小組

（續）

表 67 會訊第二十一期目次（續）

第二十一期 2003 年 12 月	
篇名	作者
研討會活動	
中華圖書資訊學教育學會財務報告	祕書處
特載	
英國倫敦學院大學——圖書資訊學院介紹	黃千芮
會議紀錄	
第六屆第一次會員大會會議紀錄	祕書處
第六屆第一次會員大會暨「圖書資訊專業人才能力培育」	祕書處
研討會籌備工作會議記錄	祕書處
第六屆第三次理監事聯席會議記錄	祕書處
附錄	
九十二年度財務及會員人數統計	祕書處
入會申請表	祕書處
出版資訊	祕書處

表 68 會訊第二十二期目次

第二十二期 2004 年 6 月	
篇名	作者
教師專訪	
中興大學圖書資訊學研究所蘇小鳳老師	姜義臺
專題報導	
2004 年海峽兩岸圖書資訊學暨教育發展研討會紀要	林育瑩

（續）

表 68 會訊第二十二期目次（續）

第二十二期 2004 年 6 月

篇名	作者
進行中博碩士論文資訊	
進行中博碩士論文資訊	郭碧真、戴筱蓁
特載	
美國德州大學奧斯汀分校資訊學研究所介紹	黃俊升
活動訊息	
2004 年圖書資訊學論文發表研討會	祕書處
會議紀錄	
第六屆理監事第四次聯席會會議紀錄	祕書處
業界動態	
學術領域焦點：宣佈 Scopus 之涵蓋內容	Scopus 新聞室
全功能異質性電子資源整合檢索系統──SmartWeaver	劉淑德、邱柑震
略述漢珍建置與發行中文資料庫之現況	朱小瑄
線上法律資料檢索	王俊傑
附錄	
入會申請表	祕書處
出版資訊	祕書處

表 69　會訊第二十三期目次

第二十三期 2004 年 12 月	
篇名	作者
專題演講	
昔日戀情：又一所圖書館學校關閉的意涵和省思	鄭鈴慧
教師專訪	
淡江大學賴玲玲老師	林明宏
專題報導	
九十三年第六屆第二次會員大會會議報導	陳儀珊
特載	
美國威斯康辛大學麥迪遜校區——圖書館與資訊研究學院	林雯瑤
活動訊息	
第六屆會務紀要	林明宏
第七屆新任理監事當選名單	祕書處
會議紀錄	
第六屆理監事第五次聯席會會議紀錄	祕書處
第七屆理監事第一次聯席會會議紀錄	祕書處
業界動態	
圖書館自動化系統的終極選擇——UNICORN	邵美玲
附錄	
入會申請表	祕書處
出版資訊	祕書處
活動集錦	祕書處

表 70 會訊第二十四期目次

第二十四期 2005 年 6 月	
篇名	作者
理事長的話	
疾進中深情回首	楊美華
教師專訪	
世新大學資訊傳播學系余顯強老師	賴麗香
專題報導	
中美圖書資訊學教育學會之比較	楊美華
特載	
韓國圖書資訊學教育概述	王梅玲
進行中博碩士論文資訊	
我國圖書資訊學進行中博碩士論文主題分類	賴麗香
會務報導	
第七屆理事長及各委員會主任委員暨工作人員名單	祕書處
第七屆第二次理監事聯席會議紀錄	祕書處
活動預告	祕書處
本會簡介	祕書處
入會申請單	祕書處
活動照片集錦	祕書處

表 71 會訊第二十五期目次

第二十五期 2005 年 12 月	
篇名	作者
理事長的話	
立足臺灣，放眼國際	楊美華
教師專訪	
銘傳大學專任講座教授謝清俊老師	柯雲娥
專題報導	
與世界接軌：IFLA 年會之參與與省思	楊美華
特載	
臺灣圖書資訊學系所教師專長調查報告	王梅玲
會務報導	
第七屆第三次理監事聯席會議紀錄	祕書處
2005 年圖書資訊學系所主任座談會紀錄	祕書處
活動照片集錦	祕書處
本會簡介	祕書處
入會申請單	祕書處

表 72 會訊第二十六期目次

第二十六期 2006 年 6 月	
篇名	作者
理事長的話	
為歷史見證，替歷史寫真	楊美華
教師專訪	
世新大學資訊傳播學系葉乃靜老師	何秀娟
專題報導	
新加坡圖書館再發現：知識、想像力與無限可能性	楊美華、王盈文
今日的韓國延世大學文獻情報學系	王梅玲
特載	
2005 年圖書資訊學研究生論文論壇紀實	賴麗香
2006 年海峽兩岸圖書資訊學學術研討會簡介及兩岸代表論文摘要	中華圖書資訊學教育學會
會務報導	
活動成果	祕書處
第七屆第四次理監事聯席會議紀錄	祕書處
活動預告	祕書處
本會簡介	祕書處
勘誤表	祕書處
活動照片集錦	祕書處

表 73 會訊第二十七期目次

第二十七期 2006 年 12 月	
篇名	作者
理事長的話	
傳承與職任	楊美華
專題演講	
圖書資訊學與質性研究	林珊如
量化研究的挑戰與出路	謝雨生
從研究到出版：英文期刊論文發表經驗談	卜小蝶
特載	
感恩有您：2006 年海峽兩岸圖書資訊學學術研討會紀要	楊美華
海峽兩岸圖書資訊學學術研討會與會心得分享	王受榮、藺夢華、劉景宇
學術傳播與電子期刊管理研習班紀要	王梅玲
七十二屆 IFLA 年會圖書館與資訊教育與訓練專題研討會紀要	王梅玲
臺灣地區圖書資訊學系所基本資料與名錄	王梅玲
會務報導	
第七屆第五次理監事聯席會議紀錄	祕書處
本會簡介	祕書處
入會申請單	祕書處
活動照片集錦	祕書處

表 74 會訊第二十八期目次

第二十八期 **2007 年 6 月**	
篇名	作者
理事長的話	
在穩健的基礎上持續邁進	陳雪華
出席國際會議報導	
出席 2007 年亞洲研究學會東亞圖書館委員會年會會議報告	陳雪華
第二屆中美數字時代圖書館學情報學教育國際研討會紀要	王梅玲
淺談探索式搜尋：ACMCHI 會後心得	唐牧群
參訪報導	
2007 政大圖檔所「澳門、廣州學術參訪」紀要	王梅玲、蔡佳縈、陳巧倫、陳泓翔、陳佳琪、林怡甄
會務報導	
第八屆第一次理監事聯席會會議紀錄	祕書處
第八屆第二次理監事聯席會會議紀錄	祕書處
第八屆第三次理監事聯席會會議紀錄	祕書處
理監事及委員會委員名單	祕書處
工作計畫	祕書處
活動報導	祕書處

表 75　會訊第二十九期目次

第二十九期 2007 年 12 月	
篇名	作者
國際會議報導	
2007 年（第二屆）亞太地區圖書資訊學教育與應用國際研討會	林志鳳
參訪報導	
輔仁大學圖書資訊學研究所澳門、廣州圖書館學術參訪	林麗娟
教師介紹	
國內圖書資訊學系所新聘專任老師介紹	祕書處
會務報導	
第八屆第四次理監事會議紀錄	祕書處
第八屆第五次理監事會議紀錄	祕書處
2007 年會員大會紀錄	祕書處
2007 年圖書資訊學獎助論文研討會報導、得獎名單、得獎論文摘要	祕書處

表 76　會訊第三十期目次

第三十期 2008 年 6 月	
篇名	作者
會議報導	
臺灣大學圖書資訊學系 2008 博碩士生交流工作坊	祕書處
臺灣大學圖書資訊學系教學與研究成果交流工作坊	祕書處
2008 年圖書資訊暨傳播學進行中論文發表會	祕書處
第九屆海峽兩岸圖書資訊學主任聯席交流會議紀要	王梅玲
第九屆海峽兩岸圖書資訊學學術研討會紀要	祕書處

（續）

表 76 會訊第三十期目次（續）

第三十期 2008 年 6 月	
篇名	作者
專題報導	
九十七年臺灣地區圖書資訊學系所基本資料與名錄	王梅玲
教師介紹	
臺灣大學圖書資訊學系唐牧群助理教授、林奇秀助理教授介紹	林巧敏、黃玫溱
會務報導	
第八屆第五次理監事會議紀錄	祕書處

表 77 會訊第三十一期目次

第三十一期 2009 年 1 月	
篇名	作者
會議報導	
2008 年圖書資訊學獎助論文研討會	祕書處
圖書資訊學教育與大學評鑑學術研討會——2008 再訪圖書資訊學工作坊	祕書處
研討會開幕致詞	
圖書館學學術研究的方圓	顧敏
教師介紹	
輔仁大學圖書資訊學系黃元鶴副教授介紹	黃玫溱
淡江大學資訊與圖書館學系林素甘助理教授介紹	林巧敏
會務報導	
第八屆第六次理監事聯席會議紀錄	祕書處
2008 年會員大會紀錄	祕書處
第九屆第一次理監事聯席會議紀錄	祕書處

表 78 會訊第三十二期目次

第三十二期 2009 年 8 月	
篇名	作者
理事長的話	
理事長的話	朱則剛
活動報導	
專題演講 The Convergence Transformation of Libraries Reconsidering academic library services in a digital world 摘要報導	陳雪華、黃文樺
專題演講 Research on Knowledge Sharing from a Social Informatics Perspective 摘要報導	唐牧群
專題報導	
新時代典藏整合趨勢：以加拿大國家圖書館與檔案館為例	薛理桂、吳宇凡
CiSAP 2009 會議摘要報告	陳雪華
會務報導	
理監事與委員會委員名單	祕書處

表 79 會訊第三十三期目次

第三十三期 2010 年 3 月	
篇名	作者
活動報導　專題演講	
美國卓越圖書館服務分析摘要報導	編輯部
場域資訊學工作坊 Workshop on Field Informatics 摘要報導	鄧雅文
攜手打造全民數位服務新風貌——數位出版品與數位閱讀研討會摘要報導	賴麗香

（續）

表 79 會訊第三十三期目次（續）

第三十三期 2010 年 3 月	
篇名	作者
「人與資訊互動：方法與應用」專題研習營（Workshop on Human Information Interaction: Methods and Applications）摘要報導	卜小蝶
會務報導	
第九屆第二次理監事與主任委員聯席會議紀錄	祕書處
第九屆第一次會員大會	祕書處
2009 中華圖書資訊學教育學會獎學金得獎名單	祕書處
專題報導	
2010 兩岸學術研討會訊息公告	編輯部

表 80 會訊第三十四期目次

第三十四期 2010 年 6 月	
篇名	作者
活動報導　專題演講	
圖書館的未來發展摘要報導	編輯部
會務報導	
第九屆第一次會員大會會議紀錄	祕書處
第十屆圖書資訊學系聯合招生宣傳會議會議紀錄	祕書處
第十屆系主任聯席會議會議紀錄	祕書處
2010 第十屆海峽兩岸圖書資訊學學術研討會籌備會議會議紀錄	祕書處
2010 第十屆海峽兩岸圖書資訊學學術研討會評審會議會議紀錄	祕書處
第十屆理監事與海峽兩岸研討會籌備委員會聯席會議紀錄	祕書處

（續）

表 80 會訊第三十四期目次（續）

第三十四期 2010 年 6 月	
篇名	作者
專題報導	
2010 第十屆海峽兩岸圖書資訊學學術研討會訊息公告	編輯部

表 81 會訊第三十五期目次

第三十五期 2011 年 3 月	
篇名	作者
公告	
第十屆理監事名單	祕書處
活動報導　專題演講	
2010 圖書資訊學蛻變與創新國際研討會紀實	師範大學圖資所
留學座談——赴美攻讀經驗分享	編輯部
會務報導	
第十屆圖書資訊學系聯合招生宣傳會議會議紀錄	祕書處
第九屆第二次會員年度大會暨圖書資訊學研討會	祕書處
2010 年獎學金得獎名單	祕書處
第九屆第二次會員大會會議手冊（附件）	祕書處
專題報導	
2010 第十屆海峽兩岸圖書資訊學學術研討會會後報導	唐牧群

表 82 會訊第三十六期目次

第三十六期 2011 年 12 月	
篇名	作者
理事長的話	
理事長的話	邱炯友
活動報導	
2012 年第十一屆海峽兩岸圖書資訊學學術研討會訊息公告	編輯部
專題報導	
臺灣圖資界各校系所二年內新到任教師介紹	編輯部
會務報導	
第十屆理監事與委員會委員名單	祕書處

表 83 會訊第三十七期目次

第三十七期 2012 年 3 月	
篇名	作者
活動報導	
大眾分類與資訊組織、取用、檢索研討會紀實	師範大學圖資所
2012 年第十一屆海峽兩岸圖書資訊學學術研討會論文	編輯部
專題報導	
圖資界產學座談	林奇秀、編輯部
會務報導	
第十屆第一次會員年度大會議程及會議紀錄	祕書處
2011 年獎學金得獎名單	祕書處

表 84 會訊第三十八期目次

第三十八期 2012 年 9 月	
篇名	作者
活動報導	
2012 圖書資訊學優秀學位論文獎發表活動	編輯部
專題報導	
2012 第十一屆海峽兩岸圖書資訊學學術研討會會後報導	林雯瑤
2012 第十一屆海峽兩岸圖書資訊學學術研討會系主任座談會會議記錄	編輯部
會務報導	
第十屆第三次理監事與系所主管聯席會會議記錄	祕書處

表 85 會訊第三十九期目次

第三十九期 2013 年 3 月	
篇名	作者
活動報導	
2013 年資訊服務專業區域合作研討會	編輯部
會務報導	
第十屆第四次理監事聯席會議紀錄	祕書處
2012 年優秀獎學金名單與頒發紀錄	祕書處

表 86 會訊第四十期目次

第四十期 2014 年 11 月	
篇名	作者
專題報導	
2014 第十二屆海峽兩岸圖書資訊學學術研討會會後報導	編輯部
2014 第十二屆海峽兩岸圖書資訊學學術研討會學生心得之一	李勇德
2014 第十二屆海峽兩岸圖書資訊學學術研討會學生心得之二	張維容、陳意鈴、顏子淇
2014 第十二屆海峽兩岸圖書資訊學學術研討會學生心得之三	范筑婷
會務報導	
第十一屆第二次理監事與系所主管聯席會會議紀錄	祕書處

表 87 會訊第四十一期目次

第四十一期 2017 年 5 月	
篇名	作者
理事長的話	
理事長的話	黃元鶴
專題報導	
2016 第十三屆海峽兩岸圖書資訊學學術研討會會後報導	陳世娟
2016 第十三屆海峽兩岸圖書資訊學學術研討會學生心得之一	陳勇汀
2016 第十三屆海峽兩岸圖書資訊學學術研討會學生心得之二	楊喻好
2016 第十三屆海峽兩岸圖書資訊學學術研討會學生心得之三	謝采妤
2016 第十三屆海峽兩岸圖書資訊學學術研討會學生心得之四	謝豐吉
2016 第十三屆海峽兩岸圖書資訊學學術研討會學生心得之五	柯宜伶
2016 第十三屆海峽兩岸圖書資訊學學術研討會學生心得之六	張鐘

（續）

表 87 會訊第四十一期目次（續）

第四十一期 2017 年 5 月	
篇名	作者
活動報導	
「數位學習翻轉高等教育工作坊」會後報導	陳冠至、蕭漢威
「教育遊戲化工作坊暨圖書資訊領域教師聯誼會」會後報導	彭于萍

資料篇

- 中華圖書資訊學教育學會大事紀要

  （1992-2021 年）

- 中華圖書資訊學教育學會出版品書目

- 中華圖書資訊學教育學會章程

- 中華圖書資訊學教育學會團體會員名錄

- 轉變與擴疆：臺灣圖書資訊學教育白皮書
  2021-2030 第五版

- 前瞻資訊組織基礎課程教學內容綱要

中華圖書資訊學教育學會
大事紀要
（1992-2021 年）

日期	事件
第一個十年（**1992-2001**）	
1992.05.30	在臺北成立，假臺灣大學文學院會議室舉行中華圖書資訊學教育學會成立大會。
1992.06.16	舉辦第一次會議，假臺灣大學圖書館學系辦公室。
1992.06.16	第一屆理事長胡述兆教授上任。
1993.02.20	舉辦圖書資訊學教學研討會，假國立中央圖書館國際會議廳。
1993.04.23-24	舉辦主題標目研討會，假國立臺灣師範大學國際會議廳。
1993.07.17	舉辦會員大會暨圖書館學教育核心課程之檢討研討會，假國立中央圖書館簡報室。
1993.12.12-15	舉辦海峽兩岸首屆圖書資訊學學術研討會，與上海華東師範大學圖書情報系合辦，假上海華東師範大學。
1994.08.01	第二屆理事長李德竹教授上任。
1994.08.22-24	舉辦海峽兩岸第二屆圖書資訊學學術研討會，與北京大學信息管理系合辦，假北京大學。
1995.10.13-14	舉辦圖書館與國家資訊基礎建設（NII）研討會，假國立中央圖書館。
1995.11.25	舉辦第四屆會員大會暨圖書資訊學核心課程座談會，假國立中央圖書館簡報室。
1997.01.01	第三屆理事長由李德竹教授連任。

（續）

日期	事件
1997.03.31-04.02	舉辦海峽兩岸第三屆圖書資訊學學術研討會，與武漢大學圖書情報學院合辦，假武漢大學舉行。
1998.03.31-04.02	舉辦海峽兩岸第四屆圖書資訊學學術研討會，與中山大學信息管理系合辦，假廣州中山大學舉行。
1998.12.19	舉辦會員大會暨圖書資訊學核心課程座談會，假臺北市立圖書館。
1999.01.01	第四屆理事長莊道明教授上任。
2000.01.08	舉辦遠距教學在圖書館服務應用研討會，假世新大學圖書館。
2000.03.24	舉辦圖書資訊組織與教學研討會，假國家圖書館簡報室。
2000.05.18-19	舉辦廿一世紀圖書館管理趨勢研討會，假臺北市立圖書館國際會議廳。
2000.08.28-30	舉辦海峽兩岸第五屆圖書資訊學學術研討會，與中國科學院文獻情報中心合辦，假四川成都市都江堰。
2000.12.15-16	舉辦圖書館閱讀活動研討會，假國立臺灣大學圖書館國際會議廳。
2001.01.01	第五屆理事長薛理桂教授上任。
2001.09.13-15	舉辦2001海峽兩岸資訊服務與傳播發展研討會，假浙江杭州。
2001.11.30	舉辦數位時代檔案管理研討會，與檔案管理局合辦，假國家圖書館簡報室。
第二個十年（**2002-2011**）	
2002.05.03	舉辦圖書資訊學系所主任座談會，假臺北。
2002.07.01-03	舉辦海峽兩岸第六屆圖書資訊學學術研討會，與黑龍江省圖書館學會合辦，假哈爾濱。
2002.10.30	舉辦第一屆圖書資訊學學位論文研討會，假國家圖書館簡報室。
2002.11.14-15	舉辦會員大會暨網路教學與圖書資訊學應用研討會，與國家圖書館及國立政治大學圖書資訊學研究所合辦，假國家圖書館國際會議廳。
2003.01.01	第六屆理事長詹麗萍教授上任。

（續）

日期	事件
2003.10.31	舉辦圖書館專利資訊服務研討會,與國立臺灣大學圖書資訊學系、國立臺灣大學工業知識科技研究中心、國立中興大學圖書資訊學研究所合辦,假國立臺灣大學圖書館國際會議廳。
2003.12.19-20	舉辦會員大會暨圖書資訊專業人才能力培育研討會,假國立中興大學。
2003.12.20	舉辦圖書資訊學系所主任座談會,假國立中興大學。
2004.08.23-24	舉辦海峽兩岸第七屆圖書資訊學學術研討會,與大連理工大學圖書館合辦,假大連理工大學圖書館。
2004.12.17	舉辦圖書資訊學系所主任座談會,假國立中興大學。
2005.01.01	第七屆理事長楊美華教授上任。
2005.09.09	舉辦 2005 年圖書資訊學系主任座談會,假國立政治大學。
2005.10.13	舉辦學術期刊與引用評鑑研討會,與國立政治大學圖書資訊與檔案學研究所及 Thomson Scientific 合辦,假國立政治大學文學院。
2005.12.29-30	舉辦 2005 年圖書資訊學研究生論文論壇,與中華民國圖書館學會及國立臺灣大學圖書資訊學系合辦,假國家圖書館國際會議廳。
2006.06.18-20	舉辦海峽兩岸第八屆圖書資訊學學術研討會,與中山大學資訊管理學院合辦,假廣州中山大學。
2006.07.03-07	舉辦學術傳播與電子期刊管理研習班,與國立政治大學圖書資訊與檔案學研究所合辦,假國立政治大學文學院。
2006.11.17	舉辦會員大會暨數位傳播時代圖書資訊學研究與教育學術研討會,與國家圖書館、國立政治大學圖書資訊與檔案學研究所、Elsevier 公司合辦,假國家圖書館。
2007.01.01	第八屆理事長陳雪華教授上任。
2007.11.23-24	舉辦 2007 年(第二屆)亞太地區圖書資訊學教育與應用國際研討會,與世新大學資訊傳播系合辦,假世新大學。
2007.12.21	舉辦 2007 年圖書資訊學獎助論文研討會,與中華民國圖書館學會合辦,假國家圖書館。

(續)

日期	事件
2008.07.04-05	舉辦海峽兩岸第九屆圖書資訊學學術研討會,與武漢大學信息管理學院合辦,假武漢大學。
2008.12.05	舉辦 2008 年圖書資訊學獎助論文研討會,與中華民國圖書館學會合辦,假國家圖書館簡報室。
2008.12.13	舉辦會員大會暨 2008 再訪圖書資訊學工作坊,與國家圖書館合辦,假國家圖書館簡報室。
2009.01.01	第九屆理事長朱則剛教授上任。
2009.12.11	舉辦 2009 年圖書資訊學獎助論文研討會,與中華民國圖書館學會合辦,假國家圖書館簡報室。
2010.07.05-07	舉辦海峽兩岸第十屆圖書資訊學學術研討會,與南京大學信息管理學院合辦,假南京大學。
2010.12.06	舉辦會員大會暨 2010 年圖書資訊學獎助論文研討會,與中華民國圖書館學會合辦,假國家圖書館國際會議廳。
2011.11.01	第十屆理事長邱炯友教授上任。
第三個十年(**2012-2021**)	
2012.07.04-05	舉辦海峽兩岸第十一屆圖書資訊學學術研討會,與淡江大學資訊與圖書館學系合辦,假淡江大學。
2012.12.21	舉辦 2012 年圖書資訊學優秀學位論文發表會,與中華民國圖書館學會及國家圖書館合辦,假國家圖書館。
2013.10.22	舉辦圖書資訊學教育、研究與期刊出版座談會,假淡江大學臺北校園校友聯誼會館。
2014.01.01	第十一屆理事長柯皓仁教授上任。
2014.07.07-08	舉辦海峽兩岸第十二屆圖書資訊學學術研討會,與南開大學商學院信息資源管理系合辦,假天津南開大學。
2014.12.19	舉辦 2014 年圖書資訊學優秀論文獎助發表會,與中華民國圖書館學會、國立臺灣圖書館、國家圖書館合辦,假國家圖書館簡報室。

(續)

日期	事件
2014.12.27	舉辦服務設計工作坊前奏曲：如果圖書館，與中華圖書資訊館際合作協會、國立臺灣師範大學圖書館、世新大學圖書館及超星資訊有限公司、深擊設計管理有限公司、活動通合辦，假世新大學。
2015.01.17-18	舉辦服務設計工作坊，與中華圖書資訊館際合作協會、國立臺灣師範大學圖書館、世新大學圖書館及超星資訊有限公司合辦，假臺灣師範大學文薈廳。
2015.08.24-27	舉辦 2015 亞洲資訊取用工作坊，假臺灣師範大學圖書館。
2016.01.01	第十二屆理事長黃元鶴教授上任。
2016.07.13-14	舉辦海峽兩岸第十三屆圖書資訊學學術研討會，與華中師範大學信息管理學院合辦，假武漢華中師範大學。
2016.12.14	舉辦數位學習翻轉高等教育工作坊，與天主教輔仁大學圖書館及天主教輔仁大學圖書資訊學系合辦，假輔仁大學。
2017.02.17	舉辦教育遊戲化工作坊暨圖書資訊領域教師餐敘聯誼會，與中華民國圖書館學會合辦，假國家圖書館。
2018.01.01	第十三屆理事長莊道明副教授上任。
2018.06.12	舉辦國際圖書館事業發展論壇，假世新大學。
2018.07.06-08	舉辦海峽兩岸第十四屆圖書資訊學學術研討會，與南京理工大學經濟管理學院合辦，假南京理工大學。
2018.12.15	舉辦 2028 圖書資訊學未來教育論壇，假國家圖書館。
2019.11.23	舉辦圖書資訊系所新進老師座談會，假國立臺灣大學醫學院圖書館 L&BCafé。
2019.12.06	舉辦轉變與擴疆：圖書資訊學未來教育研討會，假國家圖書館。
2020.01.01	第十四屆理事長王梅玲教授上任。
2020.07.22	舉辦前瞻人才培育與教師社群經營論壇，邀請國立臺灣師範大學陳昭珍教授與國立政治大學教育系陳幼慧教授主講，假國立政治大學。

（續）

日期	事件
2020.09.02	線上舉辦傅爾布萊特學人經驗：禮遇・友誼・熱情・學習～美國訪學經驗分享。
2020.10.23	線上舉辦大學圖書館學術傳播數位服務論壇。
2020.11.27-28	舉辦 2020 圖書資訊學研究回顧與前瞻學術研討會暨年會，假國家圖書館簡報室。
2021.03.26	與中華民國圖書館學會分類編目委員會合作，成立資訊組織前瞻課程研究社群，進行資訊組織前瞻課程研討。
2021.05.14	線上舉辦 IO Talk 第一次論壇：資訊組織新技術與新趨勢線上論壇。
2021.07.21	線上舉辦 IO Talk 第二次論壇：OCLC Linked data 計畫線上論壇。
2021.10.01	以視訊方式舉行中華圖書資訊學教育學會第 14 屆第 1 次臨時會員大會，通過修正案：理、監事會議得以視訊會議方式召開。
2021.10.08	資訊組織前瞻課程教學研究社群舉行第五次會議，討論資訊組織基礎課程教材與教學法。
2021.10.22	與國家圖書館合辦論壇，邀請美國 School of Library and Information Studies, Texas Woman's University 院長鄭鈴慧教授演講：社區資訊學：圖書館促進社區發展（Community Informatics），假國家圖書館。
2021.10.30	學會與漢珍公司合作出版《二十一世紀圖書館創新轉型與前瞻趨勢：15 位館長的洞見》。
2021.10.30	學會主持計畫，出版《圖書資訊學研究回顧與前瞻 2.0》專書，由吳美美教授主編，邀請圖書資訊學界的教師與學者以共筆方式完成，由元華文創公司出版。
2021.11.19	線上舉辦圖書資訊學前瞻教育與未來人才研討會暨年會。
2021.12.10	公布〈轉變與擴疆：臺灣圖書資訊學教育白皮書 2021-2030 第五版〉
2022.01.01	第十五屆理事長陳志銘教授上任。

中華圖書資訊學教育學會
出版品書目

一、學會出版

中華圖書資訊學教育學會（1993-2017）。**中華圖書資訊學教育學會會訊第 1 期至第 41 期**。中華圖書資訊學教育學會。

中華圖書資訊學教育學會（1998）。**中華民國圖書資訊學系所現況暨教育文獻書目**。中華圖書資訊學教育學會。

中華圖書資訊學教育學會（2001-2022）。網站。https://calise.org.tw/bbs/。

中華圖書資訊學教育學會（2005-2008）。**中華圖書資訊學教育學會電子報**。中華圖書資訊學教育學會。（共 12 期）

中華圖書資訊學教育學會（2020）。**中華圖書資訊學教育學會 2020-2023 策略計畫**。中華圖書資訊學教育學會。

中華圖書資訊學教育學會（2020）。**中華圖書資訊學教育學會電子報 2020 第一期**。中華圖書資訊學教育學會。

中華圖書資訊學教育學會（2020）。**中華圖書資訊學教育學會電子報 2020 第二期**。中華圖書資訊學教育學會。

中華圖書資訊學教育學會（2021）。**二十一世紀圖書館創新轉型與前瞻趨勢：15 位館長的洞見**。漢珍數位圖書股份有限公司。

中華圖書資訊學教育學會（2021）。**中華圖書資訊學教育學會電子報 2021 第一期**。中華圖書資訊學教育學會。

中華圖書資訊學教育學會（2021）。**中華圖書資訊學教育學會電子報 2021 第二期**。中華圖書資訊學教育學會。

中華圖書資訊學教育學會（2021）。**前瞻資訊組織基礎課程教學研究報告**。中華圖書資訊學教育學會。

中華圖書資訊學教育學會（2021）。**轉變與擴疆：臺灣圖書資訊學教育白皮書 2021-2030 第五版**。中華圖書資訊學教育學會。

中華圖書資訊學教育學會、吳美美主編（2021）。**圖書資訊學研究回顧與前瞻 2.0**。元華文創。

二、主辦研討會論文集

中華圖書資訊學教育學會（1998）。**圖書館自動化與網路論集**。文華圖書館管理。

中華圖書資訊學教育學會（2000）。**廿一世紀圖書館管理趨勢研習會**。中華圖書資訊學教育學會。

中華圖書資訊學教育學會、世新大學圖書資訊學系（2000）。**圖書館閱讀活動研討會**。中華圖書資訊學教育學會。

中華圖書資訊學教育學會、世新大學圖書館（2000）。**遠距教學在圖書館服務應用研討會**。中華圖書資訊學教育學會。

中華圖書資訊學教育學會、國家圖書館（2000）。**圖書資訊組織與教學研討會**。中華圖書資訊學教育學會。

中華圖書資訊學教育學會、檔案管理局（2001）。**數位時代檔案管理研討會會議論文集**。中華圖書資訊學教育學會。

國家圖書館、中華圖書資訊學教育學會、國立政治大學圖書資訊學研究所（2002）。**網路教學與圖書資訊學應用研討會會議論文集**。國家圖書館。

中華圖書資訊學教育學會、國家圖書館、國立中興大學圖書資訊學研究所（2003）。**圖書資訊專業人才能力培育研討會論文集**。中華圖書資訊學教育學會。

中華圖書資訊學教育學會（2004）。**2004 年海峽兩岸圖書資訊學暨教育發展研討會紀要**。中華圖書資訊學教育學會。

中華圖書資訊學教育學會、國立政治大學圖書資訊與檔案學研究所（2005）。**中華圖書資訊學教育學會會員大會會議手冊**。中華圖書資訊學教育學會、國立政治大學圖書資訊與檔案學研究所。

靜宜大學蓋夏圖書館、國立政治大學圖書資訊與檔案學研究所、中華圖書資訊學教育學會、金珊資訊公司（2005）。**學術期刊與引用評鑑研討會：會議手冊**。靜宜大學蓋夏圖書館。

中華圖書資訊學教育學會、國立政治大學圖書資訊與檔案學研究所（2006）。**中華圖書資訊學教育學會九十五年度學術傳播與電子期刊管理研習班：研習手冊**。中華圖書資訊學教育學會。

中華圖書資訊學教育學會、國立政治大學圖書資訊與檔案學研究所、國家圖書館（2006）。**數位傳播時代圖書資訊學研究與教育學術研討會論文集**。中華圖書資訊學教育學會。

世新大學資訊傳播學系、中華圖書資訊學教育學會（2007）。**亞太地區圖書資訊學教育與應用國際研討會論文集.2007 年（第二屆）：促進亞太區域圖書資訊教育與資訊傳播的合作**。世新大學資訊傳播學系。

中華圖書資訊學教育學會、國家圖書館（2008）。**圖書資訊學教育與大學評鑑學術研討會：2008 再訪圖書資訊學工作坊：與談集**。中華圖書資訊學教育學會、國家圖書館。

中華民國圖書館學會、中華圖書資訊學教育學會、國家圖書館（2010）。**圖書資訊學研討會.2010 年**。中華民國圖書館學會。

中華圖書資訊學教育學會（2018）。**2028 圖書資訊學未來教育論壇手冊**。中華圖書資訊學教育學會。

中華圖書資訊學教育學會（2019）。**轉變與擴疆：2020-2029 臺灣圖書資訊學教育白皮書研討會手冊**。中華圖書資訊學教育學會。

三、海峽兩岸圖書資訊學學術研討會論文集

華東師範大學圖書館情報學系（1993）。**第一屆海峽兩岸圖書資訊學學術研討會論文集、A 輯（大陸）**。華東師範大學圖書館情報學系。

中華圖書資訊學教育學會（1993）。**第一屆海峽兩岸圖書資訊學學術研討會論文集、B 輯（臺灣）**。中華圖書資訊學教育學會。

中華圖書資訊學教育學會（1994）。**第二屆海峽兩岸圖書資訊學學術研討**

會、B 輯（臺灣）。中華圖書資訊學教育學會。

北京大學信息管理系（1994）。**第二屆海峽兩岸圖書資訊學學術研討會、A 輯（大陸）**。北京大學信息管理系。

中華圖書資訊學教育學會（1997）。**第三屆海峽兩岸圖書資訊學學術研討會：圖書情報（資訊）學核心課程**。中華圖書資訊學教育學會。

武漢大學圖書情報學院（1997）。**第三屆海峽兩岸圖書資訊學學術研討會：圖書情報（資訊）學核心課程**。武漢大學圖書情報學院。

中山大學信息管理系（1998）。**第四屆海峽兩岸圖書資訊學學術研討會：圖書館自動化與網絡**。中山大學信息管理系。

中華圖書資訊學教育學會（1998）。**第四屆海峽兩岸圖書資訊學學術研討會：圖書館自動化與網絡**。中華圖書資訊學教育學會。

中國科學院文獻情報中心（2000）。**第五屆海峽兩岸圖書資訊學學術研討會：圖書資訊交流標準化**。中國科學院文獻情報中心。

中華圖書資訊學教育學會（2000）。**第五屆海峽兩岸圖書資訊學學術研討會：圖書資訊交流標準化**。中華圖書資訊學教育學會。

中華圖書資訊學教育學會（2002）。**第六屆海峽兩岸圖書資訊學學術研討會：海峽兩岸資訊服務與教育新方向研討會**。中華圖書資訊學教育學會。

黑龍江省圖書館學會（2002）。**第六屆海峽兩岸圖書資訊學學術研討會：海峽兩岸資訊服務與教育新方向研討會**。黑龍江省圖書館學會。

大連理工大學圖書館（2004）。**第七屆海峽兩岸圖書資訊學學術研討會：圖書資訊學暨教育發展**。大連理工大學圖書館。

中華圖書資訊學教育學會（2004）。**第七屆海峽兩岸圖書資訊學學術研討會：圖書資訊學暨教育發展**。中華圖書資訊學教育學會。

中山大學資訊管理學院（2006）。**第八屆海峽兩岸圖書資訊學學術研討會：數位時代的圖書資訊服務與教育**。中山大學資訊管理學院。

中華圖書資訊學教育學會（2006）。**第八屆海峽兩岸圖書資訊學學術研討會：數位時代的圖書資訊服務與教育**。中華圖書資訊學教育學會。

中華圖書資訊學教育學會（2008）。**第九屆海峽兩岸圖書資訊學學術研討會：數字時代圖書信息學之變革與發展**。中華圖書資訊學教育學會。

武漢大學信息管理學院（2008）。**第九屆海峽兩岸圖書資訊學學術研討會：數字時代圖書信息學之變革與發展**。武漢大學信息管理學院。

中華圖書資訊學教育學會（2010）。**第十屆海峽兩岸圖書資訊學學術研討會：回顧與展望：知識時代圖書資訊學的變革與發展**。中華圖書資訊學教育學會。

南京大學信息管理學院（2010）。**第十屆海峽兩岸圖書資訊學學術研討會：回顧與展望：知識時代圖書資訊學的變革與發展**。南京大學信息管理學院。

中華圖書資訊學教育學會（2012）。**第十一屆海峽兩岸圖書資訊學學術研討會：開創兩岸圖書資訊學與圖書館事業新紀元**。中華圖書資訊學教育學會。

淡江大學資訊與圖書館學系（2012）。**第十一屆海峽兩岸圖書資訊學學術研討會：開創兩岸圖書資訊學與圖書館事業新紀元**。淡江大學資訊與圖書館學系。

中華圖書資訊學教育學會（2014）。**第十二屆海峽兩岸圖書資訊學學術研討會：大數據與雲端環境下的多維圖書資訊學**。中華圖書資訊學教育學會。

南開大學商學院信息資源管理系（2014）。**第十二屆海峽兩岸圖書資訊學學術研討會：大數據與雲端環境下的多維圖書資訊學**。南開大學商學院信息資源管理系。

中華圖書資訊學教育學會（2016）。**第十三屆海峽兩岸圖書資訊學學術研討會：資料驅動的圖書資訊學創新與發展**。中華圖書資訊學教育學會。

華中師範大學信息管理學院（2016）。**第十三屆海峽兩岸圖書資訊學學術研討會：資料驅動的圖書資訊學創新與發展**。華中師範大學信息管理學院。

中華圖書資訊學教育學會（2018）。**第十四屆海峽兩岸圖書資訊學學術研討會：數據科學驅動的圖書資訊學變革與轉型**。中華圖書資訊學教育學會。

南京理工大學經濟管理學院（2018）。**第十四屆海峽兩岸圖書資訊學學術研討會：數據科學驅動的圖書資訊學變革與轉型**。南京理工大學經濟管理學院。

四、優秀學位論文發表會

國家圖書館、中華圖書資訊學教育學會、國立政治大學圖書資訊學研究所
　　（2002）。**圖書資訊學學位論文研討會會議論文集**。國家圖書館。

中華民國圖書館學會、中華圖書資訊學教育學會、臺灣大學圖書資訊學系
　　（2005）。**圖書資訊學研究生論文論壇.2005 年**。中華民國圖書館學會。

中華民國圖書館學會、中華圖書資訊學教育學會、國家圖書館（2010）。**圖
　　書資訊學優秀學位論文發表會.2010**。中華民國圖書館學會、中華圖書
　　資訊學教育學會、國家圖書館。

中華民國圖書館學會、中華圖書資訊學教育學會、國家圖書館（2011）。**圖
　　書資訊學優秀學位論文發表會.2011**。中華民國圖書館學會、中華圖書資
　　訊學教育學會、國家圖書館。

中華民國圖書館學會、中華圖書資訊學教育學會、國立臺中圖書、國家圖
　　書館、美國資訊科學與技術學會臺北分會（2012）。**圖書資訊學優秀學
　　位論文獎助發表會手冊.2012**。中華民國圖書館學會。

中華民國圖書館學會、中華圖書資訊學教育學會、國家圖書館（2013）。**圖
　　書資訊學優秀學位論文獎助發表會手冊.2013**。中華民國圖書館學會、
　　中華圖書資訊學教育學會、國家圖書館。

中華民國圖書館學會、中華圖書資訊學教育學會、國立臺灣圖書、國家圖
　　書館（2014）。**圖書資訊學優秀學位論文獎助發表會摘要集.2014**。中華
　　民國圖書館學會等。

中華民國圖書館學會、中華圖書資訊學教育學會、國立臺灣圖書、國家圖
　　書館（2015）。**圖書資訊學優秀學位論文獎助發表會摘要集.2015**。中華
　　民國圖書館學會等。

中華民國圖書館學會、中華圖書資訊學教育學會、國立臺灣圖書、國家圖
　　書館（2016）。**圖書資訊學優秀學位論文獎助發表會摘要集.2016**。中華
　　民國圖書館學會。

中華民國圖書館學會、中華圖書資訊學教育學會、國立臺灣圖書、國家圖
　　書館（2018）。**圖書資訊學優秀學位論文獎助發表會摘要集.2018**。中華

民國圖書館學會、中華圖書資訊學教育學會、國立臺灣圖書館、國家圖書館。

五、相關研究及報告

國家圖書館（1999；2004-2021）。圖書館團體，中華圖書資訊學教育學會。中華民國圖書館年鑑。國家圖書館。（共 21 期）

李德竹（1992）。中華圖書資訊學教育學會，書府，**13**，4-6。

王梅玲、張譯文（2018）。1993 － 2018 海峽兩岸圖書資訊學學術合作。**臺北市立圖書館館訊**，**34**（4），1-24。

中華圖書資訊學教育學會章程

八十一年五月三十日第一屆第一次會員大會通過

（內政部 81 年 6 月 29 日臺（81）內社字第 8110328 號函准予備查）

八十五年十二月十四日第二屆第二次會員大會修訂

（內政部 86 年 5 月 14 日臺（86）內社字第 8614990 號函准予備查）

八十七年十二月十九日第三屆第二次會員大會修訂

九十四年十二月二十九日第七屆會員大會修訂

一一〇年十月一日第十四屆第一次臨時會員大會修訂

第一章　總則

第　一　條　本會定名為中華圖書資訊學教育學會（英文名稱：Chinese Association of Library & Information Science Education，簡稱：CALISE）。

第　二　條　本會依法設立，為非營利性之組織，其宗旨在研究、發揚、促進圖書資訊學教育。

第　三　條　本會以全國行政區域為組織區域，會址設於主管機關所在地。

第　四　條　本會之任務如下：

一、研究與推廣圖書資訊學教育。

二、研討圖書資訊學學制與課程。

三、促進圖書資訊學教育方法與經驗之交流。

四、推動學用合一以及專才專用制度。

五、增進圖書資訊學教育之國際合作。

六、其他符合本會宗旨之事宜。

第二章　會員

第　五　條　本會會員分下列三種：

一、個人會員（普通會員、永久會員及學生會員）

凡贊同本會宗旨，年滿二十歲，具有下列資格者，填具入會申請書，經理事會通過，並繳納會費後，為個人會員。

（一）、圖書資訊學教育人員。

（二）、對圖書資訊學及其相關學術有研究或有興趣者。

（三）、對圖書資訊學教育有貢獻者。

（四）、修習圖書資訊學及相關學科之在校學生。

二、團體會員

凡下列機構或團體，贊同本會宗旨，填具入會申請書，經理事會通過，並繳納會費後，為團體會員。團體會員推派代表一人，以行使權利。

（一）、圖書資訊學系所及研究機構。

（二）、圖書館及資訊單位。

（三）、文化機構及學術團體。

三、贊助會員

熱心圖書資訊學教育，贊助本會活動之個人或團體。

第　六　條　本會會員應享之權利如下：

一、選舉權與被選舉權（贊助會員除外）。

二、提案權及表決權。

三、參加本會活動之權利。

四、享受優待購買本會出版品及利用本會設備之權利。

五、每一會員為一權，團體會員應指定一人為代表，行使會員權。

第　七　條　本會會員之義務如下：

一、遵守本會會章及決議案。

二、擔任本會委任職務。

三、繳納會費。

第　八　條　本會會員不繳納會費者，暫停其會員權利。永久會員連續兩年
　　　　　　無故不參加大會者，得經理事會決議，暫停其職權。

第　九　條　本會會員如有違背本會宗旨或損害本會會譽者，得經理事會之
　　　　　　決議，予以警告或停權處分。其危害團體情節重大者，得經會
　　　　　　員大會決議，註銷其會籍。

第　十　條　本會會員得以書面敘明理由，向本會聲明退會，並於會計年度
　　　　　　結束時生效。

第三章　組織與職員

第 十 一 條　本會以會員大會為最高權力機構，會員大會閉會期間由理事會
　　　　　　代行職權；監事會為監察機構。

第 十 二 條　會員大會之職權如下：
　　　　　　一、訂定與變更章程。
　　　　　　二、選舉或罷免理事、監事。
　　　　　　三、議決會費及經費之相關事宜。
　　　　　　四、議決年度工作計畫、報告及預算、決算。
　　　　　　五、議決會員之除名處分。
　　　　　　六、議決團體之解散。
　　　　　　七、議決與會員權利義務有關之其他重大事項之決議。

第 十 三 條　本會設理事會，由會員大會選舉理事九人，後補理事三人組織
　　　　　　之。遇理事出缺時，依序遞補之。

第 十 四 條　理事會之職權如下：
　　　　　　一、議決會員大會之召開事項。
　　　　　　二、執行會員大會決議案。
　　　　　　三、選舉、罷免常務理事、理事長。
　　　　　　四、議決理事、常務理事或理事長之辭職。
　　　　　　五、聘免工作人員。

六、擬定年度工作計畫、報告及預算、決算。

七、審定會員之資格。

八、訂定各委員會組織章程。

九、其他應執行事項。

第 十 五 條　理事會置常務理事三人，由理事互選之。並由理事就常務理事中選舉一人為理事長。理事長對內綜理督導會務，對外代表本會，並擔任會員大會、理事會主席。

第 十 六 條　理事長因事不能執行職務時，應指定常務理事一人代理之，不能指定時，由常務理事互推一人代理之。理事長、常務理事出缺時，應於一個月內補選之。

第 十 七 條　本會設監事會，由會員大會選舉監事三人，候補監事一人組織之。遇監事出缺時，依序遞補之。

第 十 八 條　監事會之職權如左：

一、選舉、罷免常務監事。

二、議決監事、常務監事之辭職。

三、監察理事會工作之執行。

四、審核年度決算。

五、其他應監察事項。

第 十 九 條　監事會置常務監事一人，由監事互選之，監察日常事務，並擔任監事會主席。常務監事因事不能執行職務時，應指定監事一人代理之，不能指定時，由監事一人代理之。常務監事出缺時，應於一個月內補選之。

第 二 十 條　理事、監事均為無給職，任期二年，連選得連任。理事長任期兩年，得連任一次。理事、監事之任期，自召開本屆第一次理監事會之日起計算。

前項理監事選舉以出席投票為原則，如因故需採取通訊投票，其辦法由理事會通過，報請主管機關備查。

第二十一條　理事、監事有下列情事之一者，應即解任：

一、喪失會員資格者。

二、因故辭職經理事會或監事會決議通過者。

三、被罷免或撤免者。

四、受停權處分期間逾任期二分之一者。

第二十二條　本會置祕書長一人，承理事長之命處理本會事務，其他工作人員若干人，由理事長提名，經理事會通過後聘免之，並報主管機關備查，但祕書長之解聘應先報主管機關核備。前項工作人員，不得由選任之職員擔任。

第二十三條　本會得設各種委員會、小組或其他內部作業組織，其組織簡則由理事會擬定，報經主管機關核備後施行，變更時亦同。

第四章　會議

第二十四條　本會得聘請榮譽理事，由理事長提名，經理事會議通過聘請之，榮譽理事得列席理事會。

第二十五條　本會會員大會每年至少召開一次，召集時應於十五日前以書面通知。必要時，得經呈准召集臨時會員大會。

第二十六條　會員不能親自出席會員大會時，得以書面委託其他會員代理，每一會員以代理一人為限。

第二十七條　會員大會之決議，以會員二分之一之出席，出席人數較多數之同意行之。但下列事項之決議以出席人數三分之二以上同意行之。

一、章程之訂定與變更。

二、會員之除名。

三、理事、監事之罷免。

四、團體之解散。

五、其他與會員權利義務有關之重大事項。

第二十八條　本會理、監事會每半年至少召開一次，召集時應於七日前以書面通知，必要時得召開臨時會議或聯席會議。會議之決議，各以理、監事過半數之出席，出席人數較多數之同意行之。

理、監事會議得以視訊會議方式召開，以視訊參與會議者，視為親自出席，但涉及選舉、補選、罷免事項，不得採行視訊會議。簽到及表決方式則配合視訊設備功能辦理。

第二十九條　常務理事會得視需要由理事長召開之，召集時應於七日前以書面通知，並不得委託他人出席。

第 三 十 條　理、監事應出席理、監事會議，不得委託他人出席。連續兩次無故缺席者，視同辭職。

第五章　經費及會計

第三十一條　本會之經費來源如下：

一、會費收入。

（一）、個人會員入會費新臺幣一百元。

（二）、常年會費年費五百元。（學生會費壹百元）。凡一次繳納常年會費 10 年以上者，得為永久會員。永久會員之會費得視情況予以調整。

（三）、團體會員常年費三千元。

二、基金及其孳息。

三、利息收入。

四、會員捐款。

五、委託收益。

六、機關補助。

七、其他收入。

第三十二條　本會之會計年度自每年一月一日至十二月三十一日。

第三十三條　本會每年於年度開始前二個月由理事會編造年度工作計畫、收支預算表、員工待遇表，提會員大會通過（大會因故未能如期召開者，先提理監事聯席會議通過），於年度開始前報主管機關核備。於年度終了後二個月內由理事會編造年度工作報告、收支決算表、現金出納表、及基金收支表，送監事會審核後，

造具審核意見書送還理事會，提會員大會通過，於三月底前報
主管機關核備（大會未能如期召開者，先報主管機關。）

第三十四條　本會解散或撤銷時，其剩餘財產應依法處理，不得以任何方式
歸屬個人或私人企業所有，應歸屬自治團體或政府所有。

第六章　附則

第三十五條　本章程未規定事項，依有關法令規定辦理。

第三十六條　本章程經會員大會通過，報經主管機關核備後施行，變更時亦
同。

第三十七條　訂定及變更本章程之會員大會年月日。八十七年十二月十九日
第三屆第二次會員大會修訂。

中華圖書資訊學教育學會
團體會員名錄

	團體名稱（依筆劃排序）
1	大葉大學圖書館
2	中國科技大學圖書館
3	世新大學資訊傳播學系
4	弘光科技大學圖書館
5	長榮大學圖書資訊處
6	修平科技大學圖書資訊處
7	馬偕醫護管理專科學校圖書資訊處
8	國立中央大學圖書館
9	國立中興大學圖書資訊學研究所
10	國立交通大學圖書館
11	國立成功大學圖書館
12	國立政治大學圖書資訊與檔案學研究所
13	國立政治大學圖書館
14	國立清華大學圖書館
15	國立臺灣大學圖書資訊學系
16	國立臺灣師範大學圖書資訊學研究所
17	國立臺灣師範大學圖書館

（續）

團體名稱（依筆劃排序）	
18	國立臺灣圖書館
19	國防大學資訊圖書中心
20	國家圖書館
21	淡江大學資訊與圖書館學系
22	景文科技大學圖書資訊處
23	朝陽科技大學圖書資訊處
24	僑光科技大學圖書館
25	漢珍數位圖書股份有限公司
26	臺北市立圖書館
27	輔仁大學圖書資訊學系
28	輔仁大學圖書館
29	靜宜大學蓋夏圖書館

轉變與擴疆

臺灣圖書資訊學教育白皮書
2021-2030

第五版

Whitepaper on the Library and Information Science Education in Taiwan
2021-2030

中華圖書資訊學教育學會
Chinese Association of Library and Information Science Education

中華民國一百一十年十二月
December, 2021

第十四屆理事長序

　　網際網路革命改變人類的世界，為迎接未來與預作規劃，美國圖書館學會（American Library Association）首先發布趨勢報告，美國大學暨研究圖書館學會（Association of College & Research Libraries，簡稱 ACRL）定期發布學術圖書館趨勢報告，美國圖書資訊學教育也進行再探未來圖書館碩士教育計畫。反觀我國圖書資訊學教育界較少機會討論教育大計、遭遇問題與未來發展。

　　我國圖書資訊學教育歷經六十年發展，已建立起大學部、碩士班、博士班三級教育制度，培養全國 5,000 餘所圖書館專業館員，並擴大至檔案管理、數位典藏、數位出版、資訊傳播、數位學習產業相關人才。但我國圖書資訊學校多為獨立研究所，學校規模小，面對數位時代，從實體圖書資訊學轉向數位圖書資訊學新典範，以及跨學門與多元領域出現的趨勢，我國圖書資訊學教育正面臨轉型與改革的挑戰。

　　圖書資訊學教育未來十年將面臨科技、社會、資訊環境與圖書館等巨大變革，帶來許多問題與挑戰，英美圖書資訊學界業展開環境掃描與策略規劃。為有系統因應變革，中華圖書資訊學教育學會莊道明前理事長於 2018 年啟動「2020-2029 圖書資訊學教育環境掃描與發展策略計畫」，委託個人執行圖書資訊學教育未來十年環境掃描與策略規劃。研究目的包括：（1）探討圖書資訊學教育環境掃描與重要趨勢。（2）研析我國圖書資訊學教育價值、現況與優勢。（3）探析我國圖書資訊學教育的關鍵問題。（4）探索我國圖書資訊學教育未來十年（2020-2029 年）策略規劃芻議。（5）探討中華圖書資訊學教育學會 2019 到 2028 年策略規劃芻議。

　　2019 年，本計畫採用文獻探討、論壇討論與焦點團體訪談法完成研究報告，包括環境掃描與策略規劃兩部分。有關環境掃描部分，圖書資訊學教育規劃的未來十年以 2020 到 2029 年為範圍，環境掃描應用 SWOT 分析找出影響圖書資訊學教育的重要因素與重要趨勢，包括內部與外部分析。內

部分析將從圖書資訊學教育的要件（大學部／碩士班／博士班、教學目標、課程、學生、教師、行政、財務、與資源），進行優勢與弱點分析。外部分析將從社會、經濟、科技、圖書館、高等教育等進行機會與威脅分析，以為策略規劃之參考。最後進行策略規劃，2020 到 2029 年間圖書資訊學教育策略規劃涵蓋：核心價值、願景、任務、重要問題、目標、推動策略、行動方案。在研究報告基礎下，本學會研訂「臺灣圖書資訊學教育白皮書 2021-2030」草案，舉行二次研討會邀請圖書資訊學系所主任、教師、圖書館館長與館員共同討論：2018 年 12 月 15 日召開圖書資訊學未來教育論壇，2019 年 12 月舉行圖書資訊學未來教育研討會。2020 年到 2021 年邀請專家審查與修訂。

歷經三年、二屆中華圖書資訊學教育學會耕耘，「轉變與擴疆：臺灣圖書資訊學教育白皮書 2021-2030」，終於完成第四版。在 2021 年 11 月 19 日本學會的圖書館前瞻教育與未來人才研討會，由啟動計畫的莊道明前理事長說明初衷，經計畫主持人王梅玲現任理事長報告。研討會上收集許多教師、與會者的肯定、評論、建議，十分感謝。在參考大家寶貴意見後更新第五版，公開提供大眾。祝願我們攜手共同實踐白皮書的願景、目標、策略、與行動方案，一起迎接下一個十年，轉變與擴疆我們的圖書資訊學教育。

中華圖書資訊學教育學會第十四屆理事長

王梅玲

2021 年 12 月 10 日

執行摘要

　　二十一世紀以來社會遭遇巨大變革，美國圖書館學會（American Library Association）公布趨勢報告，發現因為網路革命發生，資訊產業提升，世界動盪，因此圖書館事業、服務內容與館員工作受到影響，需要改變。美國大學與研究圖書館學會（Association of College & Research Libraries，簡稱 ACRL）發布學術圖書館趨勢報告；美國馬里蘭大學資訊學院進行圖書館學碩士教育再探研究計畫。這些趨勢報告引發各界因應變革展開行動，緣此，中華圖書資訊學教育學會自 2018 年啟動「圖書資訊學未來教育白皮書計畫」，希望匯集我國圖書資訊學系所教師、學生、圖書館與資訊專業人士，共同探討教育大計、遭遇問題與未來發展。

　　本白皮書基於圖書資訊學教育環境掃描，擘劃未來十年，從 2021 年到 2030 年的發展策略。環境掃描應用 SWOT 分析，找出影響圖書資訊學教育的關鍵因素與重要趨勢，包括內部與外部分析。內部分析從圖書資訊學教育的要件（大學部／碩士班／博士班、教學目標、課程、學生、教師、行政、財務、資源），進行優勢與弱點分析。外部分析從社會、經濟、科技、圖書館、高等教育等進行機會與威脅分析，以為策略規劃之參考。最後進行圖書資訊學教育策略規劃，涵蓋：使命、願景、目標、推動策略、與行動方案。

　　我國圖書資訊學教育已發展六十餘年，自 1955 年（民國 44 年），臺灣師範大學社會教育學系設立圖書館學組，開啟臺灣圖書資訊學教育。1961 年（民國 50 年），臺灣大學成立圖書館學系，如今發展成為大學部、碩士班、博士班完整教育體系。我國有七所圖書資訊學學校，包括大學部四系，碩士班七所與博士班三所。專任教師 58 名，兼任教師 67 名；專任教師具圖書資訊學背景者 28 名，佔 48.3%；在校大學生 1,281 名，碩士生 405 名（碩士班生 272 名、碩士在職專班生 133 名），博士生 53 名。

　　我國圖書資訊學教育具有下列優勢與機會：

1. 專業教育制度健全，並培育高階專業領導人。

2. 以六項專業核心為基礎擴大研究範疇。
3. 圖書資訊學校擴大領域,朝分組與模組化發展。
4. 各校師資優良與背景多元,圖書資訊學教師多來自英美國家與本國培養之博士優秀人才。
5. 圖書資訊學碩士班品質優良。
6. 文化數位典藏計畫開啟數位圖書館教育發展新方向。
7. 圖書資訊學在職專班與數位專班積極發展,擴大圖書資訊學教育版圖。
8. 海峽兩岸學術合作穩固且持續發展,匯集兩岸豐沛的圖書資訊學學術人脈與研究資源。
9. 新技術應用開啟圖書館事業與圖書資訊學教育新的發展契機。
10. 因應社會人口改變,圖書館服務重視樂齡族與兒童青少年相關研究。

我國圖書資訊學教育具有下列弱點與威脅:
1. 圖書資訊學教育核心價值未彰顯,學門定位模糊不明。
2. 圖書資訊學系所多獨立研究所,規模小,師資缺乏,面臨招生不足問題。
3. 大學部學士班課程多元,畢業生就業市場有待擴展。
4. 圖書資訊學教育與圖書館事業需整合。
5. 圖書資訊學系所面臨專任教師退休潮,亟待充實師資。
6. 圖書資訊學教育缺乏專業評鑑,難以發揮專業教育的功能與價值。
7. 圖書資訊學畢業生就業市場多元,但未依據市場需求設置課程。
8. 圖書資訊學系所專任教師半數來自其他學門。
9. 博士教育招生人數減少,學術與就業競爭力下降。
10. 我國高等教育出現少子化與私校退場問題,影響圖書資訊學教育的發展。

　　我國圖書資訊學教育承繼過去一甲子的努力成果,面臨全球圖書館與資訊機構變革的挑戰,亟需提升與轉型,思考未來十年的發展,首要掌握趨勢,分析現況問題,積極因應變革。緣此,提出臺灣圖書資訊學教育白皮書,涵蓋四項願景、八大目標、十六項關鍵策略。我國圖書資訊學教育使命

為：「培養具競爭力的前瞻圖書資訊學人才，發展健全與調變性的圖書資訊學教育系統，促進圖書館資訊事業以及圖書資訊學研究永續與卓越發展」。針對前述使命，我國圖書資訊學教育願景列為四項：

1. 發展完整圖書資訊學教育系統，設置大學部與研究所，堅實教育基礎，成為永續與彈性的圖書資訊學教育。
2. 成為卓越的臺灣圖書資訊學教育，在亞洲名列前茅。
3. 我國圖書資訊學系所通過國際圖書資訊學教育評鑑，提升國際聲望與認可。
4. 成為具國際水平的圖書資訊學博士教育，供應我國優質的圖書資訊學教育師資與傑出的圖書館事業領導人才。

依據前述使命與願景，我國圖書資訊學教育未來十年發展目標如下：

1. 健全發展圖書資訊學系所教育系統，各校均設置圖書資訊學大學部與研究所，各獨立研究所設置大學部或學士學程，以堅實教育基礎，發展永續與卓越的圖書資訊學教育。
2. 精進圖書資訊學碩士教育，各校發展特色優勢，優化圖書資訊學碩士教育品質，發展成為亞洲圖書資訊學教育品牌。
3. 提升圖書資訊學博士教育品質，培育圖書資訊學系所教師與圖書館資訊機構領導人才，支持我國圖書資訊學研究社群，作為圖書資訊學師資與卓越圖書資訊學研究的後盾。
4. 系所評鑑與國際專業評鑑接軌，擴展圖書資訊學教育國際化。我國圖書資訊學系所參與英國或美國圖書資訊學教育認證與評鑑，獲得國際聲望與認可。
5. 研訂圖書資訊學核心能力，發展能力導向教育與課程，以培養有競爭力的前瞻圖書資訊學人才。
6. 因應新興科技、數位內容與數據管理趨勢，圖書資訊學系所設置前瞻性課程，幫助畢業生就業並因應不斷改變的圖書資訊學市場與工作結構。
7. 健全中小學圖書館與媒體館員的教育系統，培養優良的學校圖書館員與媒體專家，以推動我國中小學閱讀與資訊素養教育。

8. 中華圖書資訊學教育學會成為教育平臺，建立圖書資訊學數位學院，作為圖書資訊學教師與圖書館資訊專業人員學習與學術交流空間，幫助教師與圖書館資訊人員繼續專業發展。

為達成我國圖書資訊學教育願景與發展目標，針對我國圖書資訊學教育的優勢、機會、弱點、威脅，分別從圖書資訊學教育的教育系統、管理與政策、課程與教師、學會與平臺四面向，提出十六項推動策略如下：

表 88 圖書資訊學教育白皮書策略示意表

面向	推動策略	配合目標
教育系統	**策略 1：建立完整與調變性的圖書資訊學教育系統。** 各圖書資訊學校均設置大學部與研究所，以堅實教育基礎。圖書資訊學獨立研究所擴展設置學士班或學士學程，以增加研究所價值與影響。完整與調變性圖書資訊學教育系統將發揮圖書資訊學教育專業價值，發展永續、彈性與卓越的圖書資訊學教育。	目標 1 目標 2 目標 3 目標 7
	策略 2：發展優質圖書資訊學碩士教育。 各圖書資訊學碩士班配合未來趨勢與現在問題，訂定教育目標引領未來發展。碩士教育應有明確的目標，確定學生畢業時應具備核心專業知能，訂定學生學習成果，以提供課程設置依據與設計課程。各校掌握優勢，在特色領域持續精進，建設成我國優質圖書資訊學碩士班，位居亞洲前三名。	
	策略 3：健全發展圖書資訊學學士教育。 圖書資訊學系大學部定期調查畢業生就業現況，掌握職涯與工作路徑，維持學用合一平衡。學士班或學士學程以使用者、圖書資訊及數據、科技三者為核心，發展圖書資訊學基礎的多元大學部教育，培育優秀圖書資訊學基層人才，進入數據、資訊、傳播、圖書館與檔案機構等多元市場就業。	

（續）

表 88 圖書資訊學教育白皮書策略示意表（續）

面向	推動策略	配合目標
	策略 4：提升圖書資訊學博士教育水平。 檢討我國圖書資訊學博士班經營的問題，尋求與歐美優質圖書資訊學校合作，提供充裕獎學金吸引優秀學生，檢視調整博士班教學目標、課程與畢業要求，以提升博士教育品質。發展優質圖書資訊學博士教育，以培養圖書館與資訊專業領導人才，支持圖書資訊學研究社群的主力，並支援圖書資訊學師資與卓越圖書資訊學研究。	
	策略 5：圖書資訊學系所發展多元學程模式。 各系所靈活與彈性地採用多元途徑與跨域教育模式，如數位教育、認證教育、雙學位、輔修、線上教育，以增進亮點與國際能見度，並廣收國際學生以擴大研究生的來源。	
	策略 6：健全學校圖書館員教育系統。 加強培養我國中小學圖書館員與圖書教師，由臺灣師範大學圖書資訊學研究所、政治大學圖書資訊與檔案學研究所、與相關系所擔負培養之責，培養教師具備圖書館經營、圖書資訊學、閱讀與資訊素養教學等知能，以提升我國學校圖書館功能以及閱讀與資訊素養推廣成效。	
	策略 7：研訂我國圖書資訊學教育標準。 因應新興科技的應用，進行修訂我國圖書資訊學教育標準，各圖書資訊學系所與中華圖書資訊學教育學會合作修訂「臺灣圖書資訊學教育指南」，涵蓋：策略規劃、課程、專業核心能力、教師、學生、行政管理、財務經費和資源等要素。	

（續）

表 88 圖書資訊學教育白皮書策略示意表（續）

面向	推動策略	配合目標
管理與政策	**策略 8：圖書資訊學系所實施策略管理與系統規劃。** 為提升行政效率，圖書資訊學系所應進行系統性規劃，研訂系所的願景、使命、目標，短期或長期策略規劃、學生的學習成果，並定期審視學程目標的達成，作為評鑑與願景及策略持續研訂的參考。各系所依據圖書資訊學教育標準，定期進行教育統計調查與學生學習成果檢討。圖書資訊學系所藉由策略管理與系統策略規劃以提升圖書資訊學教育成效。	目標 1 目標 4 目標 5 目標 6
	策略 9：我國圖書資訊學系所參與國際評鑑。 首先研究圖書資訊學系所評鑑制度與國際接軌的效益與可行性，以提升圖書資訊學教育品質與國際能見度。我國的圖書資訊學系所參與英國或美國圖書資訊學教育評鑑，獲得國際聲望與認可，並成為亞洲圖書資訊學教育旗艦。	
	策略 10：定期調查圖書資訊學教育供應與就業市場並維持平衡。 各系所研究圖書館與資訊專業市場及人力資源需求，包括圖書資訊學學士班、碩士班、博士班畢業生的就業市場，未來工作與能力需求，圖書資訊學核心能力清單、圖書資訊學教育供應與市場需求之平衡分析。	

（續）

表 88 圖書資訊學教育白皮書策略示意表（續）

面向	推動策略	配合目標
課程與教師	**策略 11：建構圖書資訊學專業能力，並據以發展能力導向課程。** 我國進行圖書館與資訊人員專業能力模式研究，參考歐美圖書館學會的圖書資訊學專業知能指南，調查我國圖書館與資訊機構市場工作現況，研訂圖書資訊學核心能力。並依據專業能力模式發展能力導向課程，培養學生成為具備競爭力的前瞻圖書資訊學人才。圖書館與資訊人員專業能力指南可作為圖書館與資訊機構的人員招募、在職教育、評鑑考核、與人力資源發展的參考。	目標 5 目標 6 目標 8
	策略 12：環境掃描盤點現況與未來，以設置圖書資訊學前瞻課程。 圖書資訊學系所定期環境掃描未來發展趨勢，設計前瞻課程。系所預測未來市場需求，規劃圖書資訊學各級學程的未來課程，如：新興科技、數位資產管理、數據管理及分析、調查與評鑑、跨文化素養、自造力、變革管理、專案管理等主題。前瞻課程有助於培育圖書館與資訊服務未來領導者及專業人才，具備圖書資訊學專業知能勝任專業工作，以支持圖書館與資訊專業精進與永續發展。	
	策略 13：建立教師專業發展管道。 圖書資訊學系所與中華圖書資訊學教育學會合作舉辦創新教學研討會與建立教師專業發展的空間，促進教學方法、研究創新、教學實驗、與教師經驗交流，提升各校教師熟悉度與專業合作關係，有助融合不同背景教師快速進入圖書資訊學領域教學。	

（續）

表 88 圖書資訊學教育白皮書策略示意表（續）

面向	推動策略	配合 目標
學會與 平臺	策略 14：建立系所交流平臺強化教學研究發展。 中華圖書資訊學教育學會作為平臺，促進圖書資訊學系所對話與合作，致力提升圖書資訊學門與教育的理論、實務與技術的研究，促進卓越永續發展的圖書資訊學教育。	目標 1 目標 2 目標 3 目標 8
	策略 15：提升圖書資訊學教學與創新。 中華圖書資訊學教育學會邀請圖書資訊學教師組成教師社群與主題興趣社群（SIG），支持社群與 SIG 討論與發表。並舉行圖書資訊學學術研討會，邀請圖書資訊學系所與教師、研究生、研究者交流與討論，以提升圖書資訊學教育與研究水準。中華圖書資訊學教育學會建立數位學院，作為圖書資訊學系所教學與學術交流空間，研討教學創新、數位課程與數位學習，提供教師、學生與圖書館資訊專業人員自主學習與繼續專業發展的管道。	
	策略 16：從海峽兩岸圖書資訊學教育交流到拓展國際學術合作。 中華圖書資訊學教育學會未來擴大與美國、英國、日本、韓國等國際圖書資訊學教育交流與合作，提升圖書資訊學教育國際能見度與教師國際合作機會。學會並提升海峽兩岸圖書資訊學合作研究與教育層級，從會議合辦擴大成立主題興趣小組，促進課程、教師、與學生合作。	

壹、前言

圖書館是社會重要的文化教育機構，向來以文化典藏為傳統使命。及至近代，隨著社會變遷與科技進步，圖書館承擔更多任務，從社會教育、資訊服務、資訊素養教育、到資訊與知識傳播。近年來，Lankes（2011）提出「新圖書館事業」概念（New Librarianship），重新定義圖書館員使命，他主張「社區是圖書館的中心，圖書館沒有社區就失去存在的價值。圖書館員藉著促進社區的知識創造以改善社區」。這定義與傳統圖書館與圖書資訊學大不相同，其將圖書館工作的重點從建築和館藏轉移到圖書館員新角色與在社會開展的活動上。圖書館成為社會的重要機構，圖書館員促進個人與機構知識的傳播與創造。

二十一世紀以來社會遭遇巨大變革，美國圖書館學會（American Library Association，簡稱 ALA）（2014）公布趨勢報告，發現因為網路革命，資訊產業提升，世界發生動盪，因此圖書館事業、服務內容與館員工作受到影響，需要改變。美國大學與研究圖書館學會（Association of College & Research Libraries，簡稱 ACRL）每年發布學術圖書館趨勢報告；美國馬里蘭大學資訊學院進行圖書館學碩士教育再探研究計畫（Bertot & Percell, 2014）。這些趨勢報告引發各界因應變革展開行動。因此，中華圖書資訊學教育學會啟動「圖書資訊學未來教育白皮書計畫」，希望匯集我國圖書資訊學系所教師、學生、圖書館與資訊專業人士，共同探討教育大計、遭遇問題與未來發展。

圖書資訊學教育是以「圖書館與資訊科學」為軸心，培養圖書館與資訊機構專業人員的機制。其是專業教育，培養具備專業能力的圖書館員與資訊專業人員，以有效執行圖書館與資訊服務工作，滿足民眾生活、學習、工作、休閒的資訊需求。圖書資訊學教育也是學術教育，設置於大學環境中，提供教育學程，進行圖書資訊學的教學、研究、服務、推廣任務，不斷精進圖書資訊學教育與研究發展。

我國圖書資訊學教育為培養圖書館專業人才重要途徑，臺灣的圖書資訊

學正規教育始於 1955 年（民國 44 年），臺灣師範大學社會教育學系圖書館學組；1961 年（民國 50 年），臺灣大學成立圖書館學系；1980 年（民國 69年），臺灣大學圖書館學系成立碩士班；1989 年（民國 78 年），成立博士班；圖書館學教育促進圖書館事業發展。1993 年（民國 82 年），各校相繼改名為「圖書資訊學」，意為圖書館學與資訊科學，如今臺灣已發展出大學部、碩士班、博士班三級教育體系；成立七所學校，包括大學部四系，碩士班七所、博士班三所（宋慧筠，2020）。

國內七所圖書資訊學系所專任教師 58 名；兼任教師 67 名；在校大學生 1,281 名，碩士生 405 名（碩士班生 272 名、碩士在職專班生 133 名），博士生 53 名（莊道明、王梅玲，2018；本研究調查，2021）。本計畫研究主體為七所圖書資訊學系所與中華圖書資訊學教育學會，涵蓋三級教育制度（大學部、碩士班、博士班），研究範圍包括：課程、學生、教師、行政管理與評鑑等。我國圖書資訊學正規教育包括七所圖書資訊學系所，參見表 89。

表 89 臺灣地區圖書資訊學系所一覽表

系所名稱	所在地	隸屬學院	提供學程
臺灣大學圖書資訊學系	臺北市	文學院	學士班、碩士班、博士班
輔仁大學圖書資訊學系	新北市	教育學院	學士班、碩士班、進修學士班
淡江大學資訊與圖書館學系	新北市	文學院	學士班、碩士班、數位在職專班
世新大學資訊傳播學系	臺北市	新聞傳播學院	學士班、碩士班、碩士在職專班
政治大學圖書資訊與檔案學研究所	臺北市	文學院	碩士班、博士班、數位在職專班

（續）

表 89 臺灣地區圖書資訊學系所一覽表（續）

系所名稱	所在地	隸屬學院	提供學程
臺灣師範大學圖書資訊學研究所	臺北市	教育學院	碩士班、博士班、數位在職專班
中興大學圖書資訊學研究所	臺中市	文學院	碩士班

　　圖書資訊學教育受到科技與社會變革的影響，課程不斷推陳出新，資訊專業課程增加而傳統的圖書館學課程逐漸遞減。我國圖書資訊學碩士班 2011 年之後畢業生就業現況，約 50.2% 的碩士畢業生到圖書館界工作（王梅玲、張靜瑜，2020）。相對於柯君儀、王梅玲（2007）調查的 64% 碩士畢業生在圖書館界工作，顯示圖書資訊學碩士畢業生到圖書館工作人數減少，到資訊相關機構就業增加，顯示畢業生就業市場發生改變。

　　此外，圖書資訊學系所任教的專任教師有近二分之一來自其他學門，並以資訊領域居多，教師背景會影響其教學與研究主題。國內 3 所圖書資訊學校，臺灣師範大學、政治大學、臺灣大學相繼參加國際間相當活躍的 iSchools 聯盟，成為資訊學院成員，引發討論是否影響圖書資訊學教育與課程變化？2009 年開始，政治大學成立圖書資訊學數位學習碩士在職專班，其後淡江大學，臺灣師範大學也跟進，數位課程與線上教育對於圖書資訊學教育與研究有何影響？這些現象均反映我國圖書資訊學教育圖像正在改變。

　　我國圖書資訊學教育培養全國 5,000 餘所圖書館專業館員，並擴大至檔案管理、數位典藏、數位出版、資訊傳播、數位學習產業相關人才。但我國圖書資訊學校多為獨立系所，學校規模小，面對數位時代，從實體圖書資訊學轉向數位圖書資訊學新典範，以及跨學門與多元領域出現的趨勢，圖書資訊學教育正面臨轉型與改革的挑戰。我國圖書資訊學教育發展成熟，已建立起大學部、碩士班、博士班三級教育制度。然而僅七所學校，規模不大，在有限的資源，面對不斷變革的社會、科技、經濟、政治、高等教育、與圖書館事業環境，我國圖書資訊學教育需要進行環境掃描，展望未來與策略規

劃。我們需要啟動圖書資訊學教育檢討、規劃與創新機制，針對數位時代需求檢討教育現況並提出因應新策略，使得圖書資訊學教育永續發展，以供應新型圖書館與資訊專業人力資源，幫助圖書館與資訊機構有效經營以發揮其價值，並站上時代新潮流的浪頭。

　　未來十年間圖書資訊學教育將面臨巨大變革與挑戰，為有系統因應變革，中華圖書資訊學教育學會啟動「圖書資訊學教育白皮書」計畫，包括環境掃描與策略規劃二部分。有關環境掃描部分，圖書資訊學教育規劃的未來十年，以 2021 到 2030 年為範圍，環境掃描應用 SWOT 分析找出影響圖書資訊學教育的關鍵因素與重要趨勢，包括內部與外部分析。內部分析從圖書資訊學教育的要件（大學部／碩士班／博士班、教學目標、課程、學生、教師、行政、財務、資源），進行優勢與弱點分析。外部分析從社會、經濟、科技、圖書館、高等教育等國際趨勢與國內環境，進行機會與威脅分析，作為策略規劃之參考。最後進行策略規劃，2021 到 2030 年圖書資訊學教育策略規劃涵蓋：使命、願景、目標、推動策略、行動方案，參見圖 7 臺灣圖書資訊學教育白皮書架構圖。

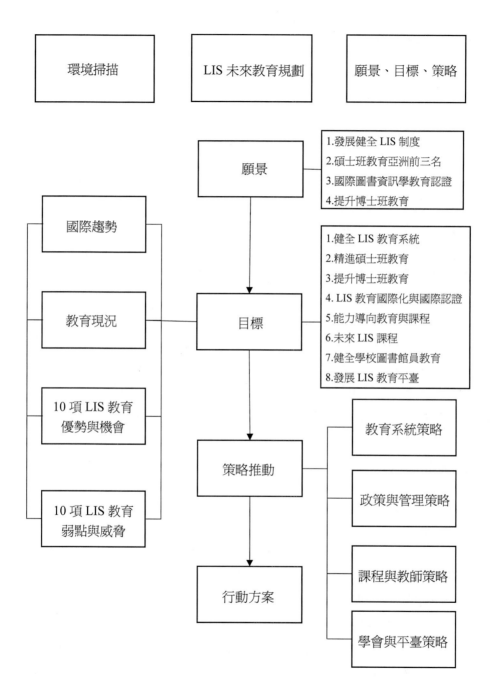

圖 7 臺灣圖書資訊學教育白皮書架構圖

貳、背景

　　圖書資訊學教育發展受到網路數位科技與社會變遷的影響，我國圖書資訊學教育圖像正在改變。在新趨勢、新機會、舊問題與潛威脅之下，如何迎接未來十年。

　　中華圖書資訊學教育學會於 2018 年到 2021 年間，進行「圖書資訊學未來教育白皮書」計畫，採用環境掃描、文獻探討、論壇討論，與焦點團體訪談等多種研究法。2018 年（民國 107 年）12 月間，進行「圖書資訊學未來教育論壇」，邀請圖書資訊學系所主任、專家學者、圖書館館長、與館員參與討論我國圖書資訊學教育問題，以及未來十年圖書資訊學教育策略方向。其後與七校前後任系所主任進行焦點團體訪談與深度訪談。2019 年（民國 108 年）12 月間，中華圖書資訊學教育學會舉行「臺灣圖書資訊學教育白皮書研討會」，提出「臺灣圖書資訊學教育白皮書初稿」。2021 年，綜合二次論壇討論與焦點團體訪談紀錄，提出 2021 到 2030 年我國圖書資訊學教育優勢、機會、弱點、威脅、與策略規劃分析。以下從國際趨勢、國內環境、與我國圖書資訊學教育現況分析綜述。

一、國際趨勢

　　美國圖書館學會（2014）〈動盪的世界趨勢報告〉（Trends Report: Snapshots of a Turbulent World），提出三項影響原因與七項主要趨勢，其中網路新革命、資訊機構改變、與資訊使用和消費轉型改變三項，是影響圖書館營運和轉變的因素。七項全球趨勢探討圖書館服務的相關主題，包含：（1）全球互聯世界形成。（2）環境復原力提升。（3）人口統計呈現更大、更老、更多樣化面貌。（4）經濟不公平加劇。（5）公共部門預算不足。（6）教育朝向自我導向、協作和終身學習發展。（7）工作需要新技能與新結構（American Library Association, 2014）。該趨勢報告引起許多探討：圖書館事業發生重大改變，未來圖書館功能變化為何？這些趨勢對圖書館和大眾獲

取資訊的影響為何？圖書館有哪些機會和競爭優勢？圖書館面臨哪些威脅及未來圖書館教育等議題。

　　另一方面，美國大學與研究圖書館學會（ACRL）也進行學術圖書館環境掃描，歸納影響的層面包括：社會掃描、經濟掃描、科技掃描、研究掃描、與圖書館掃描。2012 年開始定期公布〈學術圖書館重要趨勢報告〉（Top Trends in Academic Libraries），2020 年，該學會預測學術圖書館重要趨勢包括：（1）變革管理：新領導新技能。（2）圖書館整合自動化系統的演變。（3）學生的學習歷程分析。（4）機器學習與人工智慧。（5）開放取用：轉變與轉型。（6）研究數據學科的倫理與成熟議題。（7）社會正義、關鍵圖書館學與關鍵數位教學法。（8）串流媒體。（9）關注學生福祉（ACRL Research Planning and Review Committee, 2020）。

　　美國專業圖書館員的條件係獲得美國圖書館學會認可圖書資訊學學校之碩士學位者，即取得專業館員資格。美國館員專業資格建立在圖書資訊學教育認可制度上，由美國圖書館學會設置認可委員會，負責教育認可相關事宜，並發展評鑑制度及標準。美國圖書館學會依據認可標準認可 61 所美國與加拿大圖書資訊學校系所（ALA, 2021a）。美國圖書館學會訂定的〈圖書館與資訊研究碩士學程認可標準〉（Standards for Accreditation of Master's Programs in Library and Information Studies），以「圖書館與資訊研究」（Library and Information Studies）為標準範圍，界定其為：「係研究紀錄性資訊與知識、服務與技術，以促進管理與利用之學科，涵蓋資訊與知識之創造、溝通、辨識、選擇、徵集、組織及描述、儲存及檢索、保存、分析、解釋、評估、綜整、傳播與管理」。該標準規定圖書資訊學碩士教育要件包括：系統性規劃、課程、教師、學生、行政、財務與資源，已成為美國與加拿大圖書資訊學教育發展與評鑑的依據（ALA, 2021b）。

　　教育評鑑制度是確保高等教育機構與學程具有品質且符合教育標準的重要程序。高等教育評鑑分為機構評鑑與專業領域評鑑，專業領域評鑑又分為專門領域認可制度、學位課程甄審制度與學程審查制度。圖書資訊學教育評鑑制度是專業領域評鑑，以保證教育品質與培養高品質的圖書資訊學畢業生的重要機制。美國、英國、澳洲的圖書館學會在圖書資訊學教育評鑑扮演重

要的角色，學會訂定教育評鑑制度及相關評鑑標準，因評鑑程序進行圖書資訊學教育認可與評鑑，並公布評鑑通過的學校名單向公眾報告。圖書資訊學教育評鑑的要素包括：評鑑範圍與種類、評鑑標準、評鑑認可的機構、評鑑方法與程序、評鑑結果與應用（林素甘，2021）。

英國與美國的教育評鑑制度對專業教育的影響，使得專業教育機構有系統的發展與提升專業品質。在圖書資訊學評鑑過程，需依據教育標準進行評鑑。圖書資訊學教育標準成為教育發展的指南與評鑑依據，並且反映圖書資訊學教育重要理論，對教育的發展影響深遠。美國圖書館學會於1992 年、2008 年、2015 年、2019 年修訂〈圖書館與資訊研究碩士學程認可標準〉（Standards for Accreditation of Master's Programs in Library and Information Studies）。國際圖書館協會聯盟（International Federation of Library Associations and Institutions，簡稱 IFLA）（2021）修訂教育指南名稱為：〈圖書館與資訊科學教育學程指南〉（IFLA Guidelines for Professional Library and Information Science Education Programmes），其界定「圖書資訊學」（Library and Information Science），是研究領域，也是專業實踐。在教育和學術領域，關注所有形式和程序的資訊，處理資訊的技術以及與資訊和相關技術的人與人之間的互動。作為專業實踐，圖書資訊學參與了資訊生命週期，利用科技將人們連接到資訊上，並且在文化遺產機構（如圖書館、檔案館和博物館）擴展資訊環境。IFLA 指南包括八要件：教學與學習，基礎知識領域，課程，學校治理，學術、研究、教師和行政人員，學生，繼續教育與專業發展，教育和研究資源與設施。

近年來，專業能力導向的教育漸成風潮。英國圖書館與資訊專業學會（Chartered Institute of Library and Information Professionals，簡稱 CILIP）負責認證英國圖書資訊學及相關學科（如博物館學和檔案學等）各級學程。該學會針對圖書館與資訊人員的專業能力，研訂〈專業知識與技能基石〉量表（Professional Knowledge and Skills Base，簡稱 PKSB），標誌圖書資訊學專業的核心知識與技能，並以支援圖書資訊學教育認證。PKSB 以圓圖示意，首先將專業倫理和價值置於圓圖中心，向外發展 12 類專業知識與技能，再向外為廣泛的圖書館、資訊和知識機構情境。PKSB 包括下列 8 類「專業

知能」（Professional Experience）：組織知識與資訊、知識與資訊管理、使用和利用知識與資訊、研究技能、資訊治理與承諾、文書管理與歸檔、館藏管理與發展、素養與學習等；以及 4 類「通用技能」（Generic Skills），包括領導與倡議、策略規劃與管理、以讀者為中心及服務設計和行銷、資訊科技與傳播等（CILIP, 2021；林素甘，2021；Berney-Edwards, 2018）。

　　圖書資訊學教育的學用落差探討一直不斷，Saunders （2015）質疑美國圖書館學會訂定的圖書館館員核心能力清單不符時代需求，從圖書資訊學專業教育的觀點探討圖書館員的核心能力。該研究顯示圖書資訊學專業人員對於美國圖書館學會館員核心能力清單，在技術，硬技能、與軟技能三方面看法不同。美國圖書館專業人員認為圖書資訊學教育與圖書館工作需求發生落差，尤其在科技、軟技能與硬技能專業知能需要加強。Saunders （2019）問卷調查美國圖書資訊專業人員與圖書資訊學教師對圖書館核心能力看法，將53 項技能分為一般、溝通、使用者服務、管理和科技五類進行調查。該研究顯示圖書館人員與圖書資訊學教師對於專業能力看法不同，學用落差的問題確實存在。

　　受到美國圖書館學會趨勢報告的影響，美國馬里蘭大學資訊研究學院（College of Information Studies, University of Maryland）進行圖書資訊學教育環境掃描，2014 年 8 月啟動「再探圖書館學碩士教育」（Re Envisioning the MLS）計畫，探討 MLS 學位的價值、未來 MLS 學位的樣貌、未來圖書館和資訊專業人員需要專業知能。Bertot 與 Percell （2014）檢視 MLS學程相關的現代資訊環境，提出〈再探圖書館學碩士教育白皮書〉（Re-envisioning the MLS: Issues, Considerations, and Framing），分析 MLS 碩士班的未來趨勢。發現影響 MLS 碩士班主要因素有三：（1）社會、政治、技術、學習和資訊環境的變化。（2）當前人口或經濟的變化。（3）圖書館事業與職業觀念的變化。由於圖書資訊學碩士畢業生許多到圖書館以外機構就業，需要新技能。此外，聯邦政府與州地方面臨的挑戰、工作機會、資訊提供者、資訊本質與社會變化亦是相關影響因素。該白皮書提出圖書館學碩士教育的六項重要趨勢，包括：（1）新科技快速進步，要利用科技參與、取用與分享資訊，以適合社會需求。（2）開放數據與資訊分析日益重要，需要數

據庋用、運用、分析、與視覺化等分析技能。（3）數位學習快速發展，學習策略改變挑戰通用核心能力，學習者需要快速學習各種新知識，終生學習觀念與技能更重要。（4）人口老化與多元，而改變資訊服務需求內涵。（5）全球、國家、地方受到科技、教育、社會影響而改變政策，影響文化機構角色並挑戰圖書館價值。（6）圖書館資源限制預算縮減影響未來作業。

馬里蘭大學再探 MLS 碩士教育計畫報告總結如下：（1）圖書館與資訊機構關注的焦點改變，從實體館藏轉為個人及其所服務的社區，資訊機構透過學習、創作、參與等活動促進社區的改變與轉型。（2）圖書館核心價值仍然重要，包括確保獲取、公平、知識自由、隱私、包容人權、學習、社區公正、保護和遺產、開放政府和公民參與。（3）未來資訊專業人員的能力改變，包括領導、管理計畫和人員的能力；透過指導或其他互動促進人們學習和教育。此外，資訊專業人員需有行銷和宣傳技能；良好的大眾和書面溝通技巧，與公眾合作；解決問題以及及時思考和適應的能力；瞭解募款、預算和政策制定的原則和應用；為員工、顧客、社區合作夥伴和資助者之間建立關係。（4）關注社區創新與變革。透過建立夥伴關係，資訊機構是創造性解決方案的重要催化劑，在健康、教育和學習、經濟發展、貧困和飢餓、公民參與、保護和文化遺產以及研究創新等領域幫助社區面對挑戰。（5）使用數據並實踐評估。（6）培養資訊專業人員具備數據角色。（7）瞭解並運用社區人力資源。（8）關注學習科學，教育和青少年議題。（9）關注數位資產與典藏的思維（Bertot, Sarin & Percell, 2016）。因應研究發現，該計畫提出圖書館碩士教育未來課程的規劃，涵蓋下列九大領域及相關技能與應用：新興科技、數位資產管理、數據（大數據／本地數據／個人數據）、評估與評鑑、政策、文化素養、資訊需求、自造力、變革管理。

美國圖書資訊學校近年有許多新發展，其他學科大量融入本學門，許多教師來自電腦科學、資訊科技、公共關係、新聞學、與傳播媒體等領域。數位匯流將圖書館、檔案館與博物館連結起來。Chu（2010）探討美國圖書資訊學教育 21 世紀第一個十年的發展，發現四項重要議題：圖書資訊學課程與核心課程改變，圖書資訊學遠距教育大量應用科技，iSchools 出現，與圖書資訊學教育的問題。吳丹、余文婷（2015）回顧 2010-2014 年間圖書資訊學

教育研究進展與趨勢，觀察 iSchools 聯盟成立後，圖書資訊學教育進入新的改革期。王梅玲（2021）針對 2010-2020 年間圖書資訊學教育相關文獻進行評介，發現近十年全球圖書資訊學教育研究呈現著「轉型與擴疆」的樣貌。綜整歸納 2010-2020 年間圖書資訊學教育研究涵蓋下列八大方向：圖書資訊學教育指南更新、iSchools 運動對圖書資訊學教育影響、系所名稱變革與多元學程、新興科技影響課程設置、圖書資訊學線上教育成長、圖書資訊學就業市場擴大、能力導向教育與未來圖書資訊學教育研究。

另一方面，歐美圖書資訊學院積極發展大學部，推動 iSchools 資訊學院運動，2005 年成立「資訊學院」（iSchools）聯盟，許多圖書資訊學校加入，主張以使用者、資訊、科技三者為核心，發展資訊研究與教學。許多圖書資訊學院改名為資訊學院（iSchools），仍有部分學校維持圖書資訊學（Library and Information Studies）之名（Stripling, 2013）。2021 年，全球參加 iSchools 聯盟有 122 所學校，我國臺灣大學、政治大學、臺灣師範大學皆是參加該聯盟成為會員（iSchools, 2021）。

肖希明等（2016）探討 iSchools 運動對圖書資訊學教育的變革有何影響，發現 iSchools 運動興起具有下列原因：社會資訊化進程加快，在資訊環境形成；社會對資訊職業需求越來越寬廣；圖書館事業改變；傳統圖書館教育面臨危機；學科交叉融合的趨勢日益明顯。有關 iSchools 研究特點包括：iSchools 研究始終圍繞資訊、技術與人展開；iSchools 研究與圖書資訊學教育變革相輔相成；iSchools 研究跨學科性明顯，涵蓋計算機科學、圖書資訊學、政治、歷史、化學、生物、藝術、醫學。其綜合分析 iSchools 人才培養啟示包括：（1）以培養未來資訊職業領導者為目標。（2）注重綜合專業能力培養需求，設置核心課程。（3）完善多樣化培養方式，培養途徑包括學位教育、認證教育、雙學位、輔修。（4）建立合理人才培育評估體系，iSchools 評估體系包括一些排名機構和認證學會以及日常教學評估。圖書資訊學系所排名有助於學校認識自己的優勢與劣勢以改進教育。

二、國內環境

（一）圖書資訊學教育現況

　　我國圖書資訊學教育已發展六十餘年，自 1955 年（民國 44 年），臺灣師範大學社會教育學系設立圖書館學組為臺灣圖書館教育開端。1961 年（民國 50 年），臺灣大學成立圖書館學系，為圖書資訊學學士班之開始，1980 年（民國 69 年）臺灣大學成立碩士班，推進圖書館事業發展。1989 年（民國 78 年），臺灣大學成立博士班，促進圖書館教育發展，如今發展成為大學部、碩士班、博士班完整教育體系；2019 年有七所學校，包括大學部四系，碩士班七所、博士班三所。1993 年（民國 82 年），開始為反映時代變革，許多圖書館學系改名為圖書資訊學系。各系所成立時間依序為 1955 年（民國 44 年），臺灣師範大學社會教育學系圖書館學組；1961 年（民國 50 年），臺灣大學圖書資訊學系（以下簡稱臺大）；1964 年（民國 53 年），世新大學資訊傳播學系（以下簡稱世新）；1970 年（民國 59 年），天主教輔仁大學圖書資訊學系（以下簡稱輔大）；1971 年（民國 60 年），淡江大學資訊與圖書館學系（以下簡稱淡大）；1996 年（民國 85 年），政治大學圖書資訊與檔案學研究所（以下簡稱政大）；1999 年（民國 88 年），中興大學圖書資訊學研究所（以下簡稱中興），以及 2009 年（民國 98 年）臺灣師範大學圖書資訊學研究所（以下簡稱師大），各系所學程成立時間參見表 90。

　　臺灣原有六所圖書資訊學系大學部，其後，臺灣師範大學社會教育學系圖書資訊學組，以及玄奘大學圖書資訊學系停止招生，目前有大學部四系，包括臺大、輔大、淡大、世新。碩士班有七所，包括臺大、世新、輔大、淡大、政大、中興、師大。博士班有臺大、師大與政大三所。臺灣七所圖書資訊學系所，共有專任教師 58 名，兼任教師 67 名；在校大學生 1,281 名，碩士生 405 名（碩士班生 272 名、碩士在職專班生 133 名），博士生 53 名（莊道明、王梅玲，2018；宋慧筠，2020；本研究調查，2021）。以下依成立年代先後概介七所圖書資訊學系所。

表 90 臺灣地區圖書資訊學系所沿革表

系所名稱 （依成立年代排）	成立年	所在地	隸屬 學院	提供學程與成立年
臺灣師範大學 社會教育學系 圖書資訊學組 （停招）	民 44 年 （1955 年）	臺北市	文學院	學士班：民 44-96 年
臺灣大學 圖書資訊學系	民 50 年 （1961 年）	臺北市	文學院	學士班：民 50 年 碩士班：民 69 年 博士班：民 78 年 碩士在職專班： 民 92-97 年
世新大學 資訊傳播學系	民 53 年 （1964 年）	臺北市	新聞傳播 學院	專科學校：民 53-82 年 學士班：民 84 年 二年制專科畢業生 在職進修學程： 民 87-100 年 碩士班：民 89 年 碩士在職專班： 民 91 年
輔仁大學 圖書資訊學系	民 59 年 （1970 年）	新北市	教育學院	學士班：民 59 年 進修學士班：民 59 年 碩士班：民 83 年
淡江大學 資訊與圖書館 學系	民 60 年 （1971 年）	新北市	文學院	學士班：民 60 年 碩士班：民 80 年 數位出版與典藏數位 學習碩士在職專班： 民 101 年

（續）

表 90 臺灣地區圖書資訊學系所沿革表（續）

系所名稱 （依成立年代排）	成立年	所在地	隸屬 學院	提供學程與成立年
政治大學 圖書資訊與 檔案學研究所	民 85 年 （1996 年）	臺北市	文學院	碩士班：民 85 年 數位學習碩士在職 專班：民 99 年 博士班：民 100 年
玄奘大學 圖書資訊學系 （停招）	民 87-101 年 （1998-2012年）	新竹市	資訊傳播 學院	學士班：民 87-101 年
中興大學 圖書資訊學研究所	民 88 年 （1999 年）	臺中市	文學院	碩士班：民 88 年
臺灣師範大學 圖書資訊學研究所	民 91 年 （2002 年）	臺北市	教育學院	碩士班：民 91 年 碩士在職專班： 民 94 年 博士班：民 98 年

　　臺灣大學圖書資訊學系，原名圖書館學系，1998 年（民國 87 年），改為現名。創系於 1961 年（民國 50 年），1980 年（民國 69 年）設置碩士班與 1989 年（民國 78 年）的博士班，2003 年（民國 92 年）曾設立碩士在職專班，現已停辦，是臺灣的圖書資訊學教育唯一具有學士、碩士、博士三級完整學位的系所。臺大因受到資訊科技與網際網路發展的影響，教學與研究範疇擴展至資訊科學、教學科技和知識管理，更名為圖書資訊學系，並修改教育理念為：「持續培育圖書館與各式資訊服務機構之中堅人才，為增加圖書館專業服務人員之在職進修管道，加強培育各類型圖書館之中、高級管理人員，健全圖書館之管理」（臺灣大學，2021）。

　　世新大學資訊傳播學系原名圖書資訊學系，因應網路時代與國家未來發展需求，2001 年（民國 90 年），改為現名。專注於數位匯流、數位內容與傳播的專業人才之培育，先後於 2000 年（民國 89 年）設立碩士班與 2002 年

（民國 91 年）的碩士在職專班。該系培養大學部學生定位為：「在網路時代能夠充分掌握數位內容與數位通路之資訊傳播專才」，期望學生未來成為從事資訊蒐集、整理、檢索、加值，適時地將資訊傳播給需要的民眾，在各行各業扮演數位化的中介角色，促進國家社會更加文明，其辦學特色為全國培養「數位內容策展」人才的搖籃；透過國際學術交流，提升資訊傳播學系國際知名度（世新大學，2021）。

　　輔仁大學圖書資訊學系，原名圖書館學系，1992 年（民國 81 年）改名為圖書資訊學系，改名後，為反映學科內涵、範疇及學術理論之改變，將課程分為核心課程、進階課程與全人教育課程，教學發展重點為因應資訊服務之多元化需求，1970 年（民國 59 年）設立學士班與進修學士班，1994 年（民國 83 年）成立碩士班。2020 年，原進修學士班改名為「資訊創新與數位生活進修學士學位學程」。輔大圖書資訊學系培養符合國家及產業發展需求之全方位人才。系所的教學目標有三大方向：（1）提升學生圖書資訊學理論與實務之知識能力。（2）提升學生相關電腦科技理論與實務之知識與能力。（3）提升學生於數位內容規劃、管理與傳播之知識與能力（天主教輔仁大學，2021）。

　　淡江大學資訊與圖書館學系，原名教育資料科學系，1971 年（民國 60年）成立，2000 年（民國 89 年）改為現名，1991 年（民國 80 年）設立碩士班，2012 年（民國 101 年），成立數位出版與典藏數位學習碩士在職專班，2020 年，改名為資訊與圖書館學系數位學習碩士在職專班。其學士班教育宗旨為：「探討圖書資訊的本質、管理與傳播，及其相關科技的應用，以促進個人、社群、機構與社會對資訊的利用」。碩士班的教育目標為：「培養現代觀、國際觀及未來觀的圖書館及相關產業資訊服務之管理及研究人才」（淡江大學，2021）。

　　政治大學圖書資訊與檔案學研究所，原名圖書資訊學研究所，成立於1996 年（民國 85 年），2003 年（民國 92 年）改為現名，並分二組：圖書資訊學組與檔案學組，促進圖書資訊學與檔案學的教學與研究。2009 年（民國98 年）設置圖書資訊學數位碩士在職專班，2011 年（民國 100 年）設置博士班。該所成立宗旨為：培育理論與實務並重之圖書資訊學與檔案學之高級專

業人才，並與其他相關學門領域融合。主要教育願景包含：造就多元化的圖書館與資訊機構專業人才，積極培育檔案管理專業人才。加入數位圖書館與數位學習研究，培育數位內容與數位學習產業人才，促進圖書資訊學、檔案學以及跨領域之整合，以創造資訊服務的新境界。積極從事國際圖書資訊學教育與研究、檔案與電子文件管理、數位圖書館、數位學習、及資訊計量與評鑑等學術研究，以成為圖書資訊學與檔案學研究重鎮（政治大學，2021）。

中興大學圖書資訊學研究所成立於 1999 年（民國 88 年），設有碩士班，設立宗旨主要為提供中南部地區圖書資訊人員繼續進修管道，並以培養高素質之圖書館中、高階工作人員為目標。研究所發展重點有三大方向：（1）配合數位資訊時代發展需要，培育跨學科之圖書資訊管理應用人才，提昇圖書館與資訊中心在資訊社會中保存與傳播學術資源的功能。（2）積極延聘國內外優秀人士，開授圖書資訊學新興課程。（3）配合圖書資訊教學新趨勢，參與數位圖書館相關研究及教學活動，提供中部地區公共圖書館、學校圖書館專業諮詢服務（中興大學，2021）。

臺灣師範大學圖書資訊學研究所，2002 年（民國 91 年）成立，2008 年（民國 97 年）成立博士班，2005 年（民國 94 年）續辦社會教育學系之圖書資訊學碩士學位在職專班（週末班）及學校圖書館行政碩士在職專班（暑期班），以培育具備資訊科技知能之圖書資訊服務人才。2018 年（民國 107 年），與教育學院的學習科學學士學位學程及資訊教育研究所整合，改隸新成立的學習資訊專業學院（仍隸屬教育學院）。臺灣師範大學圖書資訊學研究所教育目標為：「培育知識服務之管理及學術研究人才，從事知識之保存、組織、加值、傳遞、與管理之研究，以期在知識經濟社會中，為知識使用者創造價值」，培育知識服務機構經營管理人才、學習資源中心經營管理人才、企業及機構知識管理人才、數位內容管理人才，以及圖書資訊學教學及研究人才（臺灣師範大學，2021）。

有關圖書資訊學系所教師人數，專任教師共有 58 名，其中臺大專任教師最多，12 名，中興最少，5 名。兼任教師 67 名，專兼任老師共 125 名。參見表 91、92。

表91 圖書資訊學系所專兼任教師統計

	學校							性別		小計
	臺大	世新	輔大	淡大	政大	中興	師大	男	女	
專任	12	8	10	10	7	5	6	27	31	58
兼任	7	10	21	17	4	4	4	35	32	67

　　有關 7 校圖書資訊學教師背景，專任老師 58 名，依其最高學位學科主題分析，來自「圖書資訊學」28 名，「資科／資工／電腦」21 名，兩個領域的人數最多，佔專任老師逾 8 成。近年來我國圖書資訊學校教師背景發生變化，圖書資訊學背景教師逐漸減少，約佔 48.3%；非圖書資訊學背景教師增加，佔 51.7%，尤其以資訊相關學科的教師為多（36.2%），參見表 92。

表92 圖書資訊學系所專任教師最高學位背景統計

學校	圖書資訊	資科／資工／電腦	文史哲	教育	商管	其他	總計
臺大	8	2	0	1	0	1	12
世新	4	2	0	0	0	2	8
輔仁	2	4	1	1	2	0	10
淡大	7	3	0	0	0	0	10
政大	4	2	0	0	1	0	7
中興	2	3	0	0	0	0	5
師大	1	4	0	0	0	1	6
合計	28(48.3%)	21(36.2%)	1(1.7%)	2(3.4%)	3(5.1%)	3(5.1%)	58

註：「資科／資工／電腦」類別中包含資科、資工、電子、電機、電腦相關科系

有關四校學士班 100 至 109 學年度在校學生統計，整體而言，在校學生數逐年增加，平均在校學生總數為 1,354 名，109 學年度共 1,281 名學生，較前二年人數減少，因為輔大進修學士班 109 學年度停止招生。觀察近十年學士班學生人數變化，104 學年度達到高峰，其後有下降趨勢。此外，各學年中各校在校生皆是女性多於男性。就各校的在校生數量變化而言，世新與輔大二校的數量較穩定，淡大由於開設二班，近五年的成長最大。臺大 107學年度在校生 186 名，為四校最低，參見表 93。

表 93　圖書資訊學系學士班在校學生統計

學年度	學校					性別		總計	成長率
	臺大	世新	輔大／日	輔大／進	淡大	男	女		
100	213	247	253	246	336	405	890	1,295	—
101	221	230	251	237	392	418	913	1,331	2.8%
102	188	231	248	217	443	420	907	1,327	-0.3%
103	201	238	240	218	501	453	945	1,398	5.4%
104	203	248	244	222	501	476	942	1,418	1.4%
105	207	250	241	216	503	—	—	1,417	1.5%
106	202	248	236	192	490	—	—	1,368	-4.9%
107	186	248	239	186	478	—	—	1,337	-2.3%
108	267	243	237	160	460	440	927	1,367	2.2%
109	238	240	235	119	449	399	882	1,281	-6.3%
平均	213	242	242	201	455	—	—	1,354	—

有關七所圖書資訊學碩士班 100 至 109 學年度在校學生統計，整體而言，學生數略顯下降，平均在校學生總數為 306 名，100 學年度共 371 名，學生達到高峰後開始減少，103 學年度微幅成長，109 學年度僅 272 名在校生，在各學年中為數目偏低。另外，各學年中各校在校生皆是女性多於男性。就各校的在校生數量變化而言，政大與師大二校的數量較穩定，各年度在校學生數與平均數差異不大，臺大平均在校生 72 名，為最多。其中，世新、輔大、中興與師大四校在 100 學年度時，在校生數量達到高峰，參見表94。

表 94 圖書資訊學研究所碩士班在校學生統計

學年度	學校							性別		總計	成長率
	臺大	世新	輔大	淡大	政大	中興	師大	男	女		
100	70	34	71	36	34	69	57	122	249	371	—
101	83	30	69	34	32	62	48	111	247	358	-3.5%
102	81	24	32	28	39	59	54	92	225	317	11.5%
103	70	16	41	50	37	64	50	100	228	328	3.5%
104	60	22	35	36	38	42	57	94	196	290	11.6%
105	63	19	35	26	48	23	51	—	—	265	-8.6%
106	84	22	34	15	38	37	57	—	—	287	8.3%
107	61	22	34	21	62	29	56	—	—	286	-0.7%
108	74	15	31	22	53	39	50	79	205	284	-0.7%
109	69	15	27	18	51	36	56	71	201	272	-4.4%
平均	72	22	41	29	43	46	54	—	—	306	—

有關三所圖書資訊學博士班 100 至 109 學年度在校學生統計，分別有臺大、師大與政大三校，博士班 109 學年度在校生共 53 名，整體而言，博士生自 104 學年度逐漸成長，共 48 名學生，其後數量維持。各校平均在校生數，臺大 22 名最多，其次則是師大，政大各 11 名，參見表 95。

表 95 圖書資訊學研究所博士班在校學生統計

學年度	學校			性別		總計	成長率
	臺大	師大	政大	男	女		
100	27	9	2	11	27	38	—
101	20	9	4	10	23	33	-13.2%
102	17	4	8	19	11	29	-12.1%
103	21	8	12	14	27	41	41.4%
104	24	12	12	19	29	48	17.1%
105	20	13	13	—	—	46	-4.2%
106	20	14	14	—	—	48	4.3%
107	20	14	14	—	—	48	0.0%
108	23	12	13	21	27	48	0.0%
109	24	13	16	21	32	53	9.4%
平均	22	11	11	—	—	43	—

（二）圖書資訊學教育優勢與機會

中華圖書資訊學教育學會 2018 年 12 月舉行「圖書資訊學未來教育論壇」，並邀請圖書資訊學系所主任與專家學者參加焦點團體訪談與深度訪談。最後綜合論壇討論與焦點團體訪談紀錄，提出我國圖書資訊學教育的優勢與機會如下。

我國圖書資訊學教育無論在課程教學或實務向來以品質優良著稱，同時

吸引許多亞洲國家學生來就讀。我國圖書資訊學教育與研究，臺大、師大圖書資訊學系所的 QS 排名在亞洲各國表現優異。圖書資訊學教育的價值是促進臺灣圖書館事業興盛的助力。綜合而言，我國圖書資訊學教育具有下列優勢與發展機會：

1. 專業教育制度健全，培育高階專業領導人：圖書資訊學教育現今發展成為大學部、碩士班、博士班完整教育體系，形成圖書資訊學基礎、中階、與高階人才的完整專業教育人才培育制度。目前七所學校，包括大學部四系，碩士班七所，博士班三所，研究所與在職碩士班人才增加，奠定圖書資訊界高階研究與領導人力。

2. 六項核心專業為基礎擴大範疇：圖書資訊學教育歷經不同階段發展，聚焦在圖書資訊學概論、資訊資源與館藏發展、資訊組織、資訊服務、系統與圖書館自動化、圖書館與資訊機構管理等六項核心專業。各校依據師資特色，增加不同專業領域範疇。例如政治大學發展檔案學；淡江大學發展出版研究與數位典藏應用；世新大學資訊傳播學系延伸網路傳播領域等。

3. 圖書資訊學校擴大領域，朝分組與模組化發展：政治大學圖書資訊與檔案學研究所分為圖書資訊學組與檔案學組，開啟國內檔案學教育。其後分為三模組：圖書資訊學組、檔案學組、出版研究與數位科技應用模組。世新大學圖書資訊學系更名為「資訊傳播學系」，以培養數位內容設計、網路資訊蒐集、加值、行銷、資料庫加值、檢索專業人才為主旨。

4. 各校師資優良與背景多元：圖書資訊學教師多來自英美國家與本國培養之博士優秀人才。圖書資訊學系所教師學科背景多元，無論在教學或研究表現上皆具優勢。

5. 圖書資訊學碩士班品質優良：我國有七所圖書資訊學碩士班，具有若干優勢：教師教學與研究表現優秀，課程兼具傳統與新興科技，碩士生必須撰寫學位論文，並且提升碩士教育品質。

6. 文化數位典藏計畫開啟數位圖書館教育發展新方向：臺灣推動數位典藏國家型計畫之後，圖書資訊學系所相繼開設數位典藏與數位人

文課程與學程，培養無數數位化、數位內容、數位典藏與數位人文人才。政治大學、淡江大學與臺灣師範大學相繼開設數位碩士在職課程。

7. 積極發展在職專班與數位專班：圖書資訊學校積極發展在職專班，包括臺灣師範大學、世新大學、政治大學、淡江大學等校。數位學習碩士在職專班突破傳統，提供在職人員線上修習學位機會，並擴大圖書資訊學教育版圖。政治大學圖書資訊與檔案學研究所首開先例，經教育部認證通過開設「圖書資訊學數位碩士在職專班」。其後，淡江大學、臺灣師範大學也開設數位學習碩士在職專班。

8. 海峽兩岸交流穩固且密切：中華圖書資訊學教育學會開啟兩岸圖書資訊學教育的交流，歷經二十餘年合辦海峽兩岸圖書資訊學學術研討會，兩岸之學術合作穩固且持續發展，並匯集兩岸豐沛的圖書資訊學學術人脈與研究資源。

9. 新技術應用開啟圖書館事業與圖書資訊學教育的新發展契機：圖書館事業發生轉變，不以實體館藏與服務為唯一目的，同時關注人與社區互動服務關係。新興資訊科技應用如行動互聯網、雲端運算、物聯網、大數據、人工智慧，及資訊安全等將帶給發展契機。

10. 因應社會人口改變，圖書館服務重視樂齡與兒少相關研究：未來各國將面臨老年人口增加與少子化等人口趨勢，圖書館教育將朝向樂齡族、兒童與青少年服務，發展健康資訊服務，以自我導向、協作和終身學習等圖書資訊學教育新發展。

（三）圖書資訊學教育弱點與威脅

在「圖書資訊學未來教育論壇」與圖書資訊學系所主任進行的多場焦點團體訪談中，提出我國圖書資訊學教育弱點與威脅分析，這些劣勢與威脅綜整如下。

1. 圖書資訊學教育核心價值模糊與學門定位的危機：隨著教育部取消部定核心課程標準後，雖給圖書資訊學校更大發揮空間，但另方面傳統圖書資訊學教育核心價值受到挑戰。多元圖書資訊學教育發展

下，不斷引進資訊科學與技術課程，圖書資訊學教育調整過程受到質疑與挑戰，開始出現「以圖書館學為主」或「資訊科學為主」等核心價值分歧現象。

2. 圖書資訊學系所多獨立研究所，規模小，師資缺乏，面臨招生不足問題：臺灣圖書資訊學普遍是「小而美」的獨立研究所環境發展。隨著臺灣人口紅利逐漸消失，研究所過度成長下，使願意讀研究所的大學生人數逐漸下滑。造成獨立研究所因規模小，其存廢或合併危機逐漸受到討論。私校大學部的招生，因報名人數逐漸下滑，在錄取率高與不足額錄取下，新生就學意願低落與學生素質不佳，使得學生就學率下滑。

3. 大學部學士班課程多元，畢業生就業市場有待擴展：隨著科技應用日益廣泛，圖書館學系大學部課程朝向多元發展，使社會普遍對圖書資訊學定位逐漸模糊。當前課程設計也較少考量畢業生就業目標市場，使得學生缺乏就業定位，圖書資訊學畢業生從事非圖書館工作比例逐漸上升。

4. 圖書資訊學教育與圖書館事業需整合：近年臺灣圖書館事業發展，受到政府機關與地方機關重視，成為機關行政績效指標之一。各類圖書館經營理念與服務方式改變同時，逐漸失去與圖書館事業連結。兩者間常缺乏對談與連結機制，教育培育人才與圖書館實際之需求不同，導致圖書館大量引進與雇用非圖書館學專業的人力問題。

5. 圖書資訊學系所面臨專任教師退休潮，亟待充實師資：盤點七所圖書資訊學系所教師人員，未來五年將有 8 至 10 位專業教師退休，近 16% 專任教師離開崗位，後續退休教師也逐年增加。若未能補充優秀圖書資訊學新教師人力，勢必造成系所開設課程問題。

6. 圖書資訊學教育缺乏專業評鑑制度，未發揮專業教育的功能與價值：我國圖書館學會尚未發展如英美圖書館學會專業教育的認可制度與功能，使得我國圖書資訊學專業教育發展缺乏獨特性，社會對圖書資訊學教育重視不足及教育品質保證難以確認。

7. 圖書資訊學畢業生就業市場多元，但課程未依據市場需求設置以培

養人才：圖書資訊學碩士畢業生從事非圖書館工作之比例提升至近50%，但我國圖書資訊學系所課程特色，及其規劃與設計，很少考量畢業生就業目標市場。

8. 圖書資訊學系所專任教師半數來自其他學門：新聘教師背景多元，主要依其學術專長進行教學與學術研究，較缺少圖書資訊學領域的課程教學經驗與研究融合，需要提供引導機制協助他們快速融入圖書資訊學門。

9. 博士教育招生人數減少，學術與就業競爭力下降：我國有三所圖書資訊學博士班，過去是我國圖書館事業的火車頭，帶動圖書館事業進步與繁榮，近年博士教育招生人數減少，就業競爭力下降。

10. 我國高等教育出現少子化與私校退場問題，影響圖書資訊學教育發展：高等教育生態改變，少子化現象與私校退場問題正威脅圖書資訊學碩士班招生，使得教師聘任與課程配置更加困難。

參、圖書資訊學教育願景與目標

我國圖書資訊學教育發展六十餘年，至今建立七所圖書資訊學系所，涵蓋學士班、碩士班、博士班三級教育制度。培養許多圖書館與資訊專業人才與領導人才，同時促進我國圖書館事業的進步。面對網路革命新時代許多改變與趨勢，資訊科技進步與快速創新，社會人口老化與多樣化、高等教育變革、社會工作結構改變新趨勢，因應我國圖書資訊學教育的優勢、機會、問題與威脅，思考未來十年發展，本章說明圖書資訊學教育使命、願景與發展目標。

一、圖書資訊學教育使命

我國圖書資訊學教育使命：培養競爭力的前瞻圖書資訊學人才，發展健

全與調變的圖書資訊學教育系統，促進圖書館資訊事業以及圖書資訊學研究永續與卓越發展。

我國圖書資訊學教育價值觀：推動美好社會、知識傳播創新、永續專業發展。

二、圖書資訊學教育願景

針對上述圖書資訊學教育使命，未來達到下列願景：

（一）發展完整圖書資訊學教育系統，設置大學部與研究所，堅實教育基礎，成為永續與彈性的圖書資訊學教育。

（二）成為卓越的臺灣圖書資訊學教育，在亞洲名列前茅。

（三）我國圖書資訊學系所通過國際圖書資訊學教育評鑑，提升國際聲望與認可。

（四）成為具國際水平的圖書資訊學博士教育，供應我國優質的圖書資訊學教育師資與傑出的圖書館事業領導人才。

三、圖書資訊學教育發展目標

為達成四項願景，圖書資訊學教育應追求下列八項發展目標：

（一）健全發展圖書資訊學系所教育系統，各校均設置圖書資訊學大學部與研究所，各獨立研究所設置大學部或學士學程，以堅實教育基礎，發展永續與卓越的圖書資訊學教育。

（二）精進圖書資訊學碩士教育，各校發展特色優勢，優化圖書資訊學碩士教育品質，發展成為亞洲圖書資訊學教育品牌。

（三）提升圖書資訊學博士教育品質，培育圖書資訊學系所教師與圖書館資訊機構領導人才，支持我國圖書資訊學研究社群，作為圖書資訊學師資與卓越圖書資訊學研究的後盾。

（四）系所評鑑與國際專業評鑑接軌，擴展圖書資訊學教育國際化。我國圖書資訊學系所參與英國或美國圖書資訊學教育認證與評鑑，獲得國際

聲望與認可。

（五）研訂圖書資訊學核心能力，發展能力導向教育與課程，以培養有競爭力的前瞻圖書資訊學人才。

（六）因應新興科技、數位內容與數據管理趨勢，圖書資訊學系所設置前瞻性課程，幫助畢業生就業並因應不斷改變的圖書資訊學市場與工作結構。

（七）健全中小學圖書館與媒體館員的教育系統，培養優良的學校圖書館員與媒體專家，以推動我國中小學閱讀與資訊素養教育。

（八）中華圖書資訊學教育學會成為教育平臺，建立圖書資訊學數位學院，作為圖書資訊學教師與圖書館資訊專業人員學習與學術交流空間，幫助教師與圖書館資訊人員繼續專業發展。

肆、圖書資訊學教育推動策略與行動方案

為達成我國圖書資訊學教育願景與發展目標，必須針對國際趨勢，國內圖書資訊學教育的優勢與機會找到發展方向，並解決圖書資訊學教育問題，分別從教育系統面、政策與管理面、課程與教師面、學會與平臺面四方面提出十六項策略，以及重要的行動方案。希望培養圖書資訊學優秀未來人才，推動臺灣圖書館事業火車頭，成為亞洲旗艦。白皮書建議圖書資訊學教育推動策略如下：

一、教育系統面

我國圖書資訊學教育系統包括大學部、碩士班、博士班三級的學程，圖書資訊學程的要件包括：行政管理、課程、教師、學生、學習設施與資源。

（一）圖書資訊學教育系統

說　　明：圖書資訊學教育系統涵蓋大學部與研究所，大學部培養圖書資訊學基礎人才，研究所包括碩士班與博士班，碩士班以培養圖書資訊學專業人才。我國圖書資訊學系所僅七所學校，有七所碩士班卻僅有四所大學部。由於獨立研究所學生人數有限，近年大學遭遇少子化的招生減少的問題，影響系所發展，宜廣設大學部或學士學程，以堅實圖書資訊學教育制度基礎。

策 略 1：建立完整與調變性的圖書資訊學教育系統。各圖書資訊學校均設置大學部與研究所，以堅實教育基礎。圖書資訊學獨立研究所擴展設置學士班或學士學程，以增加研究所價值與影響。完整與調變性圖書資訊學教育系統將發揮圖書資訊學教育專業價值，發展永續、彈性與卓越的圖書資訊學教育。

（二）圖書資訊學碩士教育

說　　明：我國圖書資訊學碩士班教育品質優良，為我國圖書資訊學教育的優勢。但多數學校為獨立研究所，規模小，近年發生招生困難生源不足的問題，並且面臨資訊相關學門的競爭。故需在碩士班基礎上精進發展。

策 略 2：發展優質圖書資訊學碩士教育。各圖書資訊學碩士班配合未來趨勢與現在問題，訂定教育目標引領未來發展。碩士教育應有明確的目標，確定學生畢業時應具備核心專業知能，訂定學生學習成果，以提供課程設置依據與設計課程。各校掌握優勢，在特色領域持續精進，建設成我國優質圖書資訊學碩士班，位居亞洲前三名。

（三）圖書資訊學學士教育

說　　明：我國有四所圖書資訊學系學士班，課程多元，就業市場管道多，畢業生較難掌握就業方向。如今面臨新興科技不斷推陳出新以及學生轉向資訊機構工作日益增加，影響圖書資訊學大學部定位與學生就業市場方向，較難達到就業市場與教育學用合一。

策 略 3：健全發展圖書資訊學學士教育。圖書資訊學系大學部定期調查畢業
　　　　生就業現況，掌握職涯與工作路徑，維持學用合一平衡。學士班或
　　　　學士學程以使用者、圖書資訊及數據、科技三者為核心，發展圖書
　　　　資訊學基礎的多元大學部教育，培育優秀圖書資訊學基層人才，進
　　　　入數據、資訊、傳播、圖書館與檔案機構等多元市場就業。

（四）圖書資訊學博士教育

說　　明：我國臺灣大學、臺灣師範大學、政治大學設置圖書資訊學博士班。
　　　　博士班早期是圖書資訊學教育的火車頭，培育圖書資訊學系所許多
　　　　優秀的教師與傑出圖書館領導人。近年來，圖書資訊學博士班招生
　　　　人數減少，國際化不足，博士生謀求教師就業管道閉塞，博士生就
　　　　業競爭力下降，引發圖書資訊學博士教育的危機。

策 略 4：提升圖書資訊學博士教育水平。檢討我國圖書資訊學博士班經營的
　　　　問題，尋求與歐美優質圖書資訊學校合作，提供充裕獎學金吸引優
　　　　秀學生，檢視調整博士班教學目標、課程與畢業要求，以提升博士
　　　　教育品質。發展優質圖書資訊學博士教育，以培養圖書資訊學教師
　　　　人才與圖書館資訊專業領導人才，支持圖書資訊學研究社群，並支
　　　　援圖書資訊學師資與卓越圖書資訊學研究。

（五）多元學程

說　　明：我國圖書資訊學碩士班與博士班發生招生問題，由於少子化與高
　　　　等教育改革問題，影響圖書資訊學研究所招生困難。此外，現今全
　　　　球圖書資訊學教育的國際化與線上教育趨勢，也對我國發展造成威
　　　　脅。

策 略 5：圖書資訊學系所發展多元學程模式。各系所靈活彈性地採用多元途
　　　　徑與跨域教育模式，如數位教育、認證教育、雙學位、輔修、線上
　　　　教育，以增進亮點與國際能見度，並廣收國際學生以擴大研究生的
　　　　來源。

（六）學校圖書館館員的教育

說　　明：我國現有 3,000 餘所中小學圖書館，閱讀是學習基礎，學校圖書館
作為學習資源中心，是支持學校師生學習的重要推手。圖書館員與
圖書教師更是發揮學校圖書館與學習資源中心的關鍵，許多研究顯
示，學校至少需擁有一名全職的圖書教師，對於學校圖書館的各項
功能及閱讀推廣有正向的影響。但在臺灣，由於教育部未明令中小
學應設置學校圖書館員，多數的中小學校並未設有正式且專業的圖
書館員，以致影響學校圖書館的閱讀與資訊素養教學的推動。

策　略　6：健全學校圖書館員教育系統。加強培養我國中小學圖書館員與圖書
教師，由臺灣師範大學圖書資訊學研究所、政治大學圖書資訊與檔
案學研究所、與相關系所擔負培養之責，培養教師具備圖書館經
營、圖書資訊學、閱讀與資訊素養教學等知能，以提升我國學校圖
書館功能以及閱讀與資訊素養推廣成效。

二、管理與政策面

　　圖書資訊學教育的管理可提升教育效率，圖書資訊學教育相關標準與政
策，可為圖書資訊學教育發展依據並提升教育成效。

（一）圖書資訊學教育標準

說　　明：英國與美國的教育評鑑制促進圖書資訊學校有系統的發展與提升專
業品質。圖書資訊學評鑑需依據教育標準進行評鑑。圖書資訊學教
育標準成為教育發展的指南與評鑑依據，且反映圖書資訊學教育重
要理論，對教育的發展影響深遠。雖然中華圖書資訊學會多年前研
訂教育指南，但並未實施且內容已不合時宜，應配合新趨勢與變
革，定期研訂與發布圖書資訊學教育指南與政策，促進系所討論與
未來經營及課程設計參考。

策　略　7：研訂我國圖書資訊學教育標準。因應新興科技的應用，進行修訂我
國圖書資訊學教育標準，各圖書資訊學系所與中華圖書資訊學教育

學會合作修訂「臺灣圖書資訊學教育指南」，涵蓋：策略規劃、課程、專業核心能力、教師、學生、行政管理、財務經費和資源等要素。

（二）圖書資訊學系所策略管理

說　　明：面臨社會新趨勢與新技術不斷推陳出新，策略管理成為教育經營的重要利器，其是一連串的管理性決策及行動，以決定組織機構的長期績效，包括環境掃描、策略構建、策略執行及評估、控制回饋。我國圖書資訊學系所尚未實行策略管理。

策　略　8：圖書資訊學系所實施策略管理與系統規劃。為提升行政效率，圖書資訊學系所應進行系統性規劃，研訂系所的願景、使命、目標，短期或長期策略規劃、學生的學習成果，並定期審視學程目標的達成，作為評鑑與願景及策略持續研訂的參考。各系所依據圖書資訊學教育標準，定期進行教育統計調查與學生學習成果檢討。圖書資訊學系所藉由策略管理與系統策略規劃以提升圖書資訊學教育成效。

（三）圖書資訊學教育國際化評鑑

說　　明：英國與美國的圖書資訊學教育評鑑制度對專業教育產生正面影響，促進圖書資訊學校的發展與提升專業品質。我國圖書資訊學教育缺乏專業評鑑，圖書資訊學教育國際化專業評鑑將有助於提升教育品質與國際能見度。

策　略　9：我國圖書資訊學系所參與國際評鑑。首先研究圖書資訊學系所評鑑制度與國際接軌的效益與可行性，以提升圖書資訊學教育品質與國際能見度。我國的圖書資訊學系所參與英國或美國圖書資訊學教育評鑑，獲得國際聲望與認可，並成為亞洲圖書資訊學教育旗艦。

（四）圖書資訊學教育供應與就業市場調查

說　　明：隨著新興科技的出現，iSchools 聯盟的形成影響圖書資訊學教育的

發展。此外，圖書資訊學畢業生就業市場擴大，不再侷限於圖書館事業而擴大到資訊機構工作。圖書資訊學教育雖以培育圖書館員為主，但近年圖書資訊學碩士畢業生半數到圖書館以外的機構工作，故需要進行圖書資訊學教育與就業需求調查，提供系所未來發展與課程設置調整之參考。

策略 10：定期調查圖書資訊學教育供應與就業市場並維持平衡。各系所研究圖書館與資訊專業市場及人力資源需求，包括圖書資訊學學士班、碩士班、博士班畢業生的就業市場，未來工作與能力需求，圖書資訊學核心能力清單，進行教育供應與市場需求學用落差分析，以提升圖書資訊學教育品質。

三、課程與教師面

課程是圖書資訊學教育的核心，應配合社會變革與市場需求，定期檢視圖書資訊學課程結構與內涵，檢討課程設置與核心課程。教師是課程傳遞的推手，是圖書資訊學教育的關鍵，教師發展包括教師的專長背景、專任教師與兼任教師聘任等。

（一）圖書資訊學專業能力與能力導向課程

說　　明：圖書資訊學教育是學術教育也是專業教育，圖書館與資訊專業能力近年形成重要議題。隨著網路革命、新科技出現、圖書館典範轉移、工作內容不斷改變，圖書館與資訊專業人員需要具備的工作能力改變，因此專業教育與課程設計也需因應更新調整。圖書資訊學學科內涵轉變，專業人員能力模式改變，能力導向的教育與課程設置受到歐美圖書資訊學校的關注，應用在課程發展與學生學習成果評估，並獲致良好的成效。

策略 11：建構圖書資訊學專業能力，並據以發展能力導向課程。我國進行圖書館與資訊人員專業能力模式研究，參考歐美圖書館學會的圖書資訊學專業知能指南，調查我國圖書館與資訊機構市場工作現況，研

訂圖書資訊學核心能力。並依據專業能力模式發展能力導向課程，培養學生成為具備競爭力的前瞻圖書資訊學人才。圖書館與資訊人員專業能力指南可作為圖書館與資訊機構的人員招募、在職教育、評鑑考核、與人力資源發展的參考。

（二）圖書資訊學未來課程

說　　明：圖書資訊學門的發展受到許多因素的影響，如社會、政治、技術、學習和資訊環境的變化；人口與經濟的變化；圖書館事業與職業觀念的變化；以及圖書資訊學碩士畢業生到圖書館以外機構就業的趨勢。因應這些改變與新趨勢，圖書資訊學系所需要思考學生需要的工作新技能，並規劃新課程加以培養。尤其正值數位時代與數據管理的風潮，圖書資訊學系所應提前部署，幫助畢業生進入社會就業，並具備能力以因應不斷變革的市場生態與新工作結構。

策略 12：環境掃描盤點現況與未來，以設置圖書資訊學前瞻課程。圖書資訊學系所定期環境掃描未來發展趨勢，設計前瞻課程。系所預測未來市場需求，規劃圖書資訊學各級學程的未來課程，如：新興科技、數位資產管理、數據管理及分析、調查與評鑑、跨文化素養、自造力、變革管理、專案管理等主題。前瞻課程有助於培育圖書館與資訊服務未來領導者及專業人才，具備圖書資訊學專業知能勝任專業工作，以支持圖書館與資訊專業精進與永續發展。

（三）教師專業發展

說　　明：面臨網路革命新興科技與社會變遷，教師需要不斷學習與專業發展。我國圖書資訊學系所聘任非圖書資訊背景教師人數日益增加，教師所學與研究主題更加多元。各校教師間熟悉度不足並缺乏專業互動交流，有礙圖書資訊學學門的聚焦與發展，且易產生教師與圖書資訊學系所及圖書館資訊產業的方向背離。

策略 13：建立教師專業發展管道。圖書資訊學系所與中華圖書資訊學教育學會合作舉辦創新教學研討會與建立教師專業發展的空間，促進教學

方法、研究創新、教學實驗、教師實務精進、與教師經驗交流，提升各校教師熟悉度與專業合作關係，有助融合不同背景教師快速進入圖書資訊學領域教學。

四、學會與平臺面

為促進圖書資訊學教育的發展，圖書資訊學系所除了需要有效率的行政管理，更加需要人力、經費與資源。中華圖書資訊學教育學會可作為平臺，協助我國圖書資訊學系所與國外教育的交流合作，將促進我國圖書資訊學教育的發展與提升國際能見度。

（一）中華圖書資訊學教育學會為平臺

說　　明：我國圖書資訊學校多為獨立研究所，規模小，缺少縱向領導與橫向交流，需要強大的領導與有效的連結，圖書資訊學教育與研究理論、實務、技術因此難以積累。中華圖書資訊學教育學會扮演平臺，以促進圖書資訊學教育與研究。

策略 14：建立系所交流平臺強化教學研究發展。中華圖書資訊學教育學會作為平臺，促進圖書資訊學系所對話與合作，致力提升圖書資訊學門與教育的理論、實務與技術的研究，促進卓越永續發展的圖書資訊學教育。

（二）圖書資訊學教學與創新

說　　明：圖書資訊學教育的核心在於教師課程傳授中對於學生的啟發。因此，教師的教學熱情、教學法、教學設計與教學經驗十分重要，更需要教師社群的討論、學習與研究。

策略 15：提升圖書資訊學教學與創新。中華圖書資訊學教育學會邀請圖書資訊學教師組成教師社群與主題興趣社群（SIG），支持社群與 SIG 討論與發表，促進多元背景的教師互動與交流合作。並舉行圖書資訊學學術研討會，邀請圖書資訊學系所與教師、研究生、研究者交

流與討論，以提升圖書資訊學教育與研究水準。中華圖書資訊學教育學會建立數位學院，作為圖書資訊學系所教學與學術交流空間，研討教學創新、數位課程與數位學習，提供教師、學生與圖書館資訊專業人員自主學習與繼續專業發展的管道。

（三）圖書資訊學教育國際合作

說　　明：中華圖書資訊學教育學會成立多年，促進海峽兩岸圖書資訊學教育交流，歷經多年耕耘最具成效。基於兩岸圖書資訊學教育交流之成功經驗，未來應擴大與美國、英國、日本、韓國等國際圖書資訊學教育學界的交流與合作。

策略 16：從海峽兩岸圖書資訊學教育交流到拓展國際學術合作。中華圖書資訊學教育學會未來擴大與美國、英國、日本、韓國等國際圖書資訊學教育交流與合作，提升圖書資訊學教育國際能見度與教師國際合作機會。學會並提升海峽兩岸圖書資訊學合作研究與教育層級，從會議合辦擴大成立主題興趣小組，促進課程、教師、與學生合作。

五、行動方案

針對本白皮書所提未來十年我國圖書資訊學教育的願景、目標、策略，最後建議下列優先行動方案：

（一）召開「圖書資訊學教育白皮書」論壇，邀請圖書資訊學系所教師、博士生、碩士生、大學生、圖書館員、資訊人員參加，討論後公布白皮書。

（二）優先舉辦「圖書資訊學教育前瞻發展與就業市場論壇」，建議中華圖書資訊學教育學會與七所圖書資訊學系所、國家圖書館、中華民國圖書館學會合作舉行論壇，討論未來圖書館與資訊機構工作需求、碩士班未來發展、碩士班招生下降，圖書資訊學教育與市場學用不一的問題。

（三）舉辦圖書資訊學專業能力與核心課程研討會。中華圖書資訊學教育學會、國家圖書館、中華民國圖書館學會、七所圖書資訊學系所合作舉

辦研討會，探討圖書館事業永續發展、未來圖書資訊學核心能力與圖書資訊學課程設置。

（四）研究我國圖書資訊學系所評鑑制度與國際接軌的效益及可行性，以提升圖書資訊學教育品質與國際專業接軌，成為亞洲圖書資訊學教育旗艦。

（五）舉辦圖書資訊學創新教學與數位學習研討會。中華圖書資訊學教育學會與圖書資訊學系所合作舉行國際研討會，探討國際圖書資訊學教育趨勢、新教學法、創新教學、線上教育與數位學習、與教育新方向等議題。

（六）中華圖書資訊學教育學會與圖書資訊學系所及圖書館資訊機構，合作建立「圖書資訊學數位學院」。針對新興科技出現與新圖書資訊學的發展，以圖書資訊學專業發展為目標，採用數位平臺與數位課程經營模式。首先調查圖書資訊學教師、博士生、圖書館員、圖書資訊學相關業界，對於工作、學習與研究的課程需求。其次，依據調查開設有關教學法與教學設計、數位學習、圖書資訊學教育、新興科技、與專案管理相關研習課程、工作坊、數位課程、專業認證課程與學程。學員上課學習及格後由學會與圖書資訊學系所合作授予證書。

伍、結語

我國圖書資訊學教育從 1961 年（民國 50 年）臺灣大學圖書館學系正規教育開始，建立起七所圖書資訊學校，從大學部、碩士班到博士班完整教育體制，並且擴大至在職專班與數位碩士在職專班。前國家圖書館王振鵠館長肯定我國圖書資訊學教育的價值，他評論道：「臺灣圖書館事業發展之一重要促成因素就是圖書館專業教育的興起。由於圖書館專業人員的養成，提升了圖書資訊處理技術與讀者服務品質，建立起圖書管理的專業觀念，促使圖書館的功能日益彰顯」（王振鵠，2007）。王振鵠館長的評論反映圖書資訊學

教育是影響我國圖書館事業進步的關鍵，教育培養專業人員，因為他們的參與，成為我國圖書館進步的最大動力。我們需要不斷培養圖書資訊學專業人才與領導人才，提升圖書館事業的進步促進社會福祉，傳播資訊素養教育，與促進圖書資訊學術研究。

迎接網路革命新時代，圖書資訊學教育需要重新檢視與規劃未來發展。此外，我國圖書資訊學教育尚有許多迫切待解決的關鍵問題：如碩士班招生困難，大學部定位不明，圖書資訊學門缺乏核心價值共識，碩士班規模小而志向大，圖書資訊學校與圖書館事業需要連結，圖書資訊學教育與就業市場需求發生落差與學用不一，如何融合圖書資訊學、檔案學、出版、數位典藏、資訊傳播、學習科學、資訊科學於一爐等。

我國圖書資訊學教育承繼過去一甲子的努力成果，面臨全球圖書館與資訊機構變革的挑戰，亟需提升與轉型，思考未來十年的發展，掌握趨勢，分析現況問題，積極因應變革。因此，中華民國圖書館學會針對下個十年未來發展，提出臺灣圖書資訊學教育白皮書，涵蓋四項願景、八大目標、十六項關鍵策略。

未來十年，將是人類社會發展的關鍵年代。圖書資訊學教育應積極參與，並且抱持「轉變與擴疆」的宏願，希望培養有競爭力的圖書資訊學未來人才，用知識的傳播與創新促進美好的社會，達成下列四個願景：（1）發展完整圖書資訊學教育系統，設置大學部與研究所，堅實教育基礎，成為永續與彈性的圖書資訊學教育。（2）成為卓越的臺灣圖書資訊學教育，在亞洲名列前茅 。（3）我國圖書資訊學系所通過國際圖書資訊學教育評鑑，提升國際聲望與認可。（4）成為具國際水平的圖書資訊學博士教育。

本白皮書對於政府、圖書資訊學系所、中華圖書資訊教育學會、與圖書館事業提出相關建議。對於政府，建議營造高品質的圖書資訊學國際發展環境，期望科技部大力支持圖書資訊學門研究計畫以及文化數位資產相關研究，以支持圖書資訊學國際研究與教育交流。對於圖書資訊學系所，期望共同努力達成本白皮書願景、目標與策略。對於中華圖書資訊學教育學會，建議學會作為平臺，促進永續與卓越圖書資訊學教育；推動高品質圖書資訊學教育與研究；提升圖書資訊學教育法創新與高品質教學；促進兩岸與國際圖

書資訊學教育合作交流。對於圖書館事業，建議與圖書資訊學系所保持密切連結，共同訂定圖書館與資訊人員核心能力並透過圖書資訊學系所專業學習，培養與時俱進的圖書館與資訊人才，以保持教育與市場供需平衡與學用合一；鼓勵圖書館與資訊人員具備圖書資訊學碩士學位，成為優秀的專業人員，持續精進圖書館事業，並且永續發展。

參考文獻

中華民國圖書館學會（2000）。**圖書館事業發展白皮書**。臺北：中華民國圖書館學會。

中華圖書資訊學教育學會（2008）。**臺灣圖書資訊學教育指南**。臺北：中華圖書資訊學教育學會。

中華圖書資訊學教育學會（2018）。**圖書資訊學未來教育論壇手冊**。臺北市：中華圖書資訊學教育學會。

中華圖書資訊學教育學會（2019）。**轉變與擴疆：2020-2029 臺灣圖書資訊學教育白皮書研討會手冊**。臺北市：中華圖書資訊學教育學會。

中興大學（2021）。**圖書資訊學研究所**。http://www.gilis.nchu.edu.tw/

天主教輔仁大學（2021）。**圖書資訊學系**。http://web.lins.fju.edu.tw/chi/

王梅玲（2013）。圖書資訊學教育。在蔡明月（主編），**中華民國圖書館事業百年回顧與展望：第 7 冊**（頁 1-36）。臺北市：五南出版。

王梅玲（2019）。**2020-2029 臺灣圖書資訊學未來教育研究報告**。臺北市：中華圖書資訊學教育學會。

王梅玲（2021）。2010-2020 年圖書資訊學教育研究回顧與前瞻：變革與擴疆。**圖書資訊學研究回顧與前瞻 2.0**、（頁 612-644）。臺北：元華文創。

王梅玲、張靜瑜（2020）。從臺灣圖書資訊學碩士畢業生就業探討碩士教育價值之研究。**教育資料與圖書館學**，57（1），7-34。

王梅玲、劉濟慈（2009）。從圖書館價值探討我國圖書館員基本專業能力。**圖書資訊學研究**，4（1），27-68。

王振鵠（2007）。百年來的臺灣圖書館事業。**臺灣圖書館事業與教育史研討會論文集**。臺北市：國立政治大學圖書資訊與檔案學研究所編印。

世新大學（2019）。**資訊傳播學系**。檢索自 http://ics.wp.shu.edu.tw/

吳丹、余文婷（2015）。近五年國內外圖書情報學教育研究進展與趨勢。**圖書情報知識**，165，4-15。

吳美美（2018）。大學圖書資訊學教育國際化發展。在國家圖書館（主編），**一〇六年中華民國圖書館年鑑**（頁 201-226）。臺北市：國家圖書館。

宋慧筠（2020）。圖書資訊學教育。在國家圖書館（主編），一〇八年中華民國圖書館年鑑（頁 233-270）。臺北市：國家圖書館。

肖希明（2016）。**iSchools 運動與圖書情報學教育的變革**。武昌：武漢大學出版社。

林素甘（2021）。歐美國家圖書資訊學教育認證制度。**圖書資訊學研究回顧與前瞻 2.0**。臺北：元華文創。

政治大學（2009）。**政治大學圖書資訊與檔案學研究所數位碩士在職專班**。http://www.lias.nccu.edu.tw/index2.htm

政治大學（2021）。**圖書資訊與檔案學研究所**。https://lias.nccu.edu.tw/

柯君儀、王梅玲（2007）。**臺灣圖書資訊學碩士生就業與能力需求之研究**。**大學圖書館，11**（1），97-116。

胡述兆、盧荷生（1991）。**圖書與資訊教育之改進研究報告**。臺北市：教育部圖書館事業委員會。

淡江大學（2021）。**資訊與圖書館學系**。http://www.dils.tku.edu.tw/dilswordpress/

莊道明（2018）。中華圖書資訊學教育學會教育政策白皮書規劃。在中華圖書資訊學教育學會（主編），**圖書資訊學未來教育論壇手冊**（頁 77-78）。臺北市：中華圖書資訊學教育學會。

莊道明、王梅玲（2018）。圖書資訊學教育。在國家圖書館（主編），一〇六年中華民國圖書館年鑑（頁 269-289）。臺北市：國家圖書館。

黃元鶴（2018）。碩士班經營與碩士生學用概況。在中華圖書資訊學教育學會（主編），**圖書資訊學未來教育論壇手冊**（頁 66-69）。臺北市：中華圖書資訊學教育學會。

臺灣大學（2021）。**圖書資訊學系**。https://www.lis.ntu.edu.tw/

臺灣師範大學（2021）。**圖書資訊學研究所**。https://www.glis.ntnu.edu.tw/

ACRL Research Planning and Review Committee (2012). Top ten trends in academic libraries: A review of the trends and issues affecting academic libraries in higher education. *College & Research Libraries News, 75*(6), 294-302. https://crln.acrl.org/index.php/crlnews/article/download/8773/9333

ACRL Research Planning and Review Committee (2017). *Environmental scan 2017*. http://www.ala.org/acrl/sites/ala.org.acrl/files/content/publications/whitepapers/EnvironmentalScan15.pdf

ACRL Research Planning and Review Committee (2020). 2020 top trends in academic libraries: A review of the trends and issues affecting academic libraries in higher education. *College & Research Libraries News, 80*(6), 270-278. https://crln.acrl.org/index.php/crlnews/article/view/24478/32315

American Library Association (2006). *Core values of librarianship*. http://www.ala.org/advocacy/intfreedom/corevalues

American Library Association (2009). *ALA's Core competences of librarianship*. http://www.ala.org/educationcareers/sites/ala.org.educationcareers/files/content/careers/corecomp/corecompetences/finalcorecompstat09.pdf

American Library Association (2014). *Trends report: Snapshots of a turbulent world*. Chicago: American Library Association Policy Revolution Initiative. https://districtdispatch.org/wp-content/uploads/2014/08/ALA_Trends_Report_Policy_Revolution_Aug19_2014.pdf

American Library Association (2021a). *Directory of ALA-accredited master's programs in library and information studies*. http://www.ala.org/accreditedprograms/directory

American Library Association (2021b). *Standards for Accreditation of Master's Programs in Library and Information Studies Adopted by the Council of the American Library Association* (the Council), February 2, 2015 Revision of standard element V.3 adopted by the Council, January 28, 2019 by request of the Committee on Accreditation. http://www.ala.org/educationcareers/sites/ala.org.educationcareers/files/content/standards/Standards_2019_ALA_Council-adopted_01-28-2019.pdf

Beney-Edwards, S. (2018). *Developing a competence model for library and information professionals in the UK*. https://www.linkedin.com/pulse/developing-competency-model-library-information-uk-berney-edwards.

Bertot, J. C., & Percell, J. (2014). *Re-envisioning the MLS: Issues, Considerations, and Framing.* http://mls.umd.edu/wp-content/uploads/2015/08/ReEnvisioningFinalReport.pdf

Bertot, J. C., & Sarin, L. C. (2016). *The value of American Library Association-Accredited master's programs in library & information studies: Serving our communities through a professional workforce.* http://www.ala.org/educationcareers/value

Bertot, J. C., Sarin, L. C., & Percell, J. (2015). *Re-envisioning the MLS: Findings, issues, and considerations.* http://mls.umd.edu/wp-content/uploads/2015/08/ ReEnvisioningFinalReport.pdf

Chu, H. (2010). Library and information science education in the digital age. In *Advances in Librarianship, 32*, 77-111. https://doi.org/10.1108/S0065-2830(2010)0000032007

CILIP (2021). *The Professional Knowledge and Skills Base.* https://www.cilip.org.uk/page/pksb.

Lankes, R. David (2011). *The Atlas of New Librarianship.* Cambridge, MA: MIT Press.

International Federation of Library Associations and Institutions (2021). *Guidelines for Professional Library and Information Science (LIS) Education Programmes.* https://lisedu.files.wordpress.com/2021/02/lisepguidelines-consult-draft.pdf

iSchools(2021). *List of All Members.* https://ischools.org/Members

Saunders, L. (2015). Professional perspectives on library and information science education. *The Library Quarterly, 85*(4): 427-453.

Saunders, L. (2019). Core and more: examining foundational and specialized content in library and information science. *Journal of Education for Library and Information Science, 60*(1). DOI: 10.3138/jelis.60.1.2018-0034

前瞻資訊組織基礎課程
教學內容綱要

本學會資訊組織前瞻課程教學研究社群
藍文欽教授、王梅玲教授主持

一、緣起

　　分類編目與資訊組織是圖書館的專業核心，也是使用者有效檢索與獲取資訊的關鍵，從 1876 年美國哥倫比亞大學開設圖書館學校開始，分類編目一直是圖書資訊學教育核心課程。二十世紀八十年代，資訊科技與網路的出現衝擊圖書館，開始自動化與出現合作編目。1990 年代以後，數位資源大量出現，網際網路受到歡迎，數位圖書館計畫與詮釋資料（Metadata）標準興起，形成二元圖書館，並新增許多編目以外的資訊組織方法。1998 年，IFLA 針對網路與數位環境發展了書目紀錄功能要件（Functional Requirement for Bibliographic Records，簡稱 FRBR）概念模式。其後，美國研訂資源描述與檢索（Resources Description and Access，簡稱 RDA）新編目規則，停止使用 AACR2 編目規則，並運用 RDF、Linked Data 等語意網技術研發 BIBFRAME 書目框架，均對圖書館編目工作與資訊組織課程發生影響。

　　鑑於編目與詮釋資料（Metadata）標準、資訊與網路科技、與技術服務工作流程不斷演變，挑戰編目與詮釋資料館員。美國圖書館學會重新檢討編目與詮釋資料工作核心能力，ALCTS Board of Directors（2017）公布〈編目與詮釋資料專業館員核心能力〉（Core Competencies for Cataloging and Metadata Professional Librarians）。

我國編目教育與資訊組織研究較少，近十年更未見資訊組織教育與課程相關討論。1996 年，臺灣大學圖書館學系吳明德教授主持「分類編目教材編纂計畫研究」，分析國內外圖書館學校分類與編目課程內容，提出分類編目課程教材大綱。2004 年，淡江大學主持「資訊組織與檢索課程改革計畫」，將資訊組織基礎課程之名稱及內容定為：資訊的徵集、典藏、分類、編目、索引、摘要等傳統圖書館組織資料及呈現資料的方法。這些新發展雖然帶來漣漪，但我國資訊組織教育較少討論。

　　基於資訊與網路科技的發展，資料資源多元化，使用者新資訊行為，資訊組織 FRBR 新概念理論，與資訊組織教師教學的困擾等因素而形成本課程教學綱要討論，由研究社群共同研討，邀集圖書資訊學校資訊組織課程老師與中華民國圖書館學會分類編目委員會成員合作討論。首先，檢視現行資訊組織教育將面臨之挑戰與機會；其次，探討未來五年資訊組織人才應具備的核心能力。接著，探討未來五年資訊組織核心課程內容與進階課程設置，以及資訊組織課程教材與教學法，藉由教師與圖書館員討論與分享，找到通往有效教學與培養前瞻資訊組織人才的門徑。基於前瞻資訊組織基礎課程五次，而提出「前瞻資訊組織基礎課程教學內容綱要」。

二、課程概述

　　資訊組織是圖書館將無序的資訊資源整理成有序，且方便使用者查詢利用的過程，藉由描述資訊物件之載體與內容，建立代表原件之替代紀錄（Surrogate），並予以系統化的組織，建置成檢索工具，以幫助使用者依其資訊需求查詢、檢索、辨識、評估、及獲取資料。本課程為資訊組織基礎課程，提供資訊資源組織與詮釋資料建置的相關理論與實務，旨在研討資訊資源描述與檢索、主題分析、知識組織、機讀編目、與詮釋資料的理論基礎、原則、標準、工具與系統、相關問題、發展歷史與趨勢等。

三、課程應用範圍

1. 以資訊組織與主題分析基礎課程為主。
2. 以未來三年 2022-2024 年為範圍。
3. 提供大學部、研究所、在職教育與繼續教育與訓練參考。

四、課程教學目標

1. 熟悉資訊組織之核心概念與基本原理、原則。
2. 理解資訊組織相關規範與標準的意涵與功用。
3. 使用 RDA 標準指南完成資訊資源編目。
4. 使用 MARC21 格式、BIBFRAME 完成資訊資源編目。
5. 熟悉主題分析與主題工具的理論與原則，並能有效運用各種主題工具，包括分類法、標題法及其他語意工具、權威控制。
6. 理解各種詮釋資料標準及其應用。
7. 對資訊組織領域的研究議題、方法與發展趨勢能有基本掌握。

五、教學單元與內容

（一）教學單元

課程包括下列 16 單元：

1. 資訊組織概論。
2. 資源描述與檢索編目規範之歷史發展。
3. 編目規則。
4. 權威控制。
5. 資源描述與檢索（RDA）。
6. 機讀編目。
7. 鏈結資料概念與技術。
8. BIBFRAME 書目架構。

9. 知識組織與知識組織系統。

10. 主題分析與主題標引概論。

11. 分類理論與分類原則。

12. 分類表。

13. 標題法。

14. 詮釋資料（Metadata）。

15. 資訊與知識組織新趨勢。

16. 合作編目與資源共享。

（二）教學內容

單元	內容
1. 資訊組織概論	1.1 資訊組織的意義與功能 1.2 資訊組織的應用與檢索工具 1.3 目錄的目的與功能 1.4 圖書館資訊組織部門及其管理
2. 資源描述與檢索編目規範之歷史發展	2.1 編目規範之意義、範圍、內容與重要性 2.2 影響編目規則發展的重要因素 2.3 FRBR 家族（FRBR、FRAD、FRSAR） 2.4 IFLA_ LRM
3. 編目規則	3.1 記述編目的標準與工具 3.2 資訊資源的著錄 3.3 檢索典的選定 3.4 中國編目規則 3.5 AACR 2 概介
4. 權威控制	4.1 權威控制的意義 4.2 權威控制的目的與功能 4.3 權威記錄種類 4.4 權威紀錄之合作與全球化 4.5 身份管理（Identity Management）

（續）

單元	內容
5. 資源描述與檢索（RDA）	5.1 RDA 背景與 RDA toolkit 5.2 RDA 架構與核心元素 5.3 識別具體呈現與單件 5.4 識別作品與表現形式 5.5 識別個人、家族與團體 5.6 提供檢索點：建立個人家族與地方檢索點 5.7 建立團體與首選題名（劃一題名）檢索點 5.8 書目關係的建立 5.9 政策與應用方式 5.10 案例
6. 機讀編目	6.1 機讀編目格式概說 6.2 MARC 21 6.2.1 MARC 21 之沿革 6.2.2 MARC 21 之結構 6.2.3 MARC 21 之各段資料及常用欄位
7. 鏈結資料概念與技術	7.1 語意網與知識本體概述 7.2 資源描述框架 RDF 概述 7.3 鏈結資料與鏈結開放資料概述 7.4 鏈結資料與圖書館 7.5 鏈結資料在資訊組織領域的應用
8. BIBFRAME 書目架構	8.1 BIBFRAME 計畫緣起與發展過程 8.2 資訊環境的改變與機讀格式的問題 8.3 BIBFRAME 模式 8.4 BIBFRAME 詞彙 8.5 BIBFRAME 之工具與應用
9. 知識組織與知識組織系統	9.1. 知識組織概述 9.2 知識組織系統之意義、功能與類型 9.3 知識組織系統之應用 9.3.1 詞彙表：權威檔、術語典、字詞典、地名詞典 9.3.2 分類工具

（續）

單元	內容
9. 知識組織與知識組織系統	9.3.3 概念關係表：索引典、語意網、知識本體 9.4 分類架構與知識之組織及呈現
10. 主題分析與主題標引概論	10.1. 主題分析理論與類型 10.1.1 系統主題法：階層式分類法、分析綜合式分類法、列舉式分類法（LCC, NLM 等） 10.1.2 字順主題法：標題法、單元詞法、敘述詞法、關鍵詞法、標題法 10.2 主題分析工作流程 10.3 主題分析工具之應用
11. 分類理論與分類原則	11.1 分類理論概述 11.2 圖書分類原則 11.2.1 圖書分類工作流程 11.2.2 圖書分類通則 11.2.3 特定主題或類型著作的分類原則舉隅
12. 分類表	12.1 中文圖書分類法 12.1.1 簡史 12.1.2 基本結構：正表、複分表、參考圖表及附錄、類目註釋、索引 12.1.3 類表的使用 12.1.4 分類簡則 12.1.5 索書號 12.2 杜威十進分類法 12.2.1 簡史 12.2.2 基本結構：正表、複分表、參考圖表及附錄、類目註釋、索引 12.2.3 類表的使用 12.2.4 分類簡則 12.2.5 索書號 12.3 美國國會圖書館分類法 12.3.1 簡史 12.3.2 基本結構：正表、複分表、參考圖表及附錄、類目註釋、

（續）

單元	內容
12. 分類表	索引 12.3.3 類表的使用 12.3.4 分類簡則 12.3.5 索書號
13. 標題法	13.1 標題法概述 13.2 標題表基本概念 13.2.1 標題表的意義與功用 13.2.2 標題表的結構 13.2.3 標題表的選詞原則 13.2.4 標題表的選詞範圍 13.2.5 標題詞的形式 13.2.6 複分標題 13.2.7 如何設定標題 13.3 重要標題表舉要 13.4 中文主題詞表 13.5 美國國會圖書館標題表 13.6 標題表相關發展計畫 　　主題術語之分面式應用（FAST）、LCSH 與 SKOS 對映計畫、LCSH 與 MeSH 比對計畫、術語服務（Terminologies Service）、主題詞多語言檢索（MACS）計畫、Unified Medical Language System （UMLS）
14. 詮釋資料（Metadata）	14.1 詮釋資料概說 14.2 類型、功能與應用 14.3 重要詮釋資料介紹 14.3.1 都柏林核心集（Dublin Core） 14.3.2 美術館藏與藝術作品描述標準（CDWA） 14.3.3 視覺化物件與影像紀錄描述標準（VRA） 14.3.4 檔案描述編碼格式（EAD） 14.4 建立和管理詮釋資料

（續）

單元	內容
15. 資訊與知識組織新趨勢	15.1 資訊組織新技術與新趨勢 15.2 新一代的知識組織系統 　　俗民分類、資訊架構、朋友網路、知識圖譜 15.3 知識組織的資訊的技術與工具 　　網路本體語言 OWL、知識本體建構工具、自動分類、視覺化資料、註冊組織
16. 合作編目與資源共享	16.1 合作編目概述 16.2 書目中心與資源共享 16.3 書目紀錄書目控制 16.4 合作編目計畫

資訊組織課程書目

中國圖書館學會分類編目委員會（2013）。**中國編目規則（修訂三版）**。臺北市：中國圖書館學會。

何光國（1990）。**圖書資訊組織原理**。臺北市：三民。

吳美美主編（2021）。**圖書資訊學研究回顧與前瞻 2.0**。臺北市：元華文創。

徐蕙芬、戴怡正、國家圖書館館藏發展及書目管理組編著（2013）。**MARC 21 書目紀錄中文手冊：圖書、連續出版品（修訂版）**。臺北市：國家圖書館。

徐蕙芬、戴怡正、國家圖書館館藏發展及書目管理組編著（2015）。**MARC 21 權威紀錄中文手冊**。臺北市：國家圖書館。

國家圖書館（2005）。**中文主題詞表‧2005 年修訂版**。〔可至國家圖書館編目園地下載電子書〕

國家圖書館（2007）。**中文圖書分類法（2007 年版）類表編（修訂一版）**。〔可至國家圖書館編目園地下載電子書〕

國家圖書館（2015）。**RDA 中文手冊初稿**。臺北市：國家圖書館。

國家圖書館（2017）。**錄音及錄影資源 RDA 編目參考手冊**。臺北市：國家圖書館。

國家圖書館（2018）。**RDA 書目關係編目參考手冊**。臺北市：國家圖書館。

國家圖書館、中國圖書館學會分類編目委員會編撰（2008）。**中國編目規則第三版使用手冊**。臺北市：國家圖書館。

張慧銖（2003）。**圖書館目錄發展研究**。臺北市：文華。

張慧銖（2011）。**圖書館電子資源組織：從書架到網路**。新北市：Airiti Press。

張慧銖、陳淑燕、邱子恒、陳淑君（2017）。**資訊組織**。新北市：華藝學術。

張慧銖等（2016）。**主題分析**。新北市：華藝學術。

陳和琴、陳君屏（2007）。**中文電子資源編目**。臺北市：國家圖書館。

陳和琴等編著（2003）。**資訊組織**。蘆洲：空大。

陳麥麟屏、林國強著（2001）。**美國國會圖書館與主題編目（增訂二版）**。臺北市：三民。

藍文欽（2021）。資訊組織研究發展回顧（2010-2020）。在吳美美主編，**圖書資訊學研究回顧與前瞻 2.0**（頁 2-62）。臺北市：元華文創。

Chan, L. M. (2007). *Cataloging and classification: An introduction* (3rd ed.). Lanham, MD.: Scarecrow Press. [編目規範仍是 AACR2]

Chan, L. M., & Salaba, A. (2016). *Cataloging and classification: An introduction* (4th ed.). Lanham, Maryland: Rowman & Littlefield. [編目規範是 RDA]

Gluskhko, R. (2016). *The discipline of organizing* (4th ed.). Retrieved from https://ischools.org/Discipline-of-Organizing [有三種版本免費下載]

Hendler, J., Gandon, F., & Allemang, D. (2020). *Semantic Web for the working ontologist: Effective modeling for Linked Data, RDFS, and OWL*. Morgan & Claypool. ACM Books series, #33 Third Edition.

Heyman, M. (July 21, 2021). *A long journey, in the blink of an eye: The path to library linked data*.

Joudrey, D. N., & Taylor, A. G. (2018). *The organization of information* (4th ed.). Santa Barbara, Calif.: Libraries Unlimited.

Joudrey, D. N., Taylor, A. G., & Miller, D. P. (2015). *Introduction to cataloging and classification* (11th ed.). Santa Barbara, California: Libraries Unlimited. [編目規範是 RDA]

Oliver, C. (2021). *Introducing RDA: A guide to the basics after 3R* (2nd ed.). Chicago: American Library Association. [依據 RDA 3R 計畫後改版之 RDA Toolkit]

Powell, J. (2015). *A Librarian's guide to fraphs, data and the Semantic Web*. Waltham, MA : Chandos.

Stuart, D. (2016). *Practical ontologies for information professionals -London, UK: Facet Publishing*.

Taylor, A. G. (2006). *Introduction to cataloging and classification* (10th ed.). Englewood, Colo.Libraries Unlimited. [編目規範仍是 AACR2]

Van Hooland, S., & Verborgh, R. (2014). *Linked data for libraries, archives and mMuseums: How to clean, link and publish your metadata*. Chicago: Neal-

Schuman.

Zeng, M. L., & Qin, J. (2016). *Metadata* (2nd ed.). Chicago: ALA & Neal-
Schuman.

國家圖書館出版品預行編目（CIP）資料

躍升、轉變與擴疆：中華圖書資訊學教育學會三十週年特
　刊 1992-2021/中華圖書資訊學教育學會編著 . -- 初版 . --
　臺北市：元華文創股份有限公司 , 2022.11
　　面；　公分
　ISBN 978-957-711-276-7(平裝)

1.CST: 中華圖書資訊學教育學會

020.6433　　　　　　　　　　　　　　111014168

躍升、轉變與擴疆
——中華圖書資訊學教育學會三十週年特刊 1992-2021

中華圖書資訊學教育學會 編著

主　　編：王梅玲
編　　輯：張曉琪
會　　址：116 臺北市文山區指南路二段 64 號 百年樓 4 樓
電　　話：(02)29393091 分機 6295

發 行 人：賴洋助
出 版 者：元華文創股份有限公司
聯絡地址：100 臺北市中正區重慶南路二段 51 號 5 樓
公司地址：新竹縣竹北市台元一街 8 號 5 樓之 7
電　　話：(02) 2351-1607
傳　　真：(02) 2351-1549
網　　址：www.eculture.com.tw
E - m a i l：service@eculture.com.tw
出版年月：2022 年 11 月 初版
定　　價：新臺幣 450 元

I S B N ：978-957-711-276-7（平裝）
總經銷：聯合發行股份有限公司
地　　址：231 新北市新店區寶橋路 235 巷 6 弄 6 號 4F
電　　話：(02)2917-8022
傳　　真：(02)2915-6275